IMPERIUM ROMANUM

AETATE IMPERATORIS TRAIANI

ROMA

Ausgabe C in drei Bänden

I

von Reinhold Ernstberger

und Hans Ramersdorfer

C. C. BUCHNERS VERLAG · BAMBERG

J. LINDAUER VERLAG (SCHAEFER) · MÜNCHEN

R. OLDENBOURG VERLAG · MÜNCHEN

ROMA
Ausgabe C in drei Bänden
Unterrichtswerk für Latein

Herausgegeben von Josef Lindauer, München, und Klaus Westphalen, Kiel

ROMA C I wurde verfaßt von Reinhold Ernstberger und Hans Ramersdorfer, Regensburg.

Bild auf dem Einband:

Claude Lorrain (1600–1682): Der Campo Vaccino in Rom. (Paris, Louvre)

Der Bildausschnitt zeigt, wie das Forum Romanum im 17. Jahrhundert ausgesehen hat: Das ehemalige Zentrum Roms wurde damals sogar als Viehweide (‚Campo Vaccino') genutzt.
Die Abbildungen auf S. 28 und 29 geben den Zustand des Forum Romanum in der Antike und in der Gegenwart wieder.

1. Auflage 1^{8765} 1996 95 94
Die letzte Zahl bedeutet das Jahr dieses Druckes.

Alle Drucke dieser Auflage sind, weil untereinander unverändert, nebeneinander benutzbar.

C. C. Buchners Verlag ISBN 3 7661 **5611** X
J. Lindauer Verlag ISBN 3 87488 **611** 5
R. Oldenbourg Verlag ISBN 3 486 **88491** 3

© 1987 C. C. Buchners Verlag, J. Lindauer Verlag und R. Oldenbourg Verlag. Das Werk und seine Teile sind urheberrechtlich geschützt. Jede Verwertung in anderen als den gesetzlich zugelassenen Fällen bedarf deshalb der vorherigen schriftlichen Einwilligung des Verlages.

Zeichnungen und Karten: Alfred H. Kettmann, Bamberg
Gesamtherstellung: Graphischer Großbetrieb Friedrich Pustet, Regensburg

Inhalt

Abkürzungen

Abl.	Ablativ	Inf.	Infinitiv	PPP	Partizip Perfekt
Adj.	Adjektiv	intrans.	intransitiv		Passiv
Akk.	Akkusativ	Impf.	Imperfekt	Präs.	Präsens
bzw.	beziehungsweise	jmdn.	jemanden	Präp.	Präposition
d. h.	das heißt	Konj.	Konjunktiv	Pron.	Pronomen
Dat.	Dativ	lat.	lateinisch	röm.	römisch
Dekl.	Deklination	m./Mask.	Maskulinum	Sg./Sing.	Singular
eigtl.	eigentlich	m.	mit	sog.	sogenannte(r)
f./Fem.	Femininum	n./Neutr.	Neutrum	Subst.	Substantiv
ff.	und folgende	n. Chr.	nach Christi Geburt	trans.	transitiv
G	Grammatik	Nom.	Nominativ	usw.	und so weiter
Gen.	Genitiv	Perf.	Perfekt	v. Chr.	vor Christi Geburt
gew.	gewöhnlich	Pers.	Person	vgl.	vergleiche
gr./griech.	griechisch	Pl./Plur.	Plural	wörtl.	wörtlich
Ind.	Indikativ	Plqpf.	Plusquamperfekt	z. B.	zum Beispiel

Abbildungen: Alinari, Florenz; Bavaria Verlag, Gauting; Giraudon, Paris; Hirmer Fotoarchiv, München; Holle Bildarchiv, Baden-Baden (2); L. von Matt, Bouchs; A. Mondadori Editore, Mailand; Editrice G. B. Petrini, Torino; Preußischer Kulturbesitz, Berlin; Rheinisches Landesmuseum, Bonn; Rheinisches Landesmuseum, Trier (4); R. Rüger, Bischberg; SCALA, Antella (4); Wilkin Spitta, Regensburg; Staatl. Landesbildstelle, Saarbrücken; Verlagsarchiv (22)

Vorwort

ROMA C für Latein als 2. Fremdsprache versucht, in Fortführung der bewährten ROMA-Prinzipien die Mitte zwischen didaktischer Modernität und lernpsychologischer Solidität zu halten. Das ROMA-Konzept erfüllt alle heute selbstverständlich gewordenen Standards, z. B. die Orientierung am weitgehend original gestalteten Textzusammenhang, die Verflechtung von Morphologie, Syntax und Semantik, die Betonung von Sprach- und Textreflexion, die Auswahl eines statistisch abgesicherten Wortschatzes, die fakultative Benutzung eines Satzmodells und die Förderung der Motivation durch verschiedenartige Inhalte und ansprechende Ausstattung.
Darüber hinaus betont das ROMA-Konzept in besonderer Weise die lerntheoretischen Prinzipien der Ordnung der Vorstellungswelt und des expositorischen Aufbaus des Sprachunterrichts. Dies drückt sich in einer konsequenten sprachlich-grammatischen und inhaltlich-kulturellen Systematik aus.
Die sprachlichen Lerninhalte werden in überschaubaren und kontinuierlich aufgebauten Portionen dargeboten. Die einzelnen Lektionen sind zu thematisch geschlossenen Blöcken zusammengefaßt, so daß ein abgerundetes Bild der antiken Kultur entstehen kann. Dadurch, daß jede Lektion auf zwei Seiten begrenzt ist, soll eine Überlastung der Schüler durch allzu komplexe und disparate Unterrichtssequenzen vermieden und dem Lehrer eine sichere Zeitplanung ermöglicht werden.
Die Lektion selbst gestattet Methodenvielfalt: Das Lesestück (L) führt die grammatischen Phänomene im Kontext vor. Der kleine Abschnitt E kann als Einführung oder - falls gewünscht - auch zur Ergebnissicherung benutzt werden. Zusätzliche Texte (Z) geben die Möglichkeit, sehr früh originales Latein zu lesen. Informationen (I) runden die Lektüre inhaltlich ab. Vielfältige Übungen (Ü) gestatten die Vertiefung des Stoffes im Unterricht oder in häuslicher Arbeit. Die gemäß dem bayerischen Lehrplan verbindlichen deutsch-lateinischen Übersetzungsübungen sind S. 113 ff. zusammengefaßt.
Der Lernwortschatz ist nach Wortarten gegliedert, wobei die Substantive und Adjektive nach Deklinationsklassen, die Verben nach Konjugationsklassen geordnet sind. Häufig sind die Wortschatzpensen zweigeteilt; dem entspricht eine Teilung des Lesestücks, die durch einen senkrechten blauen Strich markiert wird. Ein Einprägen des Wortschatzes in lernökonomisch sinnvollen Mengen wird dadurch ermöglicht.

Herausgeber und Autoren danken dem C. C. Buchners Verlag, der das Buch in allen Phasen seiner Entstehung mit großem Engagement und besonderer Sorgfalt betreut hat.

1

Mutter Latein und ihre Töchter

Die Sage erzählt, daß Romulus im Jahre 753 vor Christus in der Landschaft Latium die Stadt Rom gegründet hat. Von dieser Stadt hat das mächtige Volk der Römer seinen Namen; die Sprache der Römer aber heißt nach der Landschaft Latium Latein.

Von Rom aus verbreiteten die Römer ihre Herrschaft über ganz Italien und über weite Teile der damals bekannten Welt. Um Christi Geburt erstreckte sich ihr Reich vom heutigen England bis Nordafrika, vom Atlantik bis zum Orient.

In den unterworfenen Gebieten setzten sich römische Lebensart und römische Sprache immer mehr durch. Und als das Reich schließlich zerfiel, hielten sich fast überall Reste der Städte, die die Römer gegründet, und Zeugen der technischen Leistungen, die sie vollbracht hatten (z. B. Straßen, Brücken, Wasserleitungen). Auch ihre Sprache lebte weiter. Aus der umgangssprachlichen Form des Lateinischen entwickelten sich allmählich die romanischen Sprachen (z. B. Französisch, Italienisch).

Ein Beispiel für das Weiterleben eines lateinischen Wortes:

lateinisch	italienisch	spanisch	portugiesisch	französisch	rumänisch
amicus (Freund)	*amico*	*amigo*	*amigo*	*ami*	*amic*

Auch ein Großteil des englischen Wortschatzes stammt aus dem Lateinischen, so daß man auch Englisch als Tochtersprache des Lateinischen bezeichnen kann. Selbst in der deutschen Sprache hat sich lateinisches Wortgut erhalten. Schon früh übernommene lateinische Wörter paßten sich der deutschen Sprache an (Lehnwörter), später übernommene blieben meist unverändert (Fremdwörter).

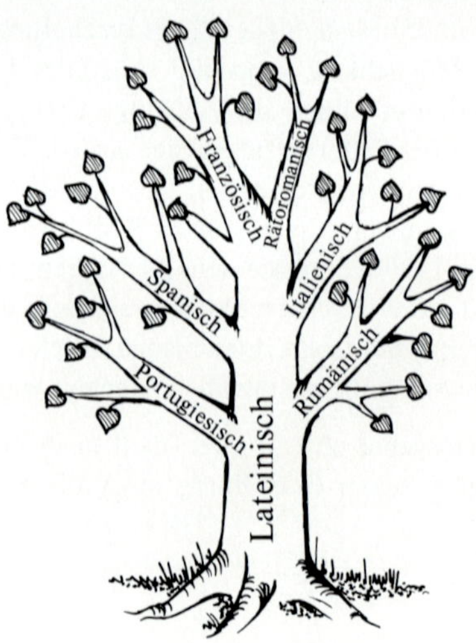

Sprachenstammbaum

Machen wir die Probe.

a) Manche Wörter sind fast unverändert geblieben:
- Deutsch: Paula, circus, globus, studium, publicum
- Englisch: Julia, circus, museum, animal, extra

b) Etliche Wörter haben nur den lateinischen Wortausgang verloren:

– Deutsch:	figúra	die Figur	forma	die Form
	candidátus	der Kandidat	triumphus	der Triumph
– Englisch:	forma	the form	persona	the person
	autumnus	the autumn	signum	the sign

c) Gelegentlich änderte sich der Wortausgang *-a* in *-e*

- Deutsch:	statua	die Statue	flamma	die Flamme
- Englisch:	statua	the statue	medicina	the medicine

d) Im Deutschen schwächte sich das lateinische Wortende *-ula* manchmal zu *-el* ab:

fabula die Fabel insula die Insel

Was fällt bei den folgenden lateinischen Wörtern auf?

deus	der Gott, ein Gott	dea	die Göttin, eine Göttin
dominus	der Herr, ein Herr	domina	die Herrin, eine Herrin
filius	der Sohn, ein Sohn	filia	die Tochter, eine Tochter
amicus	der Freund, ein Freund	amica	die Freundin, eine Freundin
servus	der Sklave, ein Sklave	serva	die Sklavin, eine Sklavin

Welche Wortart fehlt im Lateinischen?

Ü a) Wann werden lateinische Wörter großgeschrieben?

b) Wie sprechen wir das *c* im lateinischen Wort *circus*?
Welchen Laut bezeichnet das *I* in *Iulius*?
Wieso erkennst du an der Aussprache, daß z. B. Wörter wie Villa, Vase und Verb lateinischen Ursprung haben, die Wörter vier, voll und Verlust aber nicht?

c) Vergleiche: *bestia* Tier, ein Tier, das Tier
Übersetze entsprechend: filius et filia, dominus et domina, forma et figura.

d) Übersetze nach dem jeweils angegebenen Beispiel ins Lateinische:

(die, eine) Form	forma:	die Natur, Musik, eine Kur, Rom
(der, ein) Triumph	triumphus:	der Chor, der Stil, der August
(die, eine) Flamme	flamma:	eine Bestie, die Ruine, die Rose, die Familie
(die, eine) Fabel	fabula:	die Regel, Nebel, Ursel, eine Epistel, eine Insel

e) Nenne den Wortstock folgender Wörter: statua, fabula, dea, servus, amicus, circus.
Welche Wörter gehören zur ā-Deklination, welche zur o-Deklination?

I Eine römische Familie

In den nächsten Lektionen wird dir eine römische Familie begegnen: der Vater *Pūblius*, die Mutter *Cornēlia*, die Kinder *Mārcus* und *Claudia*. Doch diese vier Personen machen noch nicht die ganze Familie aus; denn bei den vermögenden Römern zählten auch die Sklaven und Sklavinnen zur Gemeinschaft einer Familie. Und bei etlichen Leuten war diese Dienerschaft recht zahlreich.

Der Familienvater hatte alle Rechte über die Ehefrau, die Kinder und die Sklaven. So konnte er in alter Zeit nach seinem Ermessen Neugeborene aussetzen, Kinder jeglichen Alters züchtigen, verkaufen, ja sogar töten. Später hoben Gesetze dieses Recht auf.

Eine tüchtige Ehefrau hatte Einfluß auf die Entscheidungen ihres Mannes und nahm auch Anteil an den Würden, die ihr Gatte im öffentlichen Leben genoß. Sie ging aus, machte und empfing Besuche. Eine besondere Vorliebe hatte die römische Frau für Weben und Sticken.

2

E

1. Servus clāmat, serva properat.
2. Servī clāmant, servae properant.
3. Cūr properant?
4. Ubi est fīlius? Ubi sunt fīliī?

L Am Morgen

Publius est pater, Cornelia est mater.
Marcus est filius, Claudia est filia.
Cornelia intrat et rogat: „Ubi est Marcus? Ubi est Claudia?“
Mater clamat.
Nunc Delia intrat; Delia est serva. Semper laborat.
Filius et filia cessant. Iterum mater rogat:
„Ubi sunt Marcus et Claudia? Cur cessant? Servus iam exspectat.“
Tandem Marcus et Claudia intrant et salutant[1]. Nunc amici et amicae appropinquant.
Subito Marcus clamat: „Ubi sunt tabulae? Ubi stili[2]?“
Servus: „Hic sunt tabulae et stili.“
Tum servus, Claudia et amicae, Marcus et amici properant.

Ü

a) Setze in den Singular: 1. Amici rogant. 2. Filiae properant et intrant. 3. Domini clamant, servi cessant. 4. Dominae appropinquant, servae exspectant.

b) Suche Subjekt und Prädikat und übersetze: 1. Servus laborat. 2. Filius properat et appropinquat. 3. Nunc filia intrat et exspectat. 4. Hic dominus et domina laborant.

Warum steht im 4. Satz das Prädikat im Plural? Welche Sätze in L entsprechen diesem Satz?

c) Setze die Subjekte der Übung b in den Plural und achte auf die Prädikate.

Füge in den Sätzen 1–3 von b ein zweites Subjekt ein. Was ändert sich?

d) Setze zunächst die passende Form von *domina*, dann von *amicus* als Subjekte ein:

1. ... laborat; 2. ... cessant et exspectant. 3. ... properat. 4. ... clamant.

e) Übersetze: Sie schreit; sie schreien; er eilt; sie fragt; er tritt ein; sie warten; sie zögert; es nähert sich; sie nähern sich.

f) Welche Wörter können in den folgenden Sätzen ihre Stellung ändern, wenn man die Prädikate am Satzende stehen läßt? 1. Filius tandem intrat. 2. Subito mater rogat. 3. Amici hic sunt. 4. Pater nunc exspectat. 5. Mater iterum rogat. 6. Servi et servae tum appropinquant.

Wo steht das jeweils hervorgehobene Wort? Lies den Text laut und betone das hervorgehobene Wort.

g) Wer gehört zu der im Lesestück vorgestellten Familie? Welche Aufgabe hat wohl der Sklave auf dem Schulweg? Welche Wörter verbinden die einzelnen Vorgänge?

---

1) *salūtat* er, sie, es grüßt 2) *stilus* der Schreibgriffel

Ein römischer Schüler beschreibt seinen Tageslauf:

Bei Tagesanbruch wache ich auf, rufe meinen Sklaven und lasse ihn das Fenster aufmachen. Dann bitte ich um Socken und Schuhe, denn es ist kalt. Man bringt mir Wasser in einem Topf für meine Morgenwäsche. Bin ich damit fertig, ziehe ich mein Nachthemd aus, nehme einen Leibrock, schnalle einen Gürtel um und kämme mich. Dann verlasse ich das Zimmer mit meinem Pädagogen, um Papa und Mama zu begrüßen. Ich suche hierauf mein Schreibzeug und mein Heft und gebe sie dem Sklaven. Nun mache ich mich, von meinem Sklaven gefolgt, auf den Weg zur Schule. Dort steige ich sehr ruhig, wie es sich gebührt, die Stufen hinauf. In der Vorhalle lege ich meinen Mantel ab. Ich streiche mit dem Kamm über die Haare, trete ein und sage: „Ich grüße dich, mein Lehrer." Er umarmt mich und grüßt mich wieder. Der Sklave reicht mir Täfelchen, Schreibzeug und Lineal. Ich setze mich und mache mich an die Arbeit.

Sobald ich mit dem Lernen meiner Lektion fertig bin, bitte ich den Lehrer, mich zum Essen nach Hause zu lassen. Ich kehre nach Hause zurück, ziehe mich um und nehme mir Weißbrot, Oliven, Käse, trockene Feigen und Nüsse. Ich trinke auch frisches Wasser. Dann gehe ich wieder in die Schule. Später muß ich zum Baden. Ich nehme Handtücher und folge meinem Diener. Ich laufe denen entgegen, die auch ins Bad gehen, und sage allen und jedem: „Wie geht's? Gutes Bad! Gutes Abendessen!"

So etwa sah also der Tagesablauf eines jungen Römers aus wohlhabender Familie aus. Worin wird sich der Tageslauf eines Kindes armer Eltern davon unterschieden haben?

Und so verlief der Bildungsweg:

Wenn ein Römer keine Zeit hatte, seinen Kindern das Lesen und Schreiben beizubringen, vertraute er sie für wenig Geld einem Schullehrer an, der sie auch im Rechnen unterrichtete. Eine allgemeine Schulpflicht gab es nicht; etwa 135 Tage im Jahr waren schulfrei. Als Schulgebäude diente ein gemietetes Haus. Gewöhnlich gab es keine Tische. Der Lehrer saß auf einem großen Stuhl, die Schüler nahmen auf Schemeln Platz. Ihre Wachstafeln, in die sie mit einem Griffel die Buchstaben einritzten, hielten sie auf den Knien. Schulbücher kannte man nicht.

Nach der Grundschule kamen die Schüler zu einem „Grammatiker", bei dem man lateinische und griechische Schriftsteller, etwas Physik, Astronomie, Geschichte und Erdkunde studierte. Wenn einer sich noch weiter ausbilden wollte, befaßte er sich mit Redekunst und Philosophie (vgl. I 44).

Schulszene. Sandsteinrelief aus Neumagen/Mosel.

3

E

1. Māter fīliam exspectat.
2. Pater fīlium exspectat.
3. Mārcus amīcās et amīcōs vocat.

L Auf dem Lande

Die Familie ist für einige Tage aufs Land gefahren. Der Vater war wegen geschäftlicher Dinge in Rom zurückgeblieben. Jetzt wird er erwartet.

Pater villam intrat. Servus vocat: „Ecce dominus!“ Tum dominum salutat[1] et narrat: „Familia te exspectat. Servae cenam iam parant.“
Subito filius et filia vocant: „Salve[2], pater!“
Nunc etiam mater appropinquat; servam vocat. Serva properat et aquam apportat. Iam servae cibos apportant. Cibi dominum et dominam, filium et filiam delectant. Tum vilicus[3] narrat: „Servi campos arant[4] et equos curant; servae villam et hortum curant. Etiam domina servos et servas laudat; nam semper laborant. Sed Syrus curas creat.“
Dominus: „Cur Syrus curas creat?“
Causam vilicus[3] ignorat: „Me vitat, servos vitat, servas vitat.“
Dominus: „Fortasse[5] vita urbana[6] servum delectat.“

Ü

a) Frage ab und übersetze: 1. Familia dominum et dominam exspectat. 2. Villam intrant. 3. Domina servas rogat. 4. Aquam apportant. 5. *Servae* cibos *parant*. Servi *hortum* curant. 6. Domina *servas, dominus* servos *laudat*. 7. Domina filiam exspectat.

Zeichne das Satzmodell des 3. und 4. Satzes.
Welche Aufgabe (Funktion) im Satz haben die *kursiv* gedruckten Wörter?
Warum könnte es beim 7. Satz in der deutschen Übersetzung ein Mißverständnis geben, warum nicht im Lateinischen?

b) Ergänze die unvollständigen Objekte, Subjekte und Prädikate: Amici hort_ intra_ et serv_ voca_. Serv_ laborant et besti_ curant. Marcus et amic_ camp_specta_. Pater Marc_ rogat: „Cur Syrus cur_ crea_?“ Cib_ amic_ et famili_ delectat.
Warum ist bei einigen Objekten Singular und Plural möglich?
Wodurch ist der Numerus beim Subjekt oder Prädikat jeweils festgelegt?

c) Pater me laudat. Mater te vocat.

Welche Aufgabe (Funktion) im Satz haben *me* und *te*?
Wechsle *me* mit der entsprechenden Form von *amicus, cena, hortus* und *familia* aus, *te* mit der von *amica, servus, filia, dominus*.

d) Setze die in Klammern stehenden Ausdrücke als Akkusativobjekte ein:

1. Pater ... laudat (servus, filius, filia, serva).
2. Mater ... vocat (servi, filii, filiae, servae).

---

1) *salūtat* er, sie, es grüßt 2) *salvē* sei gegrüßt! 3) *vīlicus* der Verwalter 4) *arat* er, sie, es pflügt 5) *fortasse* vielleicht 6) *vīta urbāna* das Stadtleben

Römisches Landhaus. Wandgemälde aus Stabiae bei Neapel.

e) Pater filium laudat. Der Vater lobt den Sohn.

Besser übersetzen wir: Der Vater lobt s e i n e n Sohn.
Übersetze ebenso: 1. Serva dominam exspectat. 2. Filia amicam vocat. 3. Servi dominos vitant. 4. Filiae equos curant.

f) Eigennamen stehen im Lateinischen voran: Marcus amicus der Freund Markus

Übersetze entsprechend: 1. Paulum amicum exspectat. 2. Pater Syrum servum vocat. 3. Syrus servus Publium dominum rogat.

g) Vergleiche:

- Filia cibum parat. The daughter prepares a meal.
- Filiae cibos parant. The daughters prepare meals.

Wodurch unterscheiden sich die englischen von den lateinischen Sätzen?

h) „Me vitat, servos vitat, servas vitat." Was drückt die Aneinanderreihung dieser gleich gebauten Kurzsätze aus?
Welche Sätze im Lesestück haben zwei Objekte, welche haben kein Objekt?

Die Landhäuser der Römer

Reiche Römer besaßen häufig ein Landgut, das unter der Aufsicht eines Verwalters bewirtschaftet wurde. Die Arbeitssklaven und der Verwalter lebten in den unteren Räumen der *vīlla rūstica*, während die gut ausgestatteten Räume des Obergeschosses dem Besitzer vorbehalten waren. Viele vermögende Grundherren bauten sich weit entfernt vom Gutshof eine großzügige Luxusvilla. Man errichtete sie gern an einem Platz, der eine schöne Aussicht bot. In dieser Wohnanlage, die oft von parkähnlichen Gärten umgeben war, widmeten sich die Herren ihren Studien, gaben Feste und führten ein Leben wie in der Stadt; *vīlla urbāna* (*urbāna* städtisch) hieß sie daher.

4

E

1. Dominus vīllae et hortō appropinquat.
2. Dominus servīs imperat.

L

Gäste kommen

Die Familie ist vom Lande nach Rom zurückgekehrt und hat den Sklaven Syrus mit in die Stadt genommen.

Domina servo et servae imperat; statim servus hortum curat, serva cibos parat et mensam ornat. Nam Cornelia amicam et amicum exspectat.
Subito Delia dominae nuntiat: „Convivae horto et villae appropinquant." Iam villam intrant et Corneliae rosas[1], Marco pilam[2], Claudiae pupam[3] dant. Tum Cornelia filium et filiam Deliae servae mandat. |
Nunc cibi dominam et convivas delectant. Cornelia convivis narrat: „Servus et serva non solum laborant, sed etiam filium et filiam educant. Saepe Delia Claudiae et amicis fabulas narrat. Itaque Publius servos non vexat, sed servis pecuniam dat."
Nunc Syrus intrat.
Mater rogat: „Cur maeres[4]? Saepe dominus te laudat. Interdum tibi pecuniam donat."
Syrus: „Syria mihi patria est, non Italia. Etiam servus patriam amat."

Ü

a) Wozu braucht man den Dativ? Was drückt er oft aus? Versuche eine Antwort, indem du dir die Bedeutung folgender Verben überlegst: dat, donat, mandat, nuntiat, narrat, apportat, imperat, parat, appropinquat.

b) Setze die eingeklammerten Substantive als Dativobjekte im Singular und Plural ein:

1. Amici ... appropinquant (insula, equus, hortus, aqua, campus, mensa). 2. Serva ... fabulam narrat (amicus, conviva, Marcus, domina, filius).

Setze auch *tibi* bzw. *mihi* ein und füge jeweils noch ein Substantiv als Füllung der Objektstelle hinzu (z. B. *tibi et servo* oder *mihi et servis*).

c) Welche Kasus kann der Ausgang *-ae* bezeichnen?

Bestiae servae *appropinquant*. Servae bestiae *aquam* apportant. *Filiae* convivae cibos parant. Convivae *filiae* pecuniam donant.

Welche Funktion im Satz haben die *kursiv* gedruckten Wörter? Zeichne die Satzmodelle.

d) Vervollständige die Objekte der Sätze: 1. Convivae vill_ et hort_ appropinquant. 2. Domina serv_ imperat, servae conviv_ cib_ parant. 3. Servi equ_ (Singular und Plural) aqu_ apportant. 4. Amici domin_ statu_ donant. 5. Domina serv_ et serv_ fili_ et fili_ mandat.

---

1) *rosa* die Rose 2) *pila* der Ball 3) *pūpa* die Puppe 4) *maerēs* du trauerst, bist traurig

e) Mother is preparing a meal for the friends.
Mater amicis cenam parat.
Was beobachtest du jeweils beim Prädikat und bei den Objekten?

f) Füge zu sinnvollen Sätzen zusammen, indem du dir überlegst, welche Stelle die Wörter im Satz besetzen:
1. Fabulas, filiae, filio, Delia, et, narrat, semper.
2. Donant, servae, pecuniam, convivae; servae, convivas, itaque, amant.

g) Welche Aufgaben haben die Sklaven im Haus der Cornelia? Woran erkennst du, wie die Sklaven eingeschätzt werden?

h) Unterscheide, was jeweils verneint wird: 1. Marcus non properat. 2. Marcus cessat, non semper properat. 3. Non Marcus cessat, sed Claudia.

Sklaven in Rom (I)

Ohne die Sklaven und deren Arbeit wäre Roms Wohlstand undenkbar gewesen. Vielfältig waren die Beschäftigungen der Sklaven. Grob gesehen, können wir drei Gruppen von Sklaven unterscheiden:

- Sklaven in der Landwirtschaft: Auf den großen Gütern herrschte bei härtester Arbeit strengste Disziplin.
- Sklaven im Handwerk: In den Betrieben (z. B. in Töpfereien und Waffenschmieden) hatte mancher Sklave Aufstiegsmöglichkeiten. Außerdem konnte er selbst einen Handwerksbetrieb innehaben, mußte allerdings seinem Herrn einen Teil vom Gewinn abtreten.
- Sklaven im Haus des Herrn: Sie waren z. B. Sänftenträger, Köche, Sekretäre, Musiker, Lehrer, Dichter, Ärzte, Architekten. Sklaven aus dieser Gruppe wurden oft die Vertrauten und Berater ihrer Herren; ihnen ging es recht gut. Kaiserliche Sklaven stiegen mitunter bis zu ‚Ministerämtern' auf.

Sklaven bei der Küchenarbeit und beim Servieren.
Nachzeichnung von Reliefs an der sog. Igeler Säule bei Trier.
Welche einzelnen Dienstleistungen erkennst du?

5

E

1. Claudia hortum amīcae intrat.
2. Mārcus equum amīcī spectat.
3. Dominus cūrās servōrum et servārum ignōrat.

L

Im Amphitheater

Romani saepe ludos spectant. Ludi etiam animos Publii et Corneliae delectant.

Hodie Barbatus et Scritus pugnant.

Patria Barbati servi Germania est, patria Scriti Africa.

Romani audaciam Barbati laudant, Scritum ignorant; itaque Barbati victoriam desiderant.

Iam servi intrant et salutant[1]. Tum pugnant.

Scritus Barbatum statim temptat; Publius Scriti audaciam et diligentiam laudat. Subito Scritus Barbatum vulnerat et necat. Populus exsultat; nam Scriti victoria Romanos delectat. Statim Scritus in gratia[2] Romanorum est.

Postea copia simiarum[3] laetitiam Romanorum excitat: In carris[4] sunt et arenam pervolant[5].

Tum ursus[6] et elephantus arenam intrant. Iam ursus elephantum temptat. Etiam bestiarum pugna animos populi delectat.

Tandem Cornelia: „Populus pugnas servorum et bestiarum amat et libenter spectat; me autem ludus simiarum[3] et forma equorum delectant."

Ü

a) Frage jeweils nach den Satzgliedern und übersetze: 1. Filiae dominae aquam apportant. 2. Filiae dominae mensam ornant. 3. Servae filiae dominae cenam parant. 4. Servi domini patriam amant. 5. Domini servos laudant.

Welche Sätze sind mehrdeutig? Veranschauliche die Mehrdeutigkeit am Satzmodell.

b) Die Gleichheit der Ausgänge ermöglicht manchmal ein hübsches Formenspiel. Ergänze folgende Lücken sinnvoll: 1. .....ae .....ae non cessant. 2. .....ae .....ae .....am dant. 3. .....ae .....ae .....ae .....am donant.

c) Gleich aussehende Kasusformen eines Substantivs gibt es auch im Deutschen.

Vergleiche: Die Kinder der Lehrerin laden die Kinder der Nachbarin ein.
Die Kinder zeigen der Lehrerin und der Nachbarin die Blumen.

d) Ordne die eingeklammerten Genitive sinnvoll als Attribute ein: 1. Pater amicum ignorat (filii). 2. Servi equis copiam apportant (domini, aquae). 3. Servae statuas ornant (Publii, deorum et dearum). 4. Gratia filium delectat (convivae, servi). 5. Audacia animos excitat (Romanorum, elephantorum).

e) Übersetze das Lesestück ohne die Attribute im Genitiv. Was geht dabei verloren? Was leistet also das Attribut im Genitiv?

---

1) *salūtat* er, sie, es grüßt 2) *in grātiā* in der Gunst 3) *simia* der Affe 4) *in carrīs* auf Wägen 5) *pérvolat* er, sie, es durcheilt 6) *ursus* der Bär

f) Übersetze wörtlich und als zusammengesetzte Substantive:

patria servorum - pugna servorum - forma bestiarum - cibus bestiarum - copia pecuniae - laetitia victoriae.

g) Beantworte mit kurzen Sätzen aus dem Lesestück: Quem ludi delectant? Cur Romani victoriam Barbati desiderant? Cuius diligentiam Publius laudat? Quem Scritus vulnerat et necat? Cur Cornelia formam equorum laudat? Ubi est patria Barbati? Cui dei victoriam dant?

h) Im kürzesten Satz des Lesestücks ist die Wortstellung in beiden Sprachen gleich. Welche „gewöhnliche" Wortstellung beobachtest du im Lateinischen? Wo steht das Prädikat im deutschen Aussagesatz?

i) Welche Arten von Zirkusspielen werden im Lesestück vorgestellt? Was sagt dir dort der letzte Satz über die Einstellung vieler Römer zu den Spielen?

Zirkusspiele

An vielen Tagen des Jahres hatten die Römer Gelegenheit, Zirkusspiele anzuschauen. Der Eintritt war kostenlos. Im Colosseum hatten bis zu 50 000 Menschen Platz, im Circus Maximus sogar 200 000.

Eine besondere Sensation versprachen immer die Wagenrennen. Man mußte die Wendemarke *(mēta)* haarscharf umfahren. Die Namen der geschicktesten Wagenlenker waren in aller Munde.

Die üblichen Spiele waren freilich die Gladiatorenkämpfe. Geschulte Kriegsgefangene oder abgerichtete Sklaven kämpften mit verschiedenen Waffen gegeneinander und versuchten, den Gegner zu verwunden oder zu töten. Das Schicksal der Verletzten hing von der Gunst des Publikums ab. Die Faust mit dem Daumen nach unten bedeutete für sie den Tod.

Ein anderes Schauspiel war es, Tiger, Panther und Löwen, die seit Tagen ohne Nahrung waren, auf bewaffnete Gladiatoren zu hetzen. Den rasenden Bestien wurden auch zum Tode verurteilte Verbrecher oder Staatsfeinde, auch Christen, vorgeworfen.

Zwischen den einzelnen Kämpfen gab es heitere Einlagen, z. B. Vorführungen mit Affen.

Nur wenige berühmte Römer, z. B. Seneca und Plinius, lehnten diese blutigen Schauspiele scharf ab. Die Masse aber war mit Begeisterung dabei.

Gladiatoren mit Schiedsrichter. Mosaik aus einer römischen Villa in Nennig bei Trier.

6

E

1. Dominus servōs vocat et monet.
2. Servī: „Cūr nōs vocās? Cūr nōs monēs?“
3. Dominus: „Dīligentiam dēsīderō; itaque vōs vocō et moneō. Cūr nunc tacētis?“
4. Servī: „Tē timēmus. Servīs nōn licet rīdēre.“
5. Etiam domina servās vocāre et monēre vult.

L Ein Kinderspiel

Amici et amicae clamant et rident.

Subito Delia amicos rogat: „Cur non captatis muscas[1]?“

Statim Marcus clamat: „Me iuvat puellas terrere et captare.“

Iam Delia oculos Marci ligat[2]: „Nunc tibi licet nos captare.“

Marcus: „Muscas capto[1], muscas capto.“

Sed puellae rident: „Te non timemus. Nunc non iam clamamus, sed tacemus.“

Marcus Claudiam captare vult. Puellam paene captat.

Itaque Claudia: „Nos vides; nam non erras.“

Sed Marcus: „Vos non video, tamen vos capto.“

Nunc puellae clamant: „Nos non terres, nos non captas.“

Marcus: „Cur clamatis? Cur ridetis? Melius[3] est tacere.“

Tandem Marcus dolum adhibere parat; flere simulat.

Statim Delia advolat: „Cur fles?“ Sed Marcus servam tenet.

Delia ridet: „Victoriam habes.“

Ü

a) Übersetze, bestimme die Konjugation und bilde den Infinitiv: properat – terrent – monent – amat – timet – temptant – ignorant – tacet – habet.

b) Welche Formen aus dem Lesestück gehören in die jeweilige Spalte:

die sprechende Person	die angesprochene Person	die besprochene Person

c) Bestimme die Informationen folgender Verbformen nach Tätigkeit, Person und Numerus: ridet, vides, vexatis, ornamus, teneo, dono, adhibetis, desiderat, portas, flemus et vocamus, vitant et timent.

d) Fabula me delectat.

Fülle die Subjektstelle durch folgende Ausdrücke und übersetze: audacia elephantorum, narrare, saepe ridere, amicos habere, equos spectare.

Welche Funktion im Satz hat hier der Infinitiv?

e) Claudia … …vult.

Setze als Objekte ein: mensam ornare, villam ornare, dolum adhibere, te terrere, saepe laborare. Übersetze dann die Sätze.

---

1) *muscās captāre* „Mücken fangen“ = Blindekuh spielen 2) *ligāre* (ver)binden 3) *melius est* es ist besser

f) Verbpuzzle: In den nebenstehenden Zeilen stehen Bestandteile von Verben, deren Buchstaben nicht mehr alle aneinandergekettet sind. In der 1. Spalte findest du den ersten Buchstaben und die Endung eines Wortes, in der 2. Spalte jeweils die drei mittleren Buchstaben. Füge die Verben wieder zusammen und übersetze sie.

1. Spalte	2. Spalte
c - t	- abe -
d - s	- ene -
h - o	- exa -
i - t	- ide -
m - tis	- ime -
o - s	- ita -
t - mus	- ola -
t - tis	- ona -
v - nt	- one -
v - nt	- rea -
v - mus	- rna -
v - s	- uva -

g) Von welchen lateinischen Wörtern sind folgende englische Wörter ableitbar?

to cause, to educate, to prepare, to pronounce, to expect; car, people, licence, lab, hour; terrible.

h) Die Kinder sprechen im Text meist ganz kurze Sätze. Was läßt sich daraus schließen? Welche Wörter verbinden die Sätze und zeigen den Spielverlauf?

I Kinderspiele

Vieles von dem, was Kinder heute spielen, war auch die Freizeitbeschäftigung römischer Buben und Mädchen. Man kannte z. B. Blindekuh (Fliegen fangen), Mühle, verschiedene Ball- und Würfelspiele, freute sich an Kasperlfiguren und Puppen, peitschte den Kreisel mit einer Schnur und trieb einen Reifen, der mit Ringen und Glöckchen besetzt war. Sehr beliebt war das Nüssespiel. Man baute kleine Türme aus Nüssen, drei als Grundlage und eine oben drauf. Wer den Turm mit einem Wurf traf, der durfte sich die Nüsse nehmen. Auch die Erwachsenen nachzuahmen und dabei ‚Soldaten', ‚Richter', ‚Beamte' und ‚Lehrer' zu spielen, machte Spaß. Oder man übernahm Aufgaben eines Pferdes: Ein Kind spannte sich z. B. vor einen Wagen als Zugpferd und ließ sich dabei auch Schläge mit der Peitsche gefallen. Oder man nahm einen Kameraden auf die Schulter, und los ging der Reiterwettkampf.

Z Was bedeuten die folgenden lateinischen Sprichwörter:

HORAE VOLANT.
AQUILA NON MUSCAS CAPTAT. *aquila* der Adler, *musca* die Mücke

Spielende Kinder. Die einen spielen mit Nüssen, die anderen treiben Kugeln mit Rutenbündeln um die Wette vorwärts.

7

E 1. Mārcus: „Ubi estis?“ Puellae: „Hīc sumus“.
2. Mārcus puellam captat: „Quis tū es? Esne Iūlia?“
3. Puella: „Iūlia sum.“

L

Ein Unbekannter kommt zu Besuch

Filius et filia in atrio[1] sunt.
Subito aliquis[2] intrare vult: „Salvete[3]! Me iuvat vos videre.“
Marcus: „Quis es tu? Te ignoramus.“
„Cornelius avunculus sum. Esne tu Marcus? Ubi est mater? Ubi est pater?“
Marcus: „Avunculus non est Romae[4]. Tribunus est et Germaniam expugnat. Tu igitur Cornelius avunculus non es.“
Tum Claudia Deliam vocat.
Delia: „Quid est? Cur clamatis? Ubi estis?“
Marcus: „Hic sumus. Aliquis[2] intrat.“
Nunc Delia appropinquat. Statim ridet: „Te non ignoro. Non-ne tu Cornelius avunculus es?“
„Ita est. Sed Marcus me repudiare temptat. Valetne familia? Ubi est Cornelia?“
Delia: „Cornelia hortum curat. Et ubi Cornelia est, ibi etiam Publius esse solet.“
Iam Cornelia et Publius advolant. Nunc etiam filius et filia avunculo dextram dant.
Postremo avunculus: „Marcum laudare debeo; nam domum[5] melius[6] conservat quam legionarii provincias.“

Ü

a) Konjugiere: servus sum et laboro; puella sum et rideo.

b) Übersetze und bestimme, welche Wortart jeweils die einzelnen Stellen im Satz füllt: 1. Servi laborant. Servi hic sunt. 2. Delia patriam desiderat. Sed puella est serva Corneliae. 3. Paulus Marcum exspectat. Marcus et Paulus amici sunt. 4. Tu me laudas. Amici sumus.

c) Verwandle in den Plural bzw. in den Singular: Hic sumus; servus amicus est; amica es; amicus Marci sum; equi bestiae sunt; ibi estis.
Warum verwandelt sich beim ersten und letzten Beispiel nur die Form des Verbs?

d) Übersetze: 1. Quis ibi cenat? Ibi pater et mater cenant. 2. Cur hic clamatis? Hic clamamus, nam amici hic exspectant.
Welches Wort kannst du in den Sätzen jeweils weglassen, ohne den Sinn zu zerstören? Ersetze nun die Verben durch die entsprechenden Formen von *esse*. Warum können *ibi* und *hic* jetzt nicht fehlen?

---

1) *in ātriō* im Atrium (Halle des Hauses) 2) *aliquis* jemand 3) *salvēte!* Seid gegrüßt!
4) *Rōmae* in Rom 5) *domum* (Akk.) das Haus 6) *melius* besser

Verwundete römische Soldaten. Ausschnitt aus dem Reliefband der Trajanssäule in Rom.

e) Unterscheide Wort- und Satzfragen und stelle die Deklination von *quis* und *quid* in zwei Spalten zusammen: Quis villam intrat? Cuius filius Marcus est? Ridetne dominus? Conservatisne villam? Quem puellae vocant? Ignoratne Marcus avunculum? Cui avunculus fabulam narrat? Delectatne fabula Marcum et Claudiam? Quid portatis?

f) Setze *cur, quis, quid* sinnvoll als Fragewörter ein und nenne die Subjekte:
– me terretis? – me videt? – mihi das? – iam appropinquatis? – cessatis? – clamas?

g) Übersetze die folgenden Formen. Dann ergeben die dritten Buchstaben der Verben und Fragewörter, hintereinander gelesen, einen gutgemeinten Rat in lateinischen Buchstaben: wir schweigen; ich liebe; du meldest; wessen? sie erziehen; er kämpft; wem? sie weint; ihr erschreckt; wir wählen; ich eile herbei; was? wen? du erfreust.

h) Woran erkennt man im Lesestück, daß der Onkel lange Zeit abwesend war und offenbar vom Militärdienst kommt?

In den folgenden Lesestücken wird Onkel Cornelius den Kindern von seinem militärischen Einsatz an der germanischen Grenze erzählen. Markus und Claudia sind stolz auf die Macht und die Größe des römischen Reiches, der Onkel aber weiß um die Gefahren, die auch einem so mächtigen Reich wie dem *Imperium Rōmānum* drohen; er kennt die Schrecken und Greuel, die jeder Krieg über die Menschen bringt, gleich ob sie Sieger oder Verlierer sind.

8

E

1. Cūr servam nōn laudās, domina? Laudā servam, domina! Nam semper pāret.
2. Cūr tacēs, serve? Rīdē, serve!
3. Cēnāte et rīdēte, servī et servae!

L Welch ein Held!

Markus, der sich für das Kriegswesen und den Ruhm des Römerreichs begeistert, erzählt in Anwesenheit des Onkels den Mädchen eine unglaubliche Geschichte.

MARCUS: Licetne vobis fabulam narrare? Tacete, puellae! Tace etiam tu, Claudia! Nunc narro:

Legionarii dormitant[1]. Titus autem et Aulus vigilant. Subito stridor[2] Titum terret.

Aulus: Quid est?

Titus: Barbari, ut puto, appropinquant.

Aulus: Timeo barbaros.

Titus: Es legionarius, Aule! Pugna! Para tibi gloriam!

Sed Aulum non retinet; iam in angulo[3] sedet et timet.

Statim Titus solus[4] muro appropinquat. Iam barbari murum superare student. Titus autem videt, advolat, necat. Barbari fugae se dant.

Stat mihi sententia: Titus heros[5] est. Etiam deos, ut puto, audacia Titi iuvat.

AVUNCULUS: Me iuvat tibi rem[6] explicare, Marce. Barbaros saepe oppugnamus et nunc Germaniam expugnare paramus. Sed barbarorum audacia nos valde terret. Iuppiter autem, pater deorum, nobis mandat: „Imperate mundo, Romani! Docete populos! Date otium[7] provinciis!"

Ü

a) Ordne nach Imperativen, anderen Präsensformen und Substantivformen: ridete, temptas, vigilatis, campi, crea, roga, cura (2), curae, clamas, videtis, pugna (2), cenate, cena (2), vola, fletis, serve, tace, horae, delecta, serva (2), da, imperatis, simulate.

b) Verwandle die folgenden Aussagen in Befehlssätze: 1. Rides et narras, Aule. 2. Servae puellas monent. 3. Marcus amicos vocat. 4. Delia puellis fabulas narrat. 5. Amici, dolum adhibetis. 6. Filia convivis cibos apportat. 7. Servi equos domini curant.

Warum sind in den Sätzen 1 und 5 Vokative hinzugesetzt? Wo ist jeweils das Subjekt?

c) Wieso stellt der Vokativ eine Verbindung zwischen Sprecher und Hörer her? Überprüfe deine Antwort am Lesestück.

d) In welchen Sätzen des Lesestücks von Zeile 1–11 ist die Stelle des Subjekts nicht besetzt? Wieso weiß man trotzdem, wer angeredet ist?

---

1) *dormītō* ich schlafe 2) *strīdor* (Nom.) ein Geräusch 3) *in angulō* in einer Ecke 4) *sōlus* allein 5) *hērōs* (Nom.) der Held 6) *rem* (Akk.) die Sache 7) *ōtium* (Akk.) (den) Frieden

e) Wandle den eingeklammerten Ausdruck jeweils zu einer passenden Apposition um:

1. Delia fabulam narrat (serva Corneliae). 2. Convivae Deliae pecuniam dant (serva Corneliae). 3. Diligentia Deliae convivas delectat (serva Corneliae). 4. Convivae Deliam laudant (serva Corneliae).

f) Zeichne je ein Satzmodell für die Sätze 1–4 von e nach der Eingliederung der Apposition.

g) Welche Satzarten unterscheiden wir? Nenne jeweils Beispiele aus dem Lesestück.

h) 1. Inwiefern stellt der Onkel die Übertreibungen in Markus' Geschichte stillschweigend richtig? 2. Womit begründet er seinerseits das Streben der Römer nach Weltherrschaft? 3. Wie zeigt sich der Unterschied in der Sprache?

I Römische Götter

Im Lesestück spricht Markus von *Iuppiter*, dem Vater der Götter. Er galt den Römern als höchster Gott und als Schutzpatron des Reiches. Seine Kennzeichen waren der Blitz in der Hand, ein Adler oder eine Eiche. Die übrigen Götter standen an Macht und Ansehen unter ihm. *Iūnō*, die Mutter der Götter, verehrten vor allem die Frauen. Ihr waren der Pfau und der Granatapfel geweiht. *Minerva* wurde als Tochter Jupiters gefeiert. Sie war die Göttin der Künste und Wissenschaften. Man erkannte sie an Helm und Lanze. *Mārs*, der Gott des Krieges, war an Schild und Lanze zu erkennen. *Venus,* die Göttin der Schönheit und der Liebe, trug als Attribute eine Taube und einen Myrtenzweig. *Apollō* mit dem Lorbeerkranz galt als Gott der Dichtkunst und der Musik, der Medizin und der Weissagung. *Diāna* wurde als Göttin der Jagd und der Wälder verehrt. Eine vielseitige Gottheit war *Mercurius* (Merkur); mit Flügelschuhen, Flügelhaube und Heroldsstab dargestellt, war er der Bote der Götter; zugleich aber flehten die Kaufleute und sogar die Diebe zu ihm. *Neptūnus* (Neptun), den Gott des Meeres, erkennt man am Dreizack, mit dem er die Wogen der Meere aufwühlte. *Vulcānus* (Vulkan), der Gott des Feuers, beschützte besonders die Handwerker. *Vesta* und *Cerēs* waren Schwestern des Zeus: Vesta, die Göttin des Herdfeuers, behütete die Familie und die Stadt Rom. Ceres wurde als Göttin der Ernte und des Ackerbaus verehrt.

Welche Götter kannst du nun auf der Abbildung erkennen?

Z Der Leitspruch der Benediktinermönche: ORA ET LABORA.

Die Götterfamilie. Ausschnitt aus einem Relief des Trajansbogens von Benevent.

9

E

1. Barbarī Rōmānōs audāciā et dolō terrent.
2. Interdum legiōnāriōs sagittīs et gladiīs necant.
3. Quis prōvinciās cūrīs līberat?

L

Eine unruhige Grenze

Der Onkel erzählt von den Schwierigkeiten, die Germanen abzuwehren.

Barbari provincias saepe rapinis vexant. Subito Danuvio vel Rheno appropinquant et fluvios naviculis[1] superant. Villas flammis delent, rusticos sagittis et gladiis necant, feminas raptant. Praeda naviculas[1] onerant et avolant[2]. Nos autem sero advolamus: Nihil nisi ruinas spectamus. | Victoria barbarorum animos Romanorum ira complet. Raro nobis licet captivos pecunia liberare.

Iure rustici rogant: „Ubi sunt tribuni, ubi legionarii, cum[3] barbari villas dolo oppugnant et flammis delent? Quis barbaros provinciis arcet? Quis nos curis liberat? Nos ipsi[4] barbaros vicis et campis arcere debemus. Audacia legionarios paene superamus."

Miseria rusticorum nos terret et curis implet. Itaque Caesar[5] barbarorum terram expugnare studet. Sic provincias miseria liberare temptat.

Ü

a) Welche Kasus in der ā- bzw. in der o-Deklination haben im Singular gleiche (oder scheinbar gleiche) Ausgänge?

b) Stelle fest, um welche Kasus es sich jeweils handeln kann: summa, rapinae, rustice, terra, victoriis, animo, populi, causae, gladio, murorum, dolum, mundo.

c) Mater filiam delectat.

Setze folgende Wörter als Angaben (Adverbialien) in den Satz ein: ludus, pecunia, copia ciborum, cibi, fabula, fabulae.

d) Was erfahren wir durch die Adverbialien im Satz? Welche Funktion haben sie? Was erreicht der Sprecher, wenn er für sie die erste Stelle im Satz wählt?

e) Suche die Objekte und Adverbialien und übersetze: 1. Amici horto appropinquant. 2. Barbari legionarios dolo terrent. 3. Domina servam pecunia delectat. 4. Pecunia, conviva, filiam delectas. 5. Puellas fabula doces, serva. 6. Dolo amicos captas, Marce. 7. Cur pecunia non semper curis liberat?

f) Welche Satzglieder im Lesestück sind Adverbialien im Ablativ, welche sind Objekte? Worauf mußt du beim Übersetzen zunächst achten?

g) Sammle aus dem Lesestück alle Wörter, die feindselige Handlungen und ihre Folgen bezeichnen.

---

1) *nāvicula, -ae* das (kleine) Schiff 2) *āvolāre* abfahren 3) *cum* wenn 4) *ipsī* (Nom. Pl.) selbst
5) *Caesar* (Nom.) hier: der Kaiser

Kastell Saalburg im Taunus, rekonstruiert um 1900. Das Kastell wurde als Teil der Limesbefestigung im 1. Jahrhundert n. Chr. angelegt und um 200 durch Steinmauern verstärkt.

h) Welche Sätze des Lesestückes zeigen den Vorteil der „Barbaren" an der Grenze, welche den Entschluß der Bauern des Grenzlandes zur Selbsthilfe, welche die Maßnahmen Roms?

i) Beachte: *dono* ich schenke (einem etwas), ich beschenke (einen mit etwas).

Übersetze: Pater filium equo donat. Amicae filiae tabulam donant. Cur servos pecunia donas, domine?

Wie kann man die Sätze umformen?

Zeichne ein Satzmodell für beide Möglichkeiten. Welche Satzglieder verändern sich jeweils?

Roms Grenze an Donau und Rhein

Die Germanen stellten jahrhundertelang eine Gefahr für das römische Reich dar. Donau und Rhein bildeten die Grenzen des Imperium Romanum; jenseits lagen die Wohnsitze der Germanen. Es gelang den Römern nicht, mit der Elbe-Moldau-Donau-Linie einen verkürzten Grenzverlauf zu erreichen. Erfolg hatten sie allerdings mit der Eroberung des heutigen Südwestdeutschlands (Baden-Württemberg). Zum verstärkten Schutz gegen Angriffe der Germanen bauten die Römer etwa von Regensburg bis in die Nähe von Bonn einen 550 km langen Wall, den berühmten Limes, der lange Zeit den Angriffen trotzte.
Nicht nur in den Namen großer Flüsse wie Donau *(Dānuvius)*, Elbe *(Albis)* und Rhein *(Rhēnus)* hat sich die lateinische Bezeichnung erhalten. Welche Flußnamen erkennst Du in *Aenus, Alcmona, Ambra, Guntia, Hilara, Isara, Licca, Moenus* und *Reganus*?

10

E

1. Forum animōs Rōmānōrum dēlectat. Itaque Rōmānī forum semper laudant.
2. Templa deōrum Rōmam ōrnant. Quis templa Rōmae ignōrat?

L

Ein Besuch auf dem Forum

Die Kinder bewundern die Tempel auf dem Forum; sie sind ein Zeichen römischer Gottesfurcht.

CORNELIUS: Foro appropinquamus.

MARCUS: Nonnulla[1] aedificia fori non ignoro, velut basilicam[2]; nam ibi pater perorare[3] solet. Explica nobis templa et artificia fori, avuncule!

CORNELIUS: Si vobis placet. Hic templum et atrium Vestae videtis.

CLAUDIA: Cur Romani Vestae deae templa aedificant?

CORNELIUS: Vesta tecta et familias servat. - Spectate ibi templum Concordiae!

MARCUS: Cur Concordiam imploramus?

CORNELIUS: Concordia imperium continet. Itaque senatores[4] interdum ibi consilia habent. | - Ecce templum Saturni, dei rusticorum! Romani semper auxilium deorum exspectant. Deorum auxilio barbaros imperio arcemus et bellis superamus. Itaque deos donis, velut ara vel templo vel simulacro, delectamus; iram deorum sacrificiis placare studemus.

MARCUS: Cur Romani deos adeo timent?

CORNELIUS: Melius est[5] deos timere et oppida simulacris ornare quam deos ridere; nam dei domini mundi sunt. Deorum potentia, ut multi[6] putant, populi imperio Romanorum parent.

Ü

a) Bestimme die folgenden (oft mehrdeutigen) Formen: fora, hora, orna, impera, imperia, impero, imperio, artificio, aedificia, pareo, paro, auxilii, filii, ara.

b) Vergleiche jeweils das Genus des lateinischen Wortes mit dem des entsprechenden deutschen Wortes: oculus, victoria, sacrificium, murus, dolus, ara, audacia, ludus, auxilium, vicus, sagitta, animus, puella, gladius, consilium.

c) Romani templa deorum ornant.

Setze folgende Wörter als Adverbialien in den angeführten Satz ein: nunc, dona, hodie, interdum, statim, simulacra, valde, saepe, arae, non raro.

Warum muß man einige Wörter erst in den Ablativ setzen, andere nicht?

Stelle mit Hilfe entsprechender Fragen die Adverbialien fest und gruppiere sie nach Wortart und Bedeutung.

Du kannst auch mehrere Adverbialien gleichzeitig in den Satz einfügen.

---

1) *nōnnulla* einige 2) *basilica, -ae* die Halle 3) *perorāre* eine Rede halten 4) *senātōrēs* die Senatoren (Angehörige des Rates) 5) *melius est* es ist besser 6) *multī* viele

d) Welches Wort füllt in folgenden Sätzen die Subjektstelle, welches die Objektstelle, welches die Stelle des Attributs, welches ist als Adverbiale verwendet?

1. Dona delectant. Quis dona non amat? 2. Templum Concordiae forum ornat. Simulacrum templum Concordiae ornat. 3. Romani auxilium deorum semper desiderant. Auxilium deorum Romanos miseria liberat. 4. Aedificia fori sunt artificia. Quis aedificia fori hodie ignorat? 5. Atrium villae conviva iure laudat. Atrium villae convivis placet.

e) Welches englische Wort kennst du zu den folgenden lateinischen Wörtern?

villa, tabula, campus, sententia; studere, complere, continere.

f) Sammle aus dem Lesestück die Wörter, die dem religiösen Bereich zuzuordnen sind.

g) Verehrten die Römer ihre Götter in bedingungsloser Anbetung? Warum ist ihr Verhältnis zur Gottheit einem Vertrag ähnlich? Versuche, aus dem Lesestück heraus eine Antwort zu geben.

Forum Rōmānum

In frühester Zeit war das Forum eine sumpfige Ebene. Doch bald wurde das Tal zwischen Palatin und Kapitol trockengelegt, und die ersten Häuser wurden gebaut. Mit der Zeit ließen sich immer mehr Kaufleute dort nieder, so daß das Tal tatsächlich ein großer Marktplatz wurde, wo man alle möglichen Waren anbot. Schließlich wurden hier Volksversammlungen und Gerichtssitzungen abgehalten. Auch wichtige Tempel standen auf dem Forum, um nur den Tempel der Vesta und des Saturnus zu nennen.

Im Laufe der Jahrhunderte wuchs die Macht der Römer; ihr Reich wurde immer größer. Das bedeutete aber auch, daß mehr Platz für die politischen Geschäfte notwendig wurde. Außerdem sollte ja die Hauptstadt eines mächtigen Reiches auch durch prächtige Bauten hervorstechen. Daher verschwanden die Läden mehr und mehr in die Nebengassen, und glanzvolle Gebäude entstanden. Aus älterer Zeit stammte die *Cūria,* in der der Senat tagte. Caesar ließ die *Basilica Iūlia* errichten, in der Gerichtssitzungen stattfanden. Der Tempel des altrömischen Gottes Saturn wurde wieder aufgebaut. Standbilder wurden überall aufgestellt. Triumphbögen, z. B. der Titusbogen, erinnerten an große Siege.

Auf dem Forum befand sich auch der goldene Meilenstein *(mīliārium aureum),* auf welchem die Namen der wichtigsten Städte des Reiches und ihre Entfernung von Rom verzeichnet waren.

Der Tempel der Göttin Vesta.
Darstellung auf einer römischen Münze.

Das Forum Romanum

Versuche, auf der rechten Bildseite, die den heutigen Zustand des Forums zeigt, die Gebäude zu erkennen und zu bestimmen, die auf obiger Rekonstruktion angegeben sind.

1 Jupitertempel auf der südlichen Kuppe des Kapitolinischen Hügels.
2 Burg (*arx*) auf der nördlichen Erhebung des Kapitolinischen Hügels.
3 Saturntempel, der Aufbewahrungsort des Staatschatzes; dahinter der Tempel des Vespasian sowie der Tempel der Eintracht (*Concordia*). Hinter diesen beiden Tempeln erhebt sich das große Gebäude des Tabulariums, des römischen Staatsarchivs.
4 Rednerbühne (*rōstra*), daneben der Triumphbogen des Kaisers Severus.
5 *Cūria.* Von dem zweiflügeligen Senatsgebäude blieb nur ein Teil erhalten.
6 *Basilica Iūlia.* Von Caesar erbaut, wurde sie vornehmlich für Gerichtsverhandlungen verwendet. Davor standen Siegessäulen.
7 *Basilica Aemilia.* Der ältere Bau gegenüber der *Basilica Iūlia* stand ebenfalls für öffentliche Geschäfte zur Verfügung.
8 Tempel der Vesta. Hier hüteten die Vestalinnen das heilige Feuer.

11

E

1. Multīs artificiīs Rōmānī fora ōrnāre solent. Spectāte statuās praeclārās, mūrōs firmōs, templa alta!
2. Magna est glōria Rōmānōrum.
3. Rōmānī iūstōs cōnservant, superbōs dēbellant[1].
4. Deī bonī, servāte imperium Rōmānum! Arcēte mala!

L Auf dem Kapitol

Mit dem Kapitol ist die Geschichte Roms aufs engste verbunden.

Cornelius: „Cuncti Romani Capitolium amant. Ibi templum clarum summi dei est. Etiam Iuno, regina dearum, et Minerva, dea sapientiae, hic cellas[2] habent. Iuppiter est magnus dominus imperii Romani. Conservat iustos, debellat[1] superbos. Romanos multis malis liberat. Nota est sententia: Donec[3] Capitolium stat, Roma stat."

Nunc Marcus verba non iam retinet: „Sed olim Capitolium paene praeda Gallorum fuit[4]." Cornelius: „Ita est."

Claudia: „Narra, avuncule! Ego[5] enim fabulam ignoro." |

Cornelius: „Si placet, fabulam miram narro. Summo studio Galli Capitolium expugnare temptant; nam parvus numerus Romanorum Capitolium tenet. Saxa autem alta, muri firmi sunt; magna est Romanorum audacia. Itaque Galli noctu[6] Capitolium oppugnare parant. Iam barbari feri murum altum superant."

Iterum Marcus verba non retinet: „Subito anseres[7] deae clamant et Romanos fessos excitant. Statim Manlius, primus Romanorum, advolat et barbaros necat."

Cornelius: „Te laudo, Marce; facta praeclara Romanorum antiquorum non ignoras."

Z Vom Stolz der Römer auf ihre Stadt künden die Worte:

ROMA MAGNA, ROMA AUREA, ROMA SUPERBA, ROMA AETERNA

Ü

a) Ordne die Adjektive als Attribute so ein, daß sich passende Wortgruppen ergeben. und übersetze: 1. Arae templa fori ornant (altus, praeclarus). 2. Romani auxilio deorum miseriam superant (firmus, aeternus). 3. Gratia domini servos excitat (iustus, novus). 4. Quis copiam bestiarum non libenter spectat (magnus, mirus)?

Zeichne Satzmodelle für die Sätze 1–3.

b) Vervollständige die Prädikate durch die eingeklammerten Wörter und übersetze: 1. Elephanti nos terrent, si . . . sunt (ferus). 2. Rusticus non iam laborat, nam . . . est (fessus). 3. Aqua nos delectat, si . . . est (clarus). 4. Fabulae filio placent, nam . . . sunt (mirus). 5. Dominus servos laudat, nam . . . est (iustus).

Forme die Sätze jeweils in der Weise um, daß du das Adjektiv aus der Prädikatsgruppe (z. B. *feri sunt*) löst und als Attribut zum Subjekt stellst (z. B. *elephanti feri*).

---

1) *dēbellāre* niederkämpfen 2) *cella, -ae* hier: Raum 3) *dōnec* solange 4) *fuit* hier: er, sie, es wäre gewesen 5) *ego* ich (betont) 6) *noctū* nachts 7) *ānserēs* (Nom. Pl.) die Gänse (sie waren der Juno heilig)

c) Setze alle Satzglieder in den Plural: 1. Forum Romanum clarum est. 2. Templum clarum oppidi antiqui parvum est. 3. Consilium amici novi bonum et iustum est. 4. Murus aedificii praeclari magnus et altus est.

d) Sprachspiele: 1. serva, domina, villa *und* fessus, superbus, antiquus. Setze zu jedem Substantiv das passende Adjektiv und vervollständige den Satz:
-ae -ae -ae -ae -ae -ae appropinquant.

2. campus, dominus, magnus, bonus, notus, sunt. Ordne diese Wörter so, daß sie einen Satz ergeben, dessen Nomina nur auf *-i* enden.

e) Welche Textstellen im Lesestück zeigen, daß Markus in der römischen Geschichte schon etwas Bescheid weiß und den Worten des Onkels gespannt zuhört?

I Vom Kapitol

Vielleicht hast du schon gehört, daß Rom auf sieben Hügeln erbaut wurde; einer davon, und zwar der kleinste, ist der Kapitolshügel. In früher Zeit war das Kapitol die Burg von Rom, in die man sich im Verteidigungsfall, z. B. beim Gallierangriff (um 390 vor Christus), zurückzog. Hier hatten die drei großen Gottheiten, Jupiter, Juno und Minerva, zusammen einen Tempel. Darum war das Kapitol Roms heiligste Stätte und somit der religiöse und politische Mittelpunkt der Stadt. Zu Füßen des Kapitols dehnt sich auch heute noch das Forum aus.

Da die Römer die Städte in Italien und in den Provinzen nicht selten nach dem Vorbild Roms anlegten, hatten viele Provinzstädte ein Kapitol mit dem Heiligtum für Jupiter, Juno und Minerva, z. B. Pompeji, Carnuntum (bei Wien) sowie Köln, wo sich über den Grundmauern des Tempels heute die Kirche ‚St. Maria im Kapitol' erhebt.

Rekonstruktion der antiken Bauwerke auf dem Kapitol in Rom

12

E

1. Servī vīllam intrant. Etiam servae in vīllam properant.
2. Nam Pūblius ā (ab) forō ad vīllam remeat.
3. In ātriō artificia praeclara sunt; ibi etiam statuae sunt.
4. Multī Pūblium propter magnam sapientiam laudant.

L Römische Straßen

Cornelius et Marcus per vias Romae ad portam Appiam properant. Nunc ad portam stant.

Cornelius: „Post tergum tecta Romae sunt, ante oculos via Appia, regina viarum, est. Iuxta viam monumenta Romanorum clarorum vides. Monumenta non intra muros, sed extra muros sunt."

Ante muros carros rusticorum vident. Rustici frumentum et alias copias ad forum portant. |

Postea avunculus cum Marco ante portam Flaminiam stat. Campi lati sub oculis sunt. Multi rustici a foro in vicos remeant.

Nunc Cornelius de via Flaminia narrat: „Via Flaminia est via antiqua a Roma ad oppidum Ariminum ..." Subito rusticus quidam[1] clamat: „Adeste mihi!" Statim Cornelius: „Quid clamas, rustice?" Rusticus: „Rota[2] carri fracta[3] est. Carrum vix teneo."

Sine mora Cornelius et Marcus advolant. Avunculus cum rustico carrum tenet, Marcus e villa vicina fabrum[4] advocat.

Brevi carrus refectus[5] est. Tum rusticus: „Gratiam vobis debeo." Sed Cornelius: „Tace, rustice! Cunctis adesse soleo."

Ü

a) Ergänze und übersetze: 1. Carrus post vill_ (aedifici_, hort_) est. 2. Statuae intra et extra templ_ sunt. 3. Iuxta statu_ (mur_) puellae amicas vident. 4. Marcus per Rom_ ad port_ Appi_ properat.

b) Unterscheide: 1. Servi simulacrum *ad* templum portant. Servi simulacrum *in* templum portant. 2. Dominus *per* oppidum properat. Dominus convivas cen*a* delectat.

c) Ergänze und übersetze: 1. Cum amic_ ex oppid_ in campos et ad fluvium properamus. 2. In camp_ nos delectamus sine cur_. 3. Rustici a camp_ frumentum in vill_ portant et bestias cib_ et aqu_ curant. 4. Cornelius nobis de oppid_ clar_ et de mult_ terr_ narrat.

d) Wo oder wohin? Setze den entsprechenden Fall: 1. Captivi in (campus, via, hortus) laborant. 2. Legionarii in (aedificium, campus, fluvius, arena) properant. 3. Filiae in (vicus, insula, atrium) sunt.

In welchem Satz sind die Ortsangaben ein notwendiger Teil des Prädikats?

e) Setze *a/ab* sowie *e/ex* in der üblichen Lautform vor die in Klammern stehenden Substantive und übersetze: Pater (villa, aedificium, forum) ad arenam properat.

---

1) *quīdam* ein gewisser, ein 2) *rota, -ae* das Rad 3) *frāctus, a, um* gebrochen 4) *fabrum* (Akk.) einen Handwerker 5) *refectus, a, um* repariert

f) Ordne bei der Übersetzung folgender Ausdrücke die Präpositionen in beiden Sprachen den angegebenen Kasus zu und beachte, daß sich die Kasus nach den Präpositionen im Lateinischen und im Deutschen oft nicht decken: vor den Toren, mit Freunden, in das Landhaus, zum Fluß, außerhalb des Gartens, bei den Denkmälern, hinter dem Dorf, unter das Wasser, neben den Wegen, innerhalb der Mauern, nach den Kriegen, von der Landstadt her, vom Dach aus, ohne Sklaven, unter die Erde, neben dem Karren, auf dem Kampfplatz, an dem Gebäude, außerhalb der Flammen.

Deutsch			Latein	
Genitiv	Dativ	Akkusativ	Ablativ	Akkusativ

g) Wie erklären sich im Lesestück die langen Sätze des Onkels, wie die kurzen des Bauern?

Die Römer verbanden alle Städte ihres Reiches mit einem dichten Netz guter Straßen, die auf festem Untergrund gebaut waren. Nach jeder Meile (ca. 1,5 km) zeigte ein Meilenstein die Entfernung von Rom an. Alle 7 bis 10 Meilen konnte man die Maulesel oder Pferde wechseln, etwa alle 30 Meilen fand man ein Gasthaus und eine Station der Straßenpolizei. Die *via Appia* (um 312 v. Chr. begonnen) führte 363 römische Meilen (544 km) von Rom nach *Brundisium* (Brindisi), die *via Flāminia* verband Rom mit *Arīminum* (Rimini) - 212 römische Meilen -, die *via Aemilia Arīminum* mit *Mediōlānum* (Mailand). Die im Jahre 47 n. Chr. unter Kaiser Claudius fertiggestellte *via Claudia Augusta* verlief von *Altīnum* (in der Gegend des heutigen Venedig) über den Reschenpaß nach Augsburg und erreichte bei Regensburg die Donau.

Rechts: Querschnitt durch die Anlage einer römischen Straße

Unten: Die Straße zur Hafenstadt Ostia im heutigen Zustand

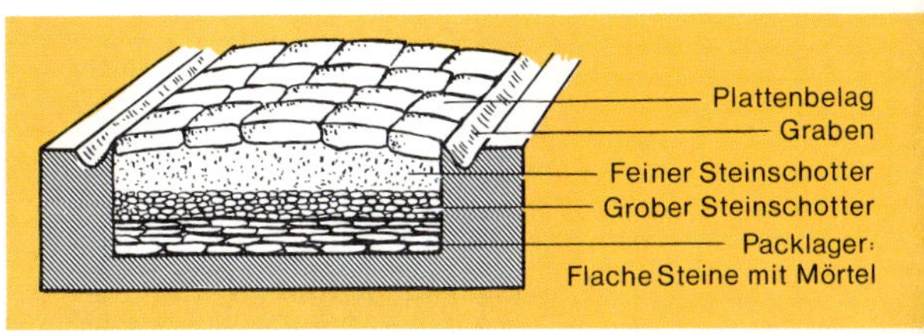

13

E

1. Quis Mārcum puerum ignōrat? Mārcus puer laetus est.
2. Syrus miser est. Vīta Syrī misera est.
3. Crēbrae cūrae servōs vexant.
4. Multī servī agrōs lātōs dominī cūrant.

L

Das Schicksal des Sklaven Syrus

Ein neuer Sklave namens Davus kommt mit Syrus ins Gespräch.

DAVUS: Cur numquam laetus es, Syre?

SYRUS: Mirum non est: Patriam, familiam, imprimis liberos teneros desidero. Fortuna mihi aspera est.

DAVUS: Narra mihi, vir miser, de misera vita tua[1]!

SYRUS: Syria mihi patria est. Cuncti in patria laeti sunt; ibi libenter laborare solent. | Ego[2] faber sum. Ut rustici agros curant, ita nos fabri tecta aedificamus. Ante multos annos ad oram Syriae villam pulchram muro circumdabamus[3]. Subito unus ex fabris clamat: „Ecce piratae[4]!“ Cuncti fugae se dant, me miserum autem et amicum piratae[4] captant. Clamamus: „Adeste nobis, amici! Liberate nos miseros, viri boni!“ Sed statim magister navigii[5] ministris imperat: „Ligate[6] fabros vinculis!“ Tum viri feri nos in terram alienam portant. Multa et magna pericula nos terrent. Postremo Publius me parva pecunia parat, amicum autem aegrum repudiat.

Nunc Syrus lacrimas non iam retinet. –

Postea Publius servo misero, sed integro dextram dat: „Te manu mitto[7]; non iam servus es, sed liber.“ Nunc Syri laetitia magna est.

Ü

a) Welche Satzglieder können folgende Ausdrücke sein: puerum liberum; fabri firmi; magistro aegro; viros claros; libri pulchri; minister bone; agris novis.

Bilde den Nominativ Singular und gib jeweils die Bedeutung an.

b) Fülle die Stellen der kursiv gedruckten Satzglieder durch die entsprechende Form der eingeklammerten Wörter und übersetze: 1. *Amicus* (vir) bonus *Marco* (puer laetus) dexteram dat. 2. Tum *Marcum* (puer tener) pecunia donat. 3. Marcus *amico* (vir bonus) gratiam debet. 4. Gratia *Marci* (puer) *amicum* (vir) bonum delectat. 5. Magnus numerus *amicorum* (minister) *bonorum* (integer) templum intrat. 6. *Multa* artificia (creber) in templis sunt. 7. *Servi* (minister) *convivis* (puer et vir) cibum parant. 8. Dominus *servos* (minister et faber) laudat. 9. Servi in hortis *novis* (pulcher) et in magnis *campis* (ager) laborant. 10. Postea cibi *cunctos* (vir, minister, puer) delectant.

c) Erkläre mit Hilfe des jeweiligen lateinischen Wortes: Minister, Agrarpolitik, Libero, liberal, Fabrik, Altstimme, prima, Firmung, multiplizieren, Konserve, rustikal, Vitamin, Glorie, Student.

Welche englischen Ableitungen von den hier zugrundeliegenden lateinischen Wörtern kennst du?

---

1) *tuus, a, um* dein 2) *ego* ich (betont) 3) *circumdabāmus* wir umgaben gerade 4) *pīrāta, -ae* der Seeräuber, Pirat 5) *nāvigium, -ī* das Schiff 6) *ligāre* binden 7) *manū mittō* ich lasse frei

d) Wörter, die so eng zusammengehören wie *cura* (die Sorge) und *curo* (ich besorge), gehören der gleichen Wortfamilie an.

Stelle kleine Wortfamilien zusammen und gib die Bedeutungen jeweils an: dono, ceno, pugno, curo, impero, capto, miser, liber.

e) Unterscheide klangähnliche Wörter und Formen: vito, vita (2), ira, ara, para, pare, placa, place, orna, onera, ora, ager, aeger, asper, oppugnare, expugnare; donare, dare; ferus, fessus, firmus; magnus, malus, mirus, latus, laetus.

f) Sammle aus dem Lesestück alle Ausdrücke, die eine Subjekt-, Objekt- oder Prädikatsgruppe mit Wörtern auf *-er* bilden.

g) Du kennst sogar schon viele italienische und spanische Wörter. Unverändert sind aus dem Lateinischen in diese beiden Sprachen eingegangen: bestia, figura, forma, fortuna, patria, arena, gloria, fuga, miseria.
Unverändert gibt es außerdem im Italienischen: amica, serva, statua, mensa, lacrima, rapina, terra, vita.

Welche lateinischen Substantive und Adjektive liegen den folgenden italienischen und spanischen Wörtern zugrunde: campo, foro, animo, atrio, barbaro, alto, numero, muro, simulacro, rustico, primo, monumento?

Welche lateinischen Wörter erkennst du jeweils in den italienischen Wörtern amico, servo, (h)orto, dolo, dono, vico, superbo, noto, sinistro?

h) In welchem Satz des Lesestücks erkennt man, daß ein Sklave wie eine Ware betrachtet wird?

i) Adverbialien dienen auch zur Satzverbindung. Zeige dies an Sätzen des Lesestücks.

I Sklaven in Rom (II)

Wie wurde aus einem freien Menschen ein Sklave? Meist geschah es durch
- Verschuldung (Verlust der Freiheit wegen zu hoher Schulden),
- Menschenraub und Menschenhandel (vgl. das Lesestück),
- Kriegsgefangenschaft.

Besonders viele Sklaven kamen nach Italien, als Rom in Kleinasien (200–100 v. Chr.) und Gallien (58–51 v. Chr.) Krieg führte. In aller Öffentlichkeit wurden sie zum Verkauf angeboten. Dabei waren die Preise je nach Qualität des Sklaven recht unterschiedlich. So kostete ein Grammaticus, also ein Sprachenlehrer, 700 000 Sesterzen (ca. 140 000 DM). Kein Wunder, daß man eine so wertvolle ‚Ware' hegte und pflegte. Natürlich konnte der Herr seinen Sklaven die Freiheit schenken. Die Freilassung (*manūmissiō*) erfolgte entweder durch Einladung zum Gastmahl oder durch briefliche Mitteilung oder durch eine Zusicherung im Beisein von Freunden. Zur Zeit des Augustus war die Freilassung so häufig, daß der Kaiser sie durch gesetzliche Vorschriften erschwerte.

Z LIBRI SUNT AMICI. Was hältst du von diesem Satz?
Was ist ein EX LIBRIS?
Welches Buch gilt als LIBER LIBRORUM?

14

E

1. Vīcīnō multī librī sunt. Mārcus librōs vīcīnī spectat.
2. Vīcīnus: „Placentne tibi librī meī?“ Mārcus: „Mihi librī tuī placent.“
3. Vīcīnus: „Librōs poētārum clārōrum amō. Saepe studiō litterārum mē dō.“

L In der Weinschenke (I)

Onkel Cornelius und Markus kehren nach einem längeren Spaziergang in einer Weinschenke ein. Cornelius erklärt:

Hic rusticos et nautas laetos videmus. Nonnumquam etiam servi Graeci hic vino se implent et carmina[1] poetarum Graecorum cantant.

In einem Winkel der Schenke wird gerade heftig diskutiert; beteiligt sind ein Römer und ein Fremder. Der Römer prahlt:

- Iam copiae nostrae, ut amici mei narrant, Germanos, viros superbos, magna audacia debellant[2]. Nemo nostris obstat semperque nobis victoria est; dei enim nostros adiuvant.
- Quis Germanorum facta ignorat? Summa audacia patriam suam servare student; nam suos et sua amant.|
- Non armis, non audacia pugnant Germani, sed dolo et insidiis nostros superare in animo habent. Licetne dolo et insidiis pugnare?
- Cur Germaniam oppugnatis? Quid ibi quaeritatis[3]?
- Magna est Germanorum ferocia[4]. Villas nostras, oppida nostra, castra nostra delent.
- Vestram avaritiam magis timeo quam Germanorum ferociam[4]. Romani cunctas terras expugnare, cunctos populos pacare, cunctorum divitias sibi parare temptant. Cur cuncti vestro imperio parere debent?
- Verba tua falsa sunt. Nam Romani populis otium dant; etiam litterarum magistri sunt.

Ü

a) Übersetze und überlege, warum im 1. und 2. Satz Possessivpronomina stehen, im 3. und 4. Satz aber nicht: 1. Nostra villa magna est, vestra villa parva est. 2. Consilio meo amicum delecto. 3. Cur equum fessum non curas, Marce? 4. Quid pater filio et filiae donat? 5. Mea audacia mihi pericula creo. 6. Multi suas sententias semper laudant.

Durch welches zusätzliche Wort kann im Deutschen das Possessivpronomen im 5. und 6. Satz ein besonderes Gewicht erhalten? Wodurch erreicht man diese Gewichtung im Lateinischen?

b) Übersetze: Tuos amas. Cuncti suos et sua curant. Meos desidero. Nostri oppido appropinquant. Litterae tuorum mihi placent. Cur vestros non vocatis?

Welche Stellen im Satz sind durch Possessivpronomina besetzt?

---

1) *carmina* (Akk. Pl.) Gedichte, Lieder 2) *dēbellāre* niederkämpfen 3) *quaeritāre* suchen
4) *ferōcia, -ae* die Wildheit

c) Wähle bei der Übersetzung die passende Bedeutung von *suus*, indem du jeweils das Subjekt des Satzes beachtest: 1. Cuncti fortunae suae fabri sunt. 2. Germani Romanos a terra sua arcent. 3. Rusticus agrum suum et agrum vicini curat. 4. Romani deos suos et deos aliorum populorum implorant.

d) Setze Possessivpronomina so ein, daß Gegensätze entstehen: 1. ... vinum est bonum, ... est malum. 2. Da mihi tabulas ..., tibi tabulas ... do. 3. Vos ... patriam desideratis, nos ... desideramus.

e) Bilde Sätze: Litterae mihi ... (esse, novus). Copiae ... (esse, magnus). Castra Romanorum nobis ... (notus, esse). Arma nautarum malorum liberos (miser, terrere).

Ersetze *litterae* durch *vinum, copiae* durch *praeda, castra* durch *via, arma* durch *ira* und bilde dann die Sätze.

f) Übersetze: 1. Novam tabulam habeo. 2. Claudia dona pulchra habet. 3. Avunculus villam parvam habet. 4. Tu pecuniam non habes. 5. Rusticus bonos agros habet.

Forme die Sätze um, indem du statt des Verbs *habere* den Dativ des Besitzers einführst. Welches Satzglied entsteht dabei jeweils aus dem Objekt?

g) Im Lesestück füllen Infinitive die Subjekt- und Objektstelle. Suche sie.

h) Womit versucht der Römer unter den Gesprächspartnern, das Ansehen der Römer aufzubessern? Gegen welche Vorwürfe muß er sich wehren?

Roms Einfluß auf das germanische Leben

Die Germanen lernten von den Römern viel Neues. Sie kannten weder Obst- noch Weinbau. Nicht in festen Häusern, die aus Stein gebaut und mit Ziegeln gedeckt waren, wohnten sie, sondern in primitiven Holzhäusern. Städte, in denen man die verschiedensten Waren kaufen konnte, waren ihnen fremd. Ursprünglich nur mit dem Tauschhandel vertraut, lernten sie erst von den Römern den Umgang mit Geld. Schmale Pfade entlang den Flußläufen, aber keine festen Straßen gab es in den weiten Gebieten Germaniens. Mit der erworbenen Sache übernahmen die Germanen oft auch die Bezeichnung.
Ganz deutlich verrät der Weinbau durch die vielen Lehnwörter seine römische Herkunft: Wein *(vīnum)*, Most *(mustum)*, Kelter *(calcatūra)*, Spund *(expunctum)*, Winzer *(vīnitor)*. Ebenso ist es beim Obstbau: Pflanze *(planta)*, Pfirsich *(persicum)*, Kirsche *(cerasum)*, Birne *(pirum)*, Kohl *(caulis)*. Germanischer Herkunft ist das Wort ‚Apfel' (engl.: apple).

Bayerisches aus dem Lateinischen:

Die früher geläufigen Bezeichnungen ‚Pfister' für Bäcker und ‚Pfisterei' für Bäckerei leiten sich vom lateinischen Wort *pistor* (Bäcker) ab. Auch die ‚Bretzel' (zu *bracciatella*, vgl. *bracchium* der Arm) und die ‚Semmel' (zu *simila* feinstes Weizenmehl) sind lateinischen Ursprungs.

Suche zu den Abbildungen die entsprechende deutsche Bezeichnung.

tegula fenestra speculum secula moneta facula

15

E 1. Mārcus Paulum videt: „Tū hīc? Mē iuvat tē vidēre.
2. Placetne tibi mēcum ad fluvium properāre?"
3. Paulus negat. Dē sē et dē factīs suīs nārrat.
4. Mārcō verba Paulī nōn placent: „Superbus es. Superbī enim sē tantum laudant."

L In der Weinschenke (II)

Die Auseinandersetzung wird heftiger. Auf die Worte des Römers erwidert der Fremde:

- Vos non datis otium populis, vos estis odium populorum. Quis vos amat? Etiam si multi populi vobis parent, vos domini mundi non estis.
- Quis es tu? Te ignoramus. Esne barbarus? Narra de te!
- Ego ‚Graeculus' sum, ut Romani nos ridere solent. Cratinum me vocant. Mihi multa navigia[1] sunt. Etiam mea patria vestro imperio parere debet.
- A Graeculis alienus sum. Quis enim tam callidus[2] est quam Graeculi?
- Sine dubio! Nos cunctos populos, etiam Romanos, sapientia et industria superamus.
- Nos Graecos audacia et armis superamus. Itaque domini Graeciae sumus. Populi non tenent memoriam vestri[3], sed memoriam nostri.
- Quam saepe mecum cogito: Romani de se tantum narrant, se tantum amant, sibi tantum divitias parant; in bellis autem auxilium non a se, sed a sociis sperant et postulant.

Haec[4] verba Romanorum iram excitant: „Avola[5], Graecule!" Statim Cratinus cauponi[6] pecuniam dat et avolat[5].

Ü a) Führe in folgende Sätze auch die anderen Personen ein und beachte den Wechsel der Pronomina (in der 3. Person soll jeweils *puer* bzw. *pueri* Subjekt werden):

1. Mea industria mihi pecuniam paro. 2. Ego e miseria me servo. 3. Pericula a me arceo. 4. Cuncta mea mecum porto.

b) Marcus ... studio superat.

Setze als lateinische Objekte ein und bestimme die Füllungsart: mich, uns, meine Freunde, seinen Lehrer, euch, dich, seine Angehörigen, wen?

c) Verwende die Objekte von b als Dativobjekte im Satz: Publius ... librum donat.

d) Setze die Personal- und Possessivpronomina in den Singular und beachte die weiteren notwendigen Änderungen: 1. Nos tacemus, vos clamatis. 2. Vos nobis vicini boni estis, nos vobis vicini boni sumus. 3. Nobis oppida vestra placent, vobis nostra. 4. Vos vestra delectant, nos nostra.

e) Füge das entsprechende Reflexivpronomen ein: 1. Serva ... cenam bonam parat. 2. Pater et amici vino bono ... delectant. 3. Multi non solum divitias ... parant, sed etiam curis ... onerant. 4. Cuncti populi ... liberare student.

---

1) *nāvigium, -ī* das Schiff 2) *callidus, a, um* schlau, verschlagen 3) *memoria vestrī (nostrī)* die Erinnerung an euch (an uns) 4) *haec* (Neutr. Pl.) diese 5) *āvolāre* wegeilen, „abhauen" 6) *caupōnī* (Dat.) dem Wirt

Wirtshausszene. Römische Wandmalerei.

f) Übersetze: 1. Ego vicum meum laudo, tu oppidum tuum. 2. Me libri mei delectant, te equi tui. 3. Mihi est nota provincia mea, tibi tua. 4. Mecum amicus meus est. Quis est tecum? 5. De te filio meo narro. Narra filio tuo de me!

Setze die Pronomina auch in den Plural und beachte die notwendigen weiteren Änderungen.

g) Wodurch fühlen sich die Griechen überlegen, wodurch die Römer? Welche Vorurteile äußern die Gesprächspartner jeweils?

h) Warum ließe sich das Gespräch des Lesestücks, wie jedes Gespräch, ohne Pronomina nicht führen? Welche Teile des Gesprächs ließen sich in einen Bericht umformen, in dem ein Germane über die Römer und den Frieden erzählt, aber dabei nie die Fürwörter benutzt (z. B. Romani sunt odium populorum)?

I Die Griechen als Lehrmeister der Römer

Wie wichtig Griechenland für Roms Entwicklung gewesen ist, zeigt sich schon daran, daß der erste Dichter lateinischer Sprache ein freigelassener Sklave aus Griechenland namens Livius Andronicus (um 250 v. Chr.) gewesen ist. Ärzte, Lehrer und Künstler – meist Sklaven – kamen aus Griechenland. Einige Römer versuchten zwar den griechischen Einfluß von Rom fernzuhalten – abfällig sprachen sie von den *Graeculī* (‚Griechlein') –, hatten aber damit keinen Erfolg. Nachdem die römischen Legionen Griechenland und Kleinasien erobert hatten (um 100 v. Chr.), lernten die vornehmen jungen Leute in Rom die griechische Sprache, bereisten Griechenland und studierten bei anerkannten griechischen Lehrern in Athen oder Kleinasien Redekunst und Philosophie. So sagt der römische Dichter Horaz: GRAECIA CAPTA[1] FERUM VICTOREM[2] CEPIT[3].

Z Ein griechischer Philosoph meint: OMNIA[4] MEA MECUM PORTO.

---

1) *capta* erobert 2) *victōrem* (Akk.) den Sieger 3) *cēpit* er, sie, es hat erobert 4) *omnia* = *cūncta*

16

E 1. Cornēlius: „Cūr vīllam nōn intrās? Quem exspectās?“
2. Pūblius: „Servum vocābam, servus autem nōn pārēbat.“
3. Tandem servus appropinquat. Pūblius: „Ubi erās?“
Servus: „In hortō eram.“

L Das Leben eines redlichen Bauern

Onkel Cornelius und die Kinder haben einen alten Bekannten, den Bauern Sextus, besucht. Er wirkt bedrückt, dennoch erzählt er zunächst, wie gut es ihm ging:

„Semper agros, hortum, villam curabam, semper officia mea implebam, numquam ignavus eram. Itaque dei industriae et diligentiae meae auxilium non negabant. Neque pericula neque curae nos terrebant. Frumentum aliaeque copiae necessariae in cellis[1] nostris erant. Neque pecunia nobis deerat; nam servi certi et filii pii mihi aderant. Tu, mater, cunctis operis intereras. Servi summa industria agros arabant[2]. Etiam tibi, Syphax fide, gratus sum; nam consiliis bonis me iuvabas. Vicini erant nobis amici, nos vicinis.“ |

Mater: „Etiam ego laeta eram, nam ab avaritia impiorum tuti eramus.“

Cornelius: „Quid? Nunc non beati estis?“

Sextus paulum tacet; tandem narrare perseverat: „Non iam beati sumus. Ceteri vicini nobis saepe aderant; Marcellus autem nobis non raro nocebat; se tantum et pecuniam amat. Nunc agros nostros desiderat nobisque insidias parat.“

Ü

a) Setze die Sätze ins Imperfekt: 1. Mihi villa magna est. 2. Fabri ignavi non sunt. 3. Cur non in vico tuo es? 4. Estisne in foro? 5. Saepe in horto meo sum. 6. In atrio nostro sumus, ibi etiam pater et mater sunt.

Suche bei der Übersetzung von *esse* jeweils die treffendste Wiedergabe.

b) Übersetze: 1. Vitam rusticorum amas, Marce, et ad villam rustici properas. 2. Etiam me officia non intra muros retinent. 3. In campis et agris rusticorum per multas horas laboro, cum servis ceno. 4. Saepe de vita aspera rusticorum narramus. 5. Etiam liberi laborare et copias ad fora portare debent. 6. Familiae auxilium deorum verbis piis implorant.

Setze die Prädikate ins Imperfekt.
Ändert sich der Satzbau (das Satzmodell), wenn sich das Tempus des Verbs ändert? Unterscheide zwischen der Funktion eines Satzgliedes und der Bedeutung einer Wortform.

c) Vertausche Präsens und Imperfekt: nuntiabamus - complet - putant - debeo - retinebas - stas - volabat - soletis - doces - vigilat - conservamus - tenebat - sperant - errabam - educo - repudiatis - nocebant - arcebatis - desunt - intereras - adsumus.

d) Ein Zungenbrecher, wenn man rasch konjugiert:

apportabam et complebam; perseverabam et pacabam.

---

1) *cella, -ae* die Vorratskammer, der Keller 2) *arāre* pflügen

Rekonstruktion eines römischen Bauernhofes

e) Ersetze *et* durch *-que* und achte auf die Betonung: agri et campi, puer et puella, bona et mala, magistri et ministri.

f) Grenze im Lesestück die Bedeutung von Präsens und Imperfekt gegeneinander ab. Wie ist es zu erklären, daß die letzten Sätze im Präsens stehen?

g) Zeige, daß Sextus von seinem Leben vielfach in der Ich-Form erzählt. Worauf beruht das Glück des Bauern? Forme die Aussagen so um, daß ein anderer über Sextus berichtet (z. B. Sextus agros curabat; dei industriae Sexti auxilium non negabant.)

I In Italien gab es reiche Großgrundbesitzer und arme Kleinbauern. Da die Kleinbauern häufig an langjährigen Feldzügen teilnehmen mußten, konnten sie ihre Felder nicht bestellen und waren gezwungen, nach ihrer Rückkehr beim reichen Grundherrn Schulden zu machen oder sich das Saatgut zu leihen. Wenn sie dann die hohen Zinsen und Abgaben nicht mehr aufbringen konnten, nahm ihnen der Grundherr den Besitz, mitunter sogar die Freiheit. So konnte der Großgrundbesitzer seine Anbaufläche ständig vergrößern. Von Arbeitssklaven und verarmten Kleinbauern, die unter der Aufsicht eines Verwalters (*vīlicus*) standen, ließ er den Grundbesitz bearbeiten. Diese Wirtschaftsweise, ausgedehnten Grundbesitz mit billigen Arbeitskräften gewinnbringend zu bebauen, nannte man Latifundienwirtschaft (*lātī fundī* weite Grundflächen).

17

E 1. Marcellus vīcīnīs nocēbat. Nunc Sextō nocet et nocēre persevērābit. Quis virum impium prohibēbit?

2. Sextus: „Mox cūnctī Marcellō pārēbunt. Miseriam nōn vītābō."

3. Marcellus iniūstus est semperque erit. Aderuntne Sextō amīcī?

L Ein habsüchtiger Gutsherr

CORNELIUS: Marcellum non ignoro. Ille[1] enim mecum olim stipendia merebat. In nostros severus, in barbaros durus erat. Semper avarus erat.

SEXTUS: Marcellus convivis suis narrat: Multa habeo, multis impero. Mox plures[2] agros habebo, mox cuncti vicini mihi parebunt; Sextus quoque me ‚dominum' appellabit. Id[3] consilio novo impetrabo. Nemo me prohibebit. Unde Sextus auxilium habebit? Quis illum[1] rusticum adiuvabit?

CORNELIUS: Quid-nam in animo habet?

SEXTUS: Mox filii mei iussu Caesaris[4] stipendia merebunt. Sin[5] autem bello Germanico intererunt, non iam cunctos agros curabimus; nam servi annis fessi sunt. Tum parva pecunia Marcellus bona nostra sibi parare temptabit.

CORNELIUS: Bono animo es! Ego et Publius tibi aderimus. Sed cum[6] ego in castris ero, Publius, ut spero, Marcellum a consiliis iniustis arcebit et tua tibi servabit. Marcelli avaritiam non iam timebis.

Ü a) Schreibe Futur und Imperfekt von *esse* nebeneinander in zwei Spalten.

Welche Vokale sind Signale für das Futur? Welcher Vokal signalisiert das Imperfekt?

b) Womit kennzeichnet die lateinische Sprache in der ā- und ē-Konjugation das Imperfekt, womit das Futur?

Warum bezeichnet man das Futur im Deutschen und im Englischen als eine ‚zusammengesetzte' Zeitform, weshalb ist es im Lateinischen eine ‚einfache' Zeitform?

c) Ersetze folgende Formen von *iuvare* durch solche von *adesse* und *docere:*

iuvat, iuvabas, iuvabo, iuvabant, iuvabamus, iuvabam, iuvabitis, iuvatis, iuvabit, iuvabatis, iuvabis, iuvas, iuvabimus.

d) Setze folgende Formen in die bis jetzt bekannten Tempora:

obstas, placabunt, aedificabam, implebitis, valemus, arcebant, vexo, vigilabis, appellabatis, prohibebo, debebamus.

e) Warum kann man bei der Übersetzung folgender Sätze im Deutschen auch das Präsens setzen?

1. Mox hora cenae appropinquabit. 2. Ubi cras post ludum eritis? 3. Si cuncti aderunt, ludis intererimus.

Welche Sätze des Lesestücks können ebenfalls mit dem Präsens wiedergegeben werden, obwohl im Lateinischen das Futur steht?

---

1) *ille* jener (Akk.: *illum*) 2) *plūrēs* (noch) mehr 3) *id* (Akk.) dies 4) *Caesăris* (Gen.) des Kaisers 5) *sīn autem* wenn aber 6) *cum* wenn

Erntewagen, dessen Ladung von einem Netz zusammengehalten wird. Mosaik aus der Schweiz.

f) Welchem Gefühl gibt Marcellus im Text durch das Futur Ausdruck, welchem Cornelius? Welchem Bereich sind die Verben zuzuordnen, die Marcellus gebraucht?

g) Vergleiche: *laetus* fröhlich – *laetitia* die Fröhlichkeit

1. Was bezeichnet das Suffix *-itia* (oder *-ia*)? Überprüfe deine Antwort an *avaritia*.
2. Bilde dementsprechend Substantive zu *amicus, puer, malus, iustus* und versuche eine deutsche Bedeutungsangabe.

h) Übersetze folgende Verbformen und schreibe sie untereinander. Die jeweils ersten Buchstaben ergeben ein wichtiges lateinisches Wort:

sie werden loben, ihr werdet teilnehmen, du wirst versuchen, ich werde fürchten, ihr werdet irren, sie wird zurückhalten, sie werden ansprechen, wir werden erziehen.

I Militärdienst in Rom

In früher Zeit mußte jeder römische Bürger der Einberufung zum Heer Folge leisten; andernfalls drohten empfindliche Strafen: Geldbuße, Enteignung der Güter, Prügelstrafe, Gefängnis, Sklaverei, ja sogar Todesstrafe. Später (um 100 v. Chr.) wurde aus dem Bürgerheer durch Aufnahme von Freiwilligen ein Söldnerheer. Unter Kaiser Augustus (63 v. Chr. – 14 n. Chr.) gab es wieder die allgemeine Wehrpflicht der römischen Bürger. Meist konnte der Bedarf durch freiwillige Meldungen gedeckt werden; doch in gefahrvollen Zeiten kam es zur Einberufung der Wehrpflichtigen. Daß man sich bei der Härte und langen Dauer des Wehrdienstes (oft 20 Jahre!) gerne seiner Verpflichtung entziehen wollte, ist verständlich. Von einem solchen Fall erzählt der Schriftsteller Sueton in der Lebensbeschreibung des Augustus: Ein Römer hatte seinen beiden Söhnen, um sie dem Wehrdienst zu entziehen, die Daumen verstümmelt. Als Strafe dafür verlor er sein ganzes Vermögen und wurde selbst in die Sklaverei verkauft.

Wie hat wohl Cornelius dem Sextus geholfen? Vielleicht hat er dem Sextus Ersatzmänner besorgt, die an Stelle von Sextus' Söhnen in den Krieg gezogen sind, vielleicht hat er die Söhne des Sextus freibekommen, vielleicht hat er ihn finanziell unterstützt.

18

E 1. Sextus propter Marcellī avāritiam in magnō perīculō est.
2. Sextus, quia (quod) Marcellus avārus est, in perīculō est.
3. Quamquam Marcellus multa habet, beātus nōn est.

L Eine Hochzeitsfeier

In der Nachbarschaft findet eine Hochzeit statt. Antonia, die Tochter eines Bekannten, heiratet einen gewissen Gaius. Die Familie des Publius ist eingeladen.

Pater Antoniae: „Auspicia facere[1] debemus, quod Antonia nostra nuptias celebrare vult."
Quia auspicia bona sunt, pater servis imperat: „Convocate propinquos et amicos! Cras filiam Gaio dabimus."
Mane Gaius cum propinquis ad villam properat. „Ubi est Antonia?"
Pater: „In camera[2] sua, ubi mater filiam flammeo[3] ornat."
Gaius: „Quando Antoniam videbo?"
Pater: „Cum cuncta parata erunt, Antoniam tuam videbis."
Nunc mater cum Antonia atrium intrat. Quamquam filia beata est, mater flet.
Tum pronuba[4] dextram Antoniae cum dextra Gai iungit[5].
Gaius Antoniam rogat: „Esne parata mater familiae esse?"
Antonia: „Ubi tu Gaius, ibi ego Gaia."
Nunc pater: „Tenete memoria votum vestrum! Este semper fidi! Vitate discordiam! Si concordia inter vos erit, beati eritis. Tu, Gai[6], inopiam a familia tua arcebis! Tu, Antonia, liberos summa diligentia educabis! Si boni et pii eritis, dei vos adiuvabunt."

Ü

a) Schreibe aus dem Lesestück alle Gliedsätze heraus und bestimme sie nach ihrer Funktion. Welche Satzglieder vertreten sie jeweils?

b) Übersetze folgende Sätze und ersetze das *kursiv* gedruckte Satzglied durch einen Gliedsatz: 1. *Ad templum* multos viros videmus (Angabe des Ortes). 2. Pater villam *pulchram* pecunia parabit (Angabe der Bedingung oder des Grundes). 3. Villa tuta est *propter murum altum* (Angabe des Grundes oder der Bedingung). 4. *Inter nuptias* convivae rident. (Angabe der Zeit).

c) In den folgenden Satzpaaren soll der erste Satz jeweils zu einem Gliedsatz des zweiten Satzes gemacht werden. Verwende dabei die Konjunktionen *quia, si, cum* und gib immer an, welche Funktion der Gliedsatz für den Hauptsatz hat. 1. Socii de patria narrant. Servus flet. 2. Villa nova convivis placet. Cornelius beatus est. 3. Aeger es. Te curo. 4. Auspicia bona sunt. Nuptiae deis gratae sunt. 5. Cuncta ad nuptias parata erunt. Laetitia cunctorum convivarum magna erit.

Warum kann man *quamquam* im Satz 4 und im Satz 5 nicht verwenden? Welchen Sinn ergibt diese Konjunktion? Überprüfe deine Meinung an den Sätzen 1–3.

---

1) *fácere* machen, durchführen 2) *cámera, -ae* das Zimmer 3) *flámmeum, -ī* der (feuerrote) Brautschleier 4) *prṓnuba, -ae* die Brautführerin 5) *iungit* er, sie, es verbindet 6) *Gāī* Vokativ zu *Gāius*

d) Gib das Genus folgender Nomina an: murus, ara, miseria, saxum, faber, ira, factum, minister, conviva, sententia, auxilium, gloria, poeta, liber, fortuna, periculum, negotium, nauta, via, avaritia, littera, odium, officium, auspicium.

e) 1. Welchen Satz aus dem Lesestück hältst du für die eigentliche Eheschließungsformel? Gibt es dazu heute etwas Vergleichbares? 2. Durch welche Wörter wird die zeitliche Abfolge des Geschehens markiert?

f) In vielen Fällen kann man die Bedeutung eines Kompositums ableiten. Erkläre und übersetze: advolate, adsum, abestis, exspectatis, expugnant. Auch eine nicht als Präposition verwendete Vorsilbe kann Präfix sein, z. B. *re-* zurück (vgl. re-tinere). Was muß bedeuten *reportare, revocare, reclamare*?

Auch im Englischen gibt es viele Zusammensetzungen mit dem Präfix re-. Erkläre und übersetze: to reeducate; to recreate; to report; to reserve; to repair; to reclaim; to renovate.

I Hochzeit in Rom

Auch das gehörte zu einer römischen Hochzeitsfeierlichkeit: Nach dem Mahl wurde das Brautpaar zum Haus des Bräutigams geleitet. Dazu sangen die Gäste freche Lieder. Drei junge Männer führten die Braut, und der junge Ehemann warf Nüsse unter die Kinder. Wenn der Hochzeitszug die Wohnung des Bräutigams erreicht hatte, wurde die Braut über die Schwelle getragen. Dort übergab ihr der Bräutigam Wasser und Feuer. Der jungen Frau wurden damit die Aufgaben des Haushalts übertragen.
Kennst du ähnliche Hochzeitsbräuche?

Z Was bedeutet der Spruch:
HODIE MIHI, CRAS TIBI.

Hochzeit eines vornehmen Römers. Relief auf einem Feldherrnsarkophag (170 n. Chr.). In der Mitte steht die Göttin Concordia, die das Brautpaar durch Handauflegen vereinigt.

19

E

1. Sextus: Fīdus es, Syphax. (Utinam) semper fīdus sīs!
2. Servī: Semper iūstī sīmus! Nē iniūstus sīs, domine!
   Semper iūstus sīs! Optāmus. – Optāmus, ut semper iūstus sīs.
3. Sextus: Cūrēmus, nē perīcula nōs terreant!
4. Cornēlius: Ad Pūblium properābō, ut dē miseriā tuā nārrem.

L

Ein wichtiger Tag im Leben eines jungen Römers

Aulus, der Sohn des Nachbarn, erhält die Männertoga. Natürlich ist Markus bei diesem Fest zugegen.

Iam hora adest, qua[1] Aulus, filius vicini, togam mutat. Itaque mane amici in atrio sunt. Iam pater filium toga pura[2] ornat. Aulus deos verbis piis implorat: „Utinam semper in gratia vestra sim! Vita futura morbis libera sit! Servetis me et arceatis a me meisque mala et pericula, di boni! Ne terreant me inopia et miseria!“

Deinde pater: „Te non iam puerum appello, te inter viros numero. Sis vir vere[3] Romanus! Oremus, ut Iuppiter tibi adsit, Iuno familiam tuam servet, Minerva te sapientia donet! Cuncti dei videant, ne mala tibi noceant!“

Tum amici veniunt[4], ut Aulo dona dent. Postremo pater ad propinquos et amicos: „Vos oramus, ut hodie nobiscum laeti sitis. Opto, ut cibo et vino vos delectetis.“

Ü

a) Bilde den Konjunktiv Präsens zu folgenden Indikativen und übersetze:

1. es, sum, estis, sumus, sunt, est. 2. educatis, repudiat, impetras, oneramus, cogitant, cantas. 3. pares, implemus, meret, student, placet, valetis.

b) Verwandle in Wunschsätze:

1. Verbum tuum certum est. Via insidiis libera est. Semper cum liberis sum. Verbis magistri pare!
Setze die Sätze in den Plural.
Laß die Beispiele auch von *opto* abhängen.

2. Concordiam servatis. Studete et laborate! Liberi diligentiam adhibent. Magistri iusti sunt.
Setze die Sätze in den Singular.
Laß die Beispiele auch von *postulamus* abhängen.

3. Multos libros habes, amice. Semper rideo et laetus sum. Pueri tacent.
Laß die Sätze auch von *optas* abhängen.

4. Übersetze die folgenden Sätze, lasse sie dann von *postulo, ne* abhängen und übersetze sie wiederum:
consilio malo pares; castra intratis; sententiam mutant; ignavi estis; vos tantum laudatis; verbis tuis me terres.

Welche Funktion haben die abhängigen Gliedsätze in b 3 und 4?

---

1) *quā* hier: in der 2) *pūrus, a, um* hier: weiß (d. h. ohne bunte Verzierung) 3) *vērē* wirklich, echt 4) *veniunt* sie kommen

c) Übersetze den Gliedsatz jeweils mit der Konjunktion ‚daß', dann ohne diese: 1. Te moneo, ut iustus sis. 2. Vos oramus, ut nobiscum sitis. 3. Marcus optat, ut amicum videat. 4. Pater servis imperat, ut aquam apportent.

d) Übersetze den Gliedsatz jeweils mit der Konjunktion ‚damit', dann ohne diese: 1. Magister fabulam narrat, ut liberos delectet et doceat. 2. Germani in castra properant, ut pugnam vitent. 3. Fabri valde laborant, ut villam novam aedificent. 4. Advolate, viri feminaeque, ut artificia Graecorum spectetis!

e) Welche der folgenden Sätze drücken einen Wunsch, welche einen Befehl oder eine Aufforderung aus? 1. Amici grati simus! 2. Semper pecuniam habeatis! 3. Diligentiam adhibe! 4. Utinam concordia animos impleat! 5. Es bono animo, puella! 6. Cenam bonam paremus!

f) Im Gebet des Vaters stehen die drei großen Gottheiten des Kapitols im Mittelpunkt. Welche Schutzaufgaben haben sie?

Z Die Römer waren tüchtige Politiker. Überlege, warum sie bei Verträgen häufig nach folgendem Grundsatz handelten: DO, UT DES.

Eine römische Ringinschrift:
CONCORDIA NOSTRA SIT PERPETUA. *perpetuus, a, um* immerwährend

I Die Kleidung der Römer

Die Kleidung der Römer war einfach. Als Unterkleid diente eine Art Leinenhemd, über dem man zu Hause die Tunica trug. Die Ärmel waren je nach dem modischen Geschmack teils lang, teils kurz. Meist hielt ein Gürtel die Tunica um die Taille zusammen.
Das offizielle Kleidungsstück für Männer aber war die Toga. „Das mit der Toga bekleidete Volk" nannte der Dichter Vergil die Römer. Etwa mit 16 Jahren legten die heranwachsenden jungen Römer die sogenannte *toga pūra*, auch *toga virīlis* genannt, an, die keine Verzierungen hatte. Die *toga praetexta*, die ein purpurroter Streifen schmückte, trugen die freigeborenen Knaben, die höchsten Beamten und einige Priester.
Die Frau trug über einer längeren Tunica eine Stola, einen weiten Umhang. Eine Spange an der Brust und ein Gürtel um die Hüfte hielten die Stola zusammen. Im Winter schützten sich die Frauen noch mit einem Überkleid, die Männer mit einem Mantel.
Benenne die Kleidungsstücke der abgebildeten Personen.

20

E 1. Avunculus: Sī officiīs līber essem, vīta mea iūcunda esset.
Litterīs studērem et aedificia praeclāra spectārem.
2. Pater abest. Utinam adesset!

L Der Onkel nimmt Abschied

Obwohl Onkel Cornelius ein tapferer Offizier ist, fällt ihm der Abschied vom angenehmen Leben in Rom schwer.

CORNELIUS: Beatus essem, nisi officia me in Germaniam re-vocarent. Quam pulchra esset vita, si mihi diutius[1] manere liceret! Ludis interessem, in taberna vino me delectarem, in otio litteris studerem, vobiscum, liberi, ambularem. Vita mea iucunda esset et periculis vacua. Ego contentus essem, vos laeti essetis.
MARCUS: Utinam officiis liber esses! Sed legionarii te exspectant.
CORNELIUS: Ita est. Quis copiis praeesset, si ego in Italia re-manerem?
MARCUS: Quis barbaros ab imperio nostro arceret et Germaniam expugnaret? Iam diu optabam, ut tibi nobisque factis tuis magnam gloriam parares. Di tibi dent, ut etiam Marium gloria belli superes! Itaque deos imploro, ut Germanos ad proelia excitent.
CORNELIUS: Hem! Id[2] ora, ne di barbaros nimis[3] excitent!

Ü a) Vergleiche die Formen des Konjunktivs Imperfekt von *sum* und *laudo* mit den Infinitivformen dieser Verben. Warum gilt der Konjunktiv Imperfekt als leicht zu bildende Form?

b) Bilde zu folgenden Indikativen die entsprechenden Konjunktive:

1. eram, eratis, eras, erant, errabatis, placabant, explicabat, ignorabam, mutabatis, parabamus, exsultabas, simulabant.
2. parebamus, placebat, nocebamus, timebant, solebam, prohibebatis, eramus, delebat, erat, implebat.

c) Setze alle Verba ins Imperfekt: Opto, ut ludos spectetis. Te monemus, ut iram tuam places. Romani deos implorant, ut Romam servent et pericula arceant. Dominus fabris imperat, ne laborare cessent. Marcus amicos orat, ne dolum adhibeant. Mater fabulam narrat, ut liberos delectet.

Untersuche das zeitliche Verhältnis zwischen Hauptsatz und Gliedsatz.

d) Die folgenden Satzreihen drücken aus, was in *Wirklichkeit* so ist oder so geschieht. Forme sie so zu Satzgefügen um, daß sie eine *Nichtwirklichkeit* angeben und der Gliedsatz mit *si* die nicht erfüllte Bedingung ausdrückt (z. B. wir wären zufrieden, wenn ... lobte):

1. Contenti sumus, nam magister nos laudat. 2. Grata sum: mihi libros portas, serva. 3. Nuptiis intersum, nam mihi otium est. 4. Cornelius copiis praeest, in Germania enim est.

---

1) *diūtius* länger 2) *id* hier: darum 3) *nimis* (all)zu sehr

e) Vergleiche in folgenden Sätzen die Bedeutung der Konjunktive. Überlege, welche Konjunktive einen als erfüllbar gedachten Wunsch bezeichnen und welche die Aussage als nicht wirklich hinstellen: Utinam beatus sis! Si futura nobis nota essent, miseri essemus. Si auspicia bona essent, nuptias celebraremus. Pecuniam habeatis! Libros pararetis, si pecuniam haberetis.

f) Nicht nur Konjunktionen können die Sätze miteinander verbinden. Auch Adverbialien, betonte Subjekte und Objekte können diese Aufgabe übernehmen. Zeige, wodurch im Lesestück die Satzverbindungen hergestellt werden.

g) An welchen Verbformen und Aussagen wird deutlich, daß Pflichten und Wunschvorstellungen im Leben des Onkels nicht übereinstimmen? Worin zeigt sich der etwas schwärmerische Stolz des Markus auf seinen Onkel?

Urlaub im römischen Heer

Auch das kannten die römischen Soldaten: Urlaub. Und wie gern sie Urlaub machten! Livius berichtet, daß im Jahre 170 v. Chr. das Heer des Konsuls wegen großzügiger Beurlaubungen weit unter der Sollstärke lag. Kaiser Augustus mußte durch strenge Vorschriften der großzügigen Gewährung von Urlaub durch die Truppenführer begegnen. Die Legionskommandanten durften nur im Winter, wenn die Kampfhandlungen ruhten, ihre Familien besuchen. Wen wundert es, daß die Soldaten gern in Urlaub gingen, zumal bei einer Dienstzeit, die bis zu zwanzig Jahren dauern konnte?

Im Jahre 9 n. Chr. fiel der Centurio (Hauptmann) Marcus Caelius im Alter von 53 Jahren in Germanien.
Der Text der Inschrift lautet: Marco Caelio, Titi filio, tribu Lemonia, Bononia, primo ordini legionis XIIX, annorum LIII semissis. Occidit bello Variano. Ossa libertorum inferre licebit. Publius Caelius, Titi filius, tribu Lemonia, frater fecit.
Für Marcus Caelius, den Sohn des Titus, Bürger des (römischen) Stadtbezirks Lemonia, aus Bologna, Hauptmann der 18. Legion, 53½ Jahre alt. Er fiel im Krieg, den Varus (gegen die Germanen) führte. Die Gebeine seiner Freigelassenen dürfen (hier) mitbestattet werden. Publius Caelius, der Sohn des Titus, Bürger des (römischen) Stadtbezirks Lemonia, sein Bruder, hat ihm dieses Grabmal setzen lassen.

21

E

1. Diēs fēstus iūcundus est. Diem fēstum exspectāmus.
   Iam prīma hōra diēī est. Diē fēstō amīcōs convocāmus.
2. Diēs fēstī iūcundī sunt. Quis diēs fēstōs nōn amat?
   Hōrae diērum fēstōrum volant. Diēbus fēstīs nōn labōrāmus.

L

Ist Rom bedroht?

Post meridiem pater et Marcus de Capitolio Romam spectant.

MARCUS: O Roma magna, Roma aeterna! Dum Roma stabit, mundus stabit.

PATER: Tace, puer! Futura enim ignota sunt. Quamquam Germanorum discordia nostris diebus magna est, tamen Germanos timeo: Non acie pugnant, sed ex insidiis nostros oppugnant.

MARCUS: Instatne pernicies imperio nostro?

PATER: Ignoro. Spes nostra in deorum auxilio est; Iuppiter enim saepe perniciem a nostris familiis arcebat. | A cunctis periculis tuti erimus, dum iustitia fundamentum[1] rei publicae Romanae erit. Et in rebus secundis et in rebus adversis summo deo sacrificamus, ut rei publicae propitius[2] sit. Atque diebus festis oramus: „Utinam rem publicam semper serves, Iuppiter Optime Maxime! Res Romanae sub tuo imperio sint!“

MARCUS: Iuppiter ipse[3], ut Vergilius poeta narrat, Romanis imperat: „Tu regere[4] imperio populos, Romane, memento[5]!“ Itaque res adversas ab imperio arcebit; magna enim est fides deorum. Non licet igitur res futuras timere.

PATER: Bene speremus!

Ü

a) Bestimme: fida, fide (2), vide, fidi, fido, fidum, fidem, fidei, vides, dei, die, diu, diebus, deis, diei, diem, deum, dem, de, da, darem, des, spes, speras, spei.

b) Setze die Ausgänge ein: In re_ secund_ et advers_ viri boni Romanorum re_ public_ fid_ servabant. Interdum re_ public_ Roman_ pernici_ instabat. Tum summum deum implorabant: In te est spe_ re_ public_. Tu es dominus rer_ Roman_.

c) Welche lateinischen Wörter erkennst du in folgenden englischen:
meridian, republic, reality, rarity, stipend, literature, monument, number, public, optimist, vacuum; liberal, official, popular, social; to celebrate.
Wie lauten die entsprechenden deutschen Wörter dazu?

d) Welche Stunden werden im Englischen mit a. m. = *ante meridiem* und mit p. m. = *post meridiem* bezeichnet?

e) Warum verwendet im Lesestück der Vater zuerst das Präsens, dann das Imperfekt und das Futur, schließlich den Konjunktiv? Worauf beruht die Zuversicht des Marcus?

---

1) *fundāmentum, -ī* die Grundlage 2) *propitius, a, um* gnädig 3) *ipse* selbst 4) *régere* (Inf.) lenken 5) *mementō* gedenke!

Der Dichter Vergil zwischen der Muse der Geschichtsschreibung und der Muse der tragischen Dichtung. Mosaik aus Nordafrika.

Z Was wollten die Römer mit folgenden Worten zum Ausdruck bringen:
DUM COLOSSEUM STABIT, ROMA STABIT. DUM ROMA STABIT, MUNDUS STABIT.

Was besagt die folgende Sentenz: UBI BENE, IBI PATRIA.

I Vom Werden des römischen Weltreichs

Was hat die Römer eigentlich veranlaßt, ein Weltreich zu gründen? Zunächst hatten die Bewohner von Latium keine solchen Pläne. Sie führten Verteidigungskriege gegen ihre Nachbarn und kamen bedrängten Verbündeten zu Hilfe. Dabei gewannen sie allmählich die Herrschaft über Italien (ca. 500–270 v. Chr.) und über das westliche Mittelmeer (ca. 260–200 v. Chr.). Erst nach 200 v. Chr. gingen sie zu Eroberungskriegen über, um sich auch den östlichen Mittelmeerraum zu unterwerfen.
Angesichts des Erfolges – fast die ganze damals bekannte Welt stand unter römischer Herrschaft – kam den Römern der Gedanke, daß eine höhere Macht sie zur Weltherrschaft berufen habe. Sie glaubten, im Auftrag der Götter den Menschen Frieden, Ordnung, Recht und Kultur bringen zu müssen. Dieses Sendungsbewußtsein zeigt sich in dem Vergilvers, den Markus im Lesestück zitiert, und in der ersten der beiden Sentenzen (vgl. oben Z).

22

E

1. Senātus magistrātibus imperābat, magistrātūs senātuī pārēbant.
2. Magna erat glōria senātūs et magistrātuum Rōmānōrum.
3. Cum autem magistrātūs magis dīvitiīs quam rēbus Rōmānīs studērent, magna perīcula instābant.
4. Quis dē senātū et dē magistrātibus narrat?

L

Rom und seine Provinzen

Ein Meinungsaustausch zwischen Publius und einem befreundeten Nachbarn

AMICUS: Magnae sunt res[1] populi Romani. Cuncti fere populi senatui populoque Romano parent. Itaque magistratus nostri non solum urbi[2] Romae, sed etiam imperio Romano praesunt. In Asia, in Britannia, ad ripam Rheni et Danuvii exercitus nostri barbarorum impetus arcere student, ut provinciae metu et tumultibus liberae sint.

PUBLIUS: Cum magistratus cura atque diligentia provincias administrent, plerisque populis placet sub imperio populi Romani esse. Iam multis barbaris usus linguae Latinae notus est, iam Galli nostris deis sacrificant, iam nostri barbaros litteras docent. | Interdum poetae ex provinciis in Italiam veniunt[3], ut Romanos versibus pulchris delectent et moneant. Quin etiam[4] in senatu nostro Galli et Hispani sunt.

AMICUS: Non casu, sed deorum auxilio et sapientia nostra domini mundi sumus. Nam nulla alia re barbarorum animos nobis conciliamus nisi beneficiis. Ecce, etiam Germani cultum victumque provinciarum desiderant.

PUBLIUS: Videamus, ne nimis[5] desiderent nec otium provinciarum perturbent!

Ü

a) Suche im Lesestück alle Substantive der u-Deklination, bestimme jeweils deren Kasus und bilde den Singular bzw. den Plural dazu.

b) Warum ist in einem Lexikon jedes lateinische Substantiv mit dem Nominativ und Genitiv angegeben?

Versuche eine Antwort, indem du die Deklination folgender Nomina angibst: mundus, metus, morbus, vicus, victus, vicinus, impius, impetus, cultus, cibus, gladius, casus, clarus, versus, verus, vacuus.

c) Welchen Kasus und welche Deklination können folgende Ausgänge kennzeichnen: -a, -us, -er, -ei, -i, -ui, -um, -o.

Überprüfe deine Antworten, indem du Beispiele mit *via, vinum, murus, metus, fides, liber* bildest.

d) Verwandle folgende Satzreihen in Satzgefüge mit der Konjunktion *cum*:

1. Magnus metus Gallos terret. Exercitus Romanorum appropinquat.
2. Multi populi senatui Romano parebant. Impetum exercitus Romani timebant.
3. Saepe litteris nos dare debemus. Usus est magister optimus.

---

1) *rēs* hier: die Erfolge 2) *urbī* (Dat.) der Stadt 3) *veniunt* sie kommen 4) *quīn etiam* ja sogar 5) *nimis* zu sehr

e) Bilde aus den bei d 1 und 2 entstandenen Satzgefügen jeweils einen Hauptsatz, indem du aus dem Gliedsatz ein Adverbiale mit *propter* formulierst. (Das Verb des Gliedsatzes fällt bei der Umwandlung weg.)

f) Zeichne das Satzmodell für d 2 als Satzgefüge und nach der Umwandlung als Hauptsatz.

g) Versuche vom Lesestück aus zu beantworten, was man unter der ‚Romanisierung' eines Landes versteht. Welchen politischen Grundsätzen folgen die Römer gegenüber den Provinzen?

I Von den Provinzen

Im Laufe von Jahrhunderten hat das Imperium Romanum eine gewaltige Ausdehnung erhalten: von Spanien bis Asien, von Britannien bis Afrika. Die einzelnen Provinzen waren durch Grenzen voneinander getrennt. Kaiser und Senat teilten sich die Verwaltung der Provinzen. An der Spitze der kaiserlichen Provinzen stand ein Legatus, an der Spitze der senatorischen ein Prokonsul, ein ehemaliger Konsul (vgl. I 27). Diesen Statthaltern oblag die Verwaltung, die Rechtsprechung sowie die Einziehung der Steuern. Gefährdet war die Reichsgrenze an Donau und Rhein durch die Germanen sowie im Osten am Euphrat durch die kriegerischen Parther. Im Osten des Reiches wurde Griechisch gesprochen, im Westen Latein. Bald kamen aus den Provinzen Dichter und Schriftsteller nach Rom, z. B. aus Spanien der Philosoph Seneca und der Dichter Martial. Die lateinische Sprache lebt fort in den romanischen Sprachen (vgl. Seite 8).

Z Wovor warnt Seneca mit den Worten: VERUM GAUDIUM RES SEVERA EST.

Welch spitze Feder der Dichter Martial führte, zeigt der Zweizeiler, mit dem er über einen gewissen Quintus und dessen Freundin Thais herzieht[1]:

Thạida[2] Qụintus amạt. Quam Thạida? Thạida lụscam.
Ụnum‿ocụlum Thạis nọn habet, ịlle duọs.

Thais (Nom.), *Thaida* (Akk.) Thaïs (Mädchenname) – *quam?* welche? – *luscus* einäugig – *ille* jener – *duōs* (Akk.) zwei

Ridere licet:

„Quam pulcher conspectus!"

---

1) Beachte bei Versen die Betonung. Sie ist jeweils durch Punkte unter den lateinischen Wörtern gekennzeichnet. 2) Lies *Tha-ida* bzw. *Tha-is*!

23

E 1. Domus nostra ampla est. In domō novā habitāmus. Numerus domōrum novārum magnus est.
2. In pictūrā[1] mīrā taurum vidēmus. Cornua taurī firma sunt.
3. Quis pictūram explicāre potest? Nōs nōn possumus.

L

Von der Pracht römischer Häuser

Markus und Claudia sprechen über römische Bauten.

MARCUS: Romae[2] non solum aedificia publica, sed etiam domus privatae magnae sunt. Post domos amplas horti sunt ibique interdum lacus umbrosi[3], ubi pater familiae cum suis aestum vitare solet.
CLAUDIA: Etiam artificia praeclara in domibus videre possumus. Exemplum sit domus vicini! Imprimis conspectus atrii mirus est: ubique statuae pulchrae! Atque porticus longae picturis[1] miris ornatae[4] sunt.
MARCUS: Quid in picturis spectare poteras?
CLAUDIA: Vir manu sinistra cornu tauri tenet, dextra manu bestiam necat. Tum cum puella tenera navigio[5] a-volat.
Etiam in altero pariete[6] taurum vides. Puella pulchra in tergo bestiae sedet et cornua firma rosis[7] ornat. Tum taurus ad oram properat; magnus est puellae metus. Puellam, ut puto, domo secum raptat.
Potesne, Marce, picturas porticus explicare?
MARCUS: Ego possum; nam puer vere litteratus[8] fabulas Graecorum non ignorat. Sed alio die narrabo; nunc enim hora cenae est. Properemus domum!
CLAUDIA: Nebulo[9] es, ut puto.

Ü a) Welche Kasus können die folgenden Ausdrücke sein: morbis malis, manibus teneris, domus pulchrae, tumultus crebri, cornu sinistrum, versus praeclari, casus mirus, vicus propinquus, aestus magnus, magistratus certi.
Bilde den Dativ und Ablativ Singular, den Genitiv und Akkusativ Plural.

b) Setze jeweils das eingeklammerte Wort anstelle des vorhergehenden und achte auf das Adjektiv: Quam pulchrum est forum (conspectus) Romae! Marcus aedificia (lacus) clara spectat. Pater agros (domus) novos et hortum (porticus) amplum magna pecunia parat. Liberis in aqua (aestus) alta pericula instant.

c) Füge die Adjektive jeweils als Attribute ein und übersetze:
1. novus: Numerus domorum ... magnus est. Verba dominorum ... saepe severa et aspera sunt. 2. latus: In lacu ... interdum multae bestiae sunt. Multi domum ... amant. 3. pulcher: Per porticum ... domum intramus. 4. dexter et sinister: Copiae a (*auf*) cornu ... pugnant. 5. parvus, magnus: Non raro ... manus tumultum ... parat.

---

1) *pictūra, -ae* das Gemälde 2) *Rōmae* in Rom 3) *umbrōsus, a, um* schattig 4) *ōrnātus, a, um* geschmückt 5) *nāvigium, -ī* das Schiff 6) *in alterō pariete* auf der anderen Wand 7) *rosa, -ae* die Rose 8) *vērē litterātus, a, um* wirklich gebildet 9) *nebulō* (Nom.) der Angeber

d) Übersetze: Tibi libros dono. Gratiam mihi debebas. Utinam gratus sis! Gratusne eris? Delecta me gratia tua! Utinam me delectares gratia tua!
Bestimme die Art dieser Hauptsätze. In welchem Tempus stehen die Verben? Welche Arten unabhängiger Sätze stellst du im Lesestück fest?

e) Überblick: Wir kennen nun vier Deklinationsarten beim Substantiv:

die ā-Deklination: toga pulchra, poeta clarus
die o-Deklination: populus antiquus, faber certus, negotium privatum
die ē-Deklination: dies pulcher, res publica
die u-Deklination: versus notus, domus ampla, cornu sinistrum.

f) Ordne die folgenden italienischen und spanischen Wörter nach Substantiven und Adjektiven und teile sie den Deklinationen zu. Du mußt statt des Ausgangs *-o* den Ausgang *-us* oder *-um* wählen: odio, uso, socio, necessario, senato, grato, vicino, beato, tumulto, auspicio, vacuo, caso, contento, beneficio, portico, culto, verso, mano.

Welches lateinische Wort erkennst du im jeweils italienischen Wort: voto, magistrato, corno, impeto, privato, certo, ignavo.

g) Wie erklärst du die Pluralformen im Englischen von: bacillus – bacilli; series – series.

h) Haben die Römer Gärten geschätzt? Was erwarten wir heute von einem Garten? Sammle aus dem Lesestück alle Angaben über die Pracht römischer Häuser.

Z Auf vielen römischen Inschriften ist zu lesen: SENATUS POPULUSQUE ROMANUS. Oft ist diese Formel abgekürzt: SPQR.

Was bedeutet es, wenn jemand PRO DOMO spricht?

I Römische Häuser

Das römische Haus war nach außen hin meist fensterlos. So glich es eher einer gemauerten Festung als einem Wohnhaus. Oft war es nicht einmal verputzt. Im Hauptraum, dem Atrium, sorgte eine Öffnung in der Decke für Licht und Luft; das einfallende Regenwasser wurde von einem im Fußboden angelegten Becken aufgenommen.

Im Atrium empfing man Gäste und Geschäftsfreunde. Zu Tisch bat man im Triclinium. Im Tablinum hatte der Hausbesitzer sein Arbeitszimmer. Dort verwahrte er wichtige Dokumente und Geld. Im rückwärtigen Teil des Hauses bildete ein von Wasserbecken, Springbrunnen und Statuen geschmückter Garten den Mittelpunkt. Den Garten umgaben häufig Säulengänge, so daß man sich geschützt im Freien aufhalten konnte.

1. Atrium 2. Schlafzimmer 3. Triclinium 4. Tablinum 5. Garten mit Säulengängen

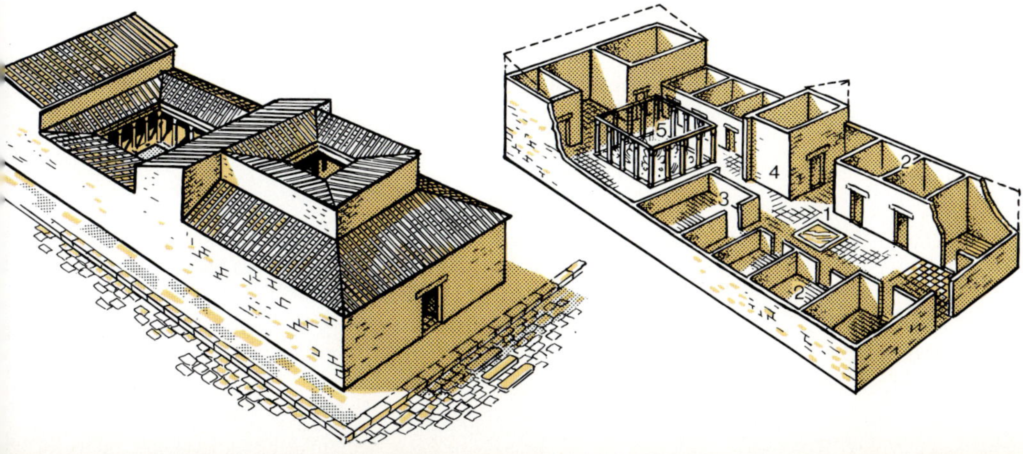

24

E 1. Nebulō (*Angeber*): Magnum oppidum expūgnāvī et dēlēvī.
2. Rūsticus: Tūne oppidum expūgnāvistī?
3. Nebulō: Meō cōnsiliō nostrī barbarōs superāvērunt.
4. Rūsticus: Tēne senātus laudāvit?
5. Nebulō: Hunc *(diesen)* virum ignōrō. Pūgnae nōn intererat.

L **Römische Bauten in den Provinzen**

PATER: Romani non solum in Italia, sed etiam in provinciis domos praeclaras et villas amplas aedificaverunt. Sed etiam aedificia publica legionarii iussu magistratuum ubique provinciarum[1] collocaverunt: castra firma, templa praeclara, arcus altos, aquaeductus[2] longos. Atque portus tuti ad ripas fluviorum latorum sunt. Denique viis stratis[3] sine periculo per provincias migrare licet.
MARCUS: Beneficiis igitur barbaros nobis conciliavimus.
PATER: Sine dubio. Sed antea populos pacavimus. Saepe de Caesare[4] narravi.
MARCUS: C. Iulius Caesar multa oppida Gallorum expugnavit, pauca delevit.
PATER: Bene! Post paucos annos autem Romani pleraque oppida foris amplis et aedificiis novis velut theatris et amphitheatris ornaverunt.
CLAUDIA: Sed Germaniam non expugnavimus.
PATER: Non erravisti, Claudia. Drusus et Germanicus, quamquam summa audacia pugnaverunt, barbaros feros non pacaverunt. Postremo Augustus optavit, ne Romani bella impetusque in Germanos renovarent. Itaque ab sinistra ripa Danuvii usque ad Rhenum castra[5] firma collocaverunt copiisque compleverunt. Germania libera autem oppidis vacua silvisque deformata[6] manebat.
Mea sententia stat: Romanis maxima laus[7] est non solum populos pacavisse et oppida delevisse, sed etiam barbaros a fera vita ad humanum cultum duxisse[8] et Italiae atque provinciis otium paravisse.

Ü a) Konjugiere lateinisch und deutsch: vicum mutavi et migravi.

b) Du findest im Lesestück die Imperfektform *manebat*. Begründe dieses Tempus.

c) Bestimme und übersetze: paravi, parabis, optaverunt, optabant, appellabitis, appellavistis, delebit, delevit, sperares, speres, compleas, complebimus, complevimus, renova, renovavi, sacrificabunt, sacrificaverunt, flebamus, flebimus, flevimus, putabunt, putaverunt.

d) Erkläre die Funktion der Tempora in folgenden Aussagesätzen: 1. Post operam otio nos dabamus. In silva bestias spectavimus. 2. Romani vinum amabant et magnas cenas parabant. Romani pauca oppida Galliae deleverunt et Germaniam oppugnaverunt. 3. Amici in horto cenabant, sed Marcus in villam properavit. 4. Serva fabulas narrabat, tum Claudia intravit.

---

1) *prōvinciārum* hier: in den Provinzen 2) *aquaeductus, -ūs* die Wasserleitung 3) *strātus, a, um* gepflastert 4) *Caesăre* Abl. von *Caesar* 5) *castra* hier: Plural zu *castrum* das Kastell 6) *dēfōrmātus, a, um* entstellt, wüst 7) *laus* (Nom.) f. das Lob 8) *dūxisse* geführt zu haben

Die Porta Praetoria in Regensburg

e) Auch in Fragesätzen kann das Tempus andeuten, ob ein Vorgang sich in der Vergangenheit mehrmals oder nur einmal abgespielt hat. Formuliere die Antworten dementsprechend: 1. Cur me vocabas? ... vocavisti? - Quod te ... (erwartete). 2. Quis liberos delectabat? ... delectavit? - Ego liberos ... (beschenkte). 3. Quis domum parvam clamore *(mit Geschrei)* implebat? ... implevit? - Parva manus liberorum ... (schrie).

f) Worin bestehen die Leistungen der Römer in den Provinzen?
Warum berichtet im Lesestück der Vater fast durchweg im Perfekt?

Provinzstädte

Aus römischen Militärlagern in den Provinzen entwickelte sich eine Reihe bedeutender und blühender Städte. In solchen Kastellen, die durch feste Straßen miteinander verbunden waren und dem Schutz der Grenzen oder der Sicherung des Hinterlandes dienten, hatten die Truppen ihre Quartiere, ihre Waffenkammern und Vorratslager. Mit der Zeit ließen die Soldaten ihre Familien nachkommen und hatten das Recht, zu ihren Frauen außerhalb des Lagers zu ziehen. Viele siedelten sich nach dem Ausscheiden aus dem aktiven Militärdienst im Umkreis eines Kastells an. So entstanden allmählich Lagerstädte, in denen es freilich an keiner Bequemlichkeit fehlte. Es gab Geschäfte, Wirtshäuser, Marktplätze, Bäder, ja sogar Theaterbauten und Amphitheater (vgl. S. 102/103). Römischen Ursprungs sind z. B. die Städte Xanten (*Castra Vetera* - der Name Xanten ist aus der spätantik-christlichen Bezeichnung *Ad Sanctōs* entstanden), Köln *(Colōnia Agrippīna)*, Bonn *(Bonna)*, Koblenz *(Cōnfluentēs)*, Mainz *(Mogontíacum)*, Trier *(Augusta Treverōrum)*, Regensburg *(Castra Régina)*, Passau *(Castra Batāva)*, Augsburg *(Augusta Vindelicōrum)*, Kempten *(Cambodūnum)*, Wien *(Vindóbona)*.

Auch kleinere Orte sind römischen Ursprungs. Kannst du den folgenden lateinischen Ortsnamen die modernen Ortsbezeichnungen zuordnen:
Foetēs, Guntia, Abodíacum, Parthānum, Quintāna, Boiodūrum;
Beiderwies (Stadtteil von Passau), Epfach (bei Landsberg am Lech), Füssen, (Garmisch-)Partenkirchen, Günzburg, Künzing (Niederbayern).

25

E 1. Ante merīdiem in vīllā nostrā fuimus. Ubi tū fuistī?
2. In forō fuī; ibi negōtia cūrāre dēbuī.

L

Der Wolf und das Lamm

Lupus et agnus[1] ad fluvium properaverunt, ut aqua se recrearent[2].
Superior[3] stabat lupus, inferior[3] agnus. Statim lupus, quia cibo carebat, agnum increpuit: „Cur mihi aquam turbavisti?“ Agnus timuit, ne lupus se[4] necaret, et: „Nullo modo“, inquit, „tibi, lupe, aquam turbare possum: A te manat aqua ad me. Cur me iniuria accusas?“
Iterum lupus: „Iam proximo autumno superbus fuisti: Me perterruisti et verbis violavisti. Itaque poena dignus es, ut puto.“ Agnus autem, etiam si lupum timebat, e-vocavit: „Quis tantam iniuriam sustinere potest! Proximo autumno ego nondum natus eram.“ Tum lupus iram vix retinuit et, quia causam iurgii[5] habere studebat: „Te veto“, inquit, „clamare. Iam pater tuus mihi inimicus erat mihique quondam nocuit.“ Denique agno non iam abstinuit: Bestiam captavit et corpus[6] dentibus secuit.
Quid Phaedrus poeta hac[7] fabula nos docuit? Tenete memoria: Impii, etiam si causis iustis egent, tamen avaritiam coercere non possunt, sed in-firmos exercere, domare, necare temptant.

Z Der Fabeldichter Phaedrus beginnt diese Fabel so:

Ad rivum eundem lupus et agnus venerant
siti compulsi; superior[3] stabat lupus
longeque inferior[3] agnus ...
„Cur“, inquit, „turbulentam fecisti mihi
aquam ...?“

ad rīvum eundem zum selben Bach *vēnerant* sie waren gekommen – *sitī compulsī* von Durst getrieben – *longē* weit *turbulentus, a, um* trüb – *fēcistī* du hast gemacht

Ü a) Präsensstamm: clama- Perfektstamm: clamav- Perfektstamm: terru-
Bilde den Präsens- und Perfektstamm folgender Verben und stelle Formenreihen her nach dem Muster *pacare, paco, pacavi, pacavisse*: mandare, captare, complere, secare, sperare, delere, placere, nuntiare, domare, collocare, nocere, arcere, explicare, habere, flere, perseverare, egere, esse.

b) Konjugiere: 1. Amicum monui, non accusavi. 2. Misera fui, nunc beata sum.

c) Bilde zu folgenden Formen das Perfekt: liberamus, raptatis, perturbo, abstinemus, tenes, fles, perterret, carent, vitas, secat, coercetis, sustineo, domo, numerant.

d) Ersetze die Formen von *desiderare, vexare* und *laborare* durch die entsprechenden Formen von *carere, delere* und *exercere*: desideravit, desiderabit, desideraverunt, desideravisse; vexabas, vexavisti, vexavimus, vexavisse; laborabitis, laboravistis, laboravi.

---

1) *agnus, -ī* das Lamm 2) *recreāre* erfrischen 3) *superior – inferior* oberhalb – unterhalb 4) *sē* hier: es (das Lamm) 5) *iūrgium, -ī* der Streit 6) *corpus dentibus* den Körper mit den Zähnen 7) *hāc* (Abl.) diese

Holzschnitt aus der Ulmer Äsop-Ausgabe von 1476

e) Setze in das Imperfekt und Perfekt: 1. Poena dignus es, lupe. 2. Hortus magnus est. 3. Laetus sum, quia vales, filia. 4. Terretne te bestia, puer? 5. Pater filium increpat. 6. Nautae pericula aquae non timent. 7. Cui dies festi non placent? 8. Litteris nos dare debemus.

f) Mehrere Sprachen auf einen Schlag! Du verstehst Italienisch mit folgenden lateinischen Infinitiven. Übersetze sie: narrare, mandare, donare, educare, amare, desiderare, tacere, captare, tenere, valere, solere, vigilare, sedere, superare, placare, dare, sperare, perseverare, appellare, turbare, optare, convocare, collocare, domare.

Aus dem Lateinischen *-are* wird im Französischen *-er* (wobei *-r* nicht gesprochen wird). Welche lateinischen Infinitive stecken deshalb in folgenden französischen Infinitiven: porter, ignorer, cesser, créer, simuler, voler, libérer, implorer, muter, célébrer, accuser, violer, orner, curer, errer.
Das lateinische Wort deckt sich übrigens jeweils völlig mit dem italienischen.

g) Schreibe das Lesestück mit den Verbformen im Präsens. An welchen Stellen mußt du das Perfekt oder Imperfekt stehenlassen? Gib eine Erklärung dafür.

h) Inwiefern verlieren die Vorwürfe des Wolfes immer mehr an Bestimmtheit?

Von Fabeldichtern und Fabeln

Phaedrus, ein freigelassener Sklave des Kaisers Augustus, gehört zu den bedeutendsten Fabeldichtern. Er hat fünf Bücher Fabeln geschrieben, deren Stoff er nicht selten von Äsop, einem griechischen Fabeldichter des 6. Jahrhunderts, übernahm.

Nach einem berühmten Vers des römischen Dichters Horaz *(aut prōdesse volunt aut dēlectāre poētae)* haben die Dichter zwei Aufgaben: zu belehren und zu erfreuen. Dementsprechend haben Fabeln meist zwei Teile, einen erzählenden und einen belehrenden. Im erzählenden Teil treten fast immer Tiere auf; sie sprechen und handeln wie Menschen. An die Erzählung schließt sich eine Lehre an, die der Fabeldichter seinen Lesern erteilen will *(fābula docet)*. Mitunter beschränkt sich der Fabeldichter auch auf die Erzählung und überläßt es dem Leser, selbst die Lehre daraus zu ziehen.

26

E 1. Rogō tē: Ubi herī fuistī?
2. Rogō tē, ubi herī fueris.
3. Amīcō meō pecūniam dedī; amīcum adiūvisse pulchrum est.

L

Not macht erfinderisch

Quis ignorat, quanta Daedali sapientia fuerit? Poetae narrant, quot oppida artificiis ornaverit. Profecto cunctis ingenio praestitit.

Olim in Creta insula Minotaurus erat, monstrum foedum; gemina tauri et viri figura cunctos terrebat. Itaque Minos, dominus Cretae, Daedalum adhibuit et imperavit, ut monstro labyrinthum[1] aedificaret. Atque Daedalus officium tam bene praestitit, ut magna praemia mereret.

Brevi autem patriam desideravit; sed domino insulae reditum negare placuit. Tum Daedalus: „Pelagus[2] nos circumdat et undae fugae obstant. At una spes restat: Caelum patet. Etsi multa pericula instabunt, dei me iuvabunt, ut semper bonos adiuverunt. Ceterum praestat fortunam temptavisse quam in servitio manere.“ Tum alas[3] paravit et cum Icaro filio in aerem[4] se levavit.

Cui ignotum est, quid pater vetuerit? Paruitne filius verbis Daedali?

Z Ovid schildert die Suche des Vaters nach dem abgestürzten Sohn so:

At pater infelix, nec iam pater: „Icare“, dixit.
„Icare“, dixit, „ubi es? Qua te regione requiram?“
„Icare“, dicebat; pennas adspexit in undis.

īnfēlix unglücklich – *dīxit* (Perf.), *dīcēbat* (Impf.) er sagte – *quā regiōne requīram* in welcher Richtung soll ich suchen? *pennās adspexit* er erblickte die Federn

Ridere licet:

RUFUS: Quid vaccae *(Kuh)* aegrae dedisti?
NASO: Aquam vaccae meae dedi.
Post paucos dies:
RUFUS: Aquam vaccae aegrae dedisti?
NASO: Nihil nisi aquam.
RUFUS: Ego quoque vaccae meae aquam dedi – et mortua est.
NASO: Mirum non est. Mea quoque mortua est.

---

1) *labyrinthus, -ī* das Labyrinth 2) *pélagus, -ī* das Meer 3) *āla, -ae* der Flügel 4) *in āërem* in die Lüfte

Schülerkritzelei aus Pompeji:
LABYRINTHUS
HIC HABITAT
MINOTAURUS

Ü a) Bilde den Konjunktiv Präsens, Imperfekt und Perfekt zu:

speras, postulat, egeo, mereo, sum, habitamus, retinemus, repudiatis, sustinetis, estis, turbant, sunt, coercent, liberas, est, prohibes.

b) Ubi es (fuisti)? Ignoro, ubi sis (fueris).

Mache dementsprechend die folgenden Fragesätze abhängig von *ignoro*: 1. Quis nobis fabulam explicat? 2. Cur Daedalus praemium meret? 3. Quis cunctis ingenio praestitit? 4. Cur in metu fuistis? 5. Quid servus bestiis dedit? 6. Ubi in amphitheatro stetisti? 7. Cur fabula te non delectavit?

c) Verwandle die Objekte in abhängige Fragesätze:

1. Vide domum amici!	Vide, ubi amicus ... *(wohnt, gewohnt hat)*!
2. Explica verba domini!	Explica, quid dominus ... *(befiehlt, befohlen hat)*!
3. Narrate de porticu pulchra!	Narrate, quam pulchra ... *(ist, gewesen ist)*!
4. Numeras amicos.	Numeras, quot amici ... *(da sind, dagewesen sind)*.
5. Ignoramus metum vestrum.	Ignoramus, quid ... *(ihr befürchtet, gefürchtet habt)*.
6. Explicate causam spei vestrae!	Explicate, cur ... *(ihr hofft, gehofft habt)*!

Löse dann die Satzgefüge wieder in zwei selbständige Sätze auf.
Beispiel 1: Ubi amicus habitat (habitavit)? Vide!

d) Ersetze die Formen von *donare, sustinere* und *habitare* durch die entsprechenden Formen von *dare, vetare* und *stare*:

donavi, donaverunt, donaveris, donavimus, donaverimus, donavistis.
sustinuit, sustinebat, sustinuerit, sustinuerunt, sustinuerint, sustinebit.
habitavimus, habitavisti, habitaveris, habitaveritis, habitaverunt, habitaverim.

e) Welche Arten von Gliedsätzen aus dem Lesestück entsprechen den folgenden Hauptsätzen? 1. Quis sapientiam Daedali ignorat? 2. Poetae de artificiis Daedali narrant. 3. Daedalus propter operam suam magnum praemium meruit. 4. Quid pater vetuit?

f) Welche lateinischen Wörter stecken in den englischen Wörtern aus dem Bereich ‚Schule'?

primary school, to be interested in, to exercise, false, note, memory, example, letter, language, library, verse, poet, theatre, vacation.

g) 1. In welchem Satz des Lesestücks drückt sich das Freiheitsgefühl des Dädalus besonders aus? 2. Nenne die Subjekte des Satzes.

h) Inwiefern zeigt die Geschichte des Lesestücks, daß im Lateinischen die Erzählzeit das Perfekt ist? Warum findest du in der wörtlichen Rede des Dädalus auch andere Tempora?

i) Eine sonderbare Gleichung

A (-gitur) + B (-nde) + C (-atim) + D (-ure) + E (-um) + F (-bi) + G (-deo) = X
A = also; B = woher?; C = sofort; D = mit Recht; E = darauf; F = dort; G = so sehr;
X = ein wichtiges lateinisches Wort

27

E Cōnsul in forō perōrat[1]. Populus verba cōnsŭlis laudat. Cūnctī cōnsŭlem celebrant et clāmant: „Properēmus cum cōnsule in Capitōlium, ut deōs implōrēmus!“ Cōnsulī cōnsilium placet.
Cōnsulēs rem pūblicam administrābant. In bellō exercitus sub imperiō cōnsulum erat. Etiam populus cōnsulibus pārēbat. Rōmānī cōnsulēs bonōs celebrābant. Nunc satis (est) dē cōnsulibus.

L Römische Beamte und ihre Aufgaben

Post ortum[2] solis turba virorum ad forum properat; ibi praetorem circumstant. Ante praetorem orator clarus perorat[1], ut reum ex iudicio servet. Oratoris verba Romanos adeo excitant, ut inter se magno clamore certent. Praetoris est iudicare.
Nunc consules cum lictoribus, ut mos est, curiae appropinquant. Lictores, ministri consulum, viros et feminas monent, ut consules salutent[3]; consules enim, quod summum imperium habent, in summo honore sunt. Hodie facta praeclara alterius[4] consulis in cunctorum ore sunt: Barbaros ab imperio arcuit et matres mulieresque timore et terrore liberavit. Post praeclaram victoriam exercitus consulem imperatorem appellavit. Nunc senatores victorem laudabunt et victoriam celebrabunt. Postea autem auctores rerum Romanarum de laboribus et honoribus consulis narrabunt.
Mox alter[5] consul cum exercitu per aequor vastum navigabit, ut etiam in provinciis remotis[6] otium renovet.

Z Sallustius de moribus maiorum:
Domi militiaeque boni mores colebantur:
concordia maxima, minima avaritia erat;
ius bonumque apud eos non legibus magis
quam natura valebat.

domi militiaeque im Krieg und im Frieden – *colēbantur* sie wurden gepflegt
minimus, a, um sehr klein
iūs das Recht – *eōs* (Akk.) diese
lēgibus (Abl.) aufgrund von Gesetzen

Ü a) Welche Satzglieder können folgende Ausdrücke sein: labores duri, consulum clarorum, aequoris vasti, victoribus notis (2), sole claro, mores antiquos, mulierum integrarum, honori futuro, fratrem miserum, pater bone, frater miser (2), ora pulchra (2), oris, solum, laborem (2), laborarem, labores (3), labore, labori, labora, laboro.

b) Vervollständige das Attribut und übersetze:

pater iust_; matrem tener_; mulieri miser_; parv_ os; magn_ honos; mos antiqu_; ab auctore superb_; imperatoris nov_.

Setze diese Wortverbindungen auch in den Plural.

c) Vervollständige und bestimme die Satzglieder. Bilde dann die Sätze nochmals, indem du die eingeklammerten Wörter als Satzglieder einsetzt:

1. Graeci erant auctor_ (magister) litterarum. 2. Magnus numerus senator_ (vir) Romanorum auctor_ Graecos laudabat. 3. Auct_ (magister) Graeci de imperator_

---

1) *perōrāre* eine Rede halten 2) *ortus, -ūs* der Aufgang 3) *salūtāre* grüßen 4) *alterius* (Gen.) des einen 5) *alter* (Nom.) der andere 6) *remōtus, a, um* entfernt

(vir clarus) et mor_ (victus *Sing.*) Romanorum narraverunt. 4. Populus Romanus senator_ patr_ appellabat. Summum imperium consul_ (magistratus) habebant. 5. Interdum Romani in magn_ timor_ (metus) et terror_ (periculum) erant. 6. Pater familiae in magnis honor_ erat. Patr_ sever_ cuncti parebant.

d) Übersetze und gib jeweils die Wortart an, mit der die Subjektstelle besetzt ist: Liberos educare patrum et matrum est. Consulis erat exercitui praeesse. Senatorum fuit rem publicam conservare. Mulierum erat cibos parare. Magistrorum erit pueros et puellas docere. Liberorum est verbis patris matrisque parere.

e) Ergänze Ü 23 e durch *orator bonus, mulier tenera, aequor vastum.*

f) Was bezeichnet das Suffix *-tor*? Bilde Substantive auf *-tor* und gib eine Übersetzung an: narrare, liberare, habitare, spectare, conservare, temptare, simulare, educare.

g) Handelt es sich bei folgenden Persönlichkeiten um Kaiser oder Feldherren?

Pompeius imperator, imperator Nero, imperator Titus, Sulla imperator, imperator Tiberius, Marius imperator.

h) Welche abhängigen Sätze leitet die Konjunktion *ut* ein? Zeige am Lesestück die Bedeutungen von *ut* auf.

i) Im Lesestück gibt es Aussagen, die die Gegenwart betreffen, solche, die Ereignisse der Vergangenheit und seit langem gewohnte Verhaltensweisen darstellen, schließlich solche, die eine Vorschau auf die Zukunft bedeuten.
Nenne sie und ordne ihnen die Tempora der Prädikate zu.

k) Antworte lateinisch mit Hilfe von Sätzen aus dem Lesestück: 1. Welche Aufgaben haben die Liktoren? 2. Warum sind die Taten des einen Konsuls ‚in aller Munde'? 3. Wann und von wem wird ein Konsul als Imperator angesprochen? 4. Wer rühmt und feiert Sieg und Sieger in der Stunde des Triumphes? 5. Wer wird davon in Zukunft berichten?

I Römische Beamte

Unter Beamten verstanden die Römer etwas anderes als wir. Ein Beamter *(magistrātus)* wurde vom Volk für eine bestimmte Amtszeit gewählt; er war ehrenamtlich (d. h. ohne Besoldung) tätig.
Die höchsten Beamten waren die Konsuln als eigentliche Staatsoberhäupter. Alljährlich wurden zwei Konsuln gewählt. Ihre Aufgaben waren vor allem: die Einberufung und Leitung der Volksversammlung, die Abhaltung der Wahlen, der Oberbefehl im Krieg.
Im Rang unter den Konsuln standen die Prätoren. Sie waren die ständigen Vertreter der Konsuln, sprachen Recht und waren in der Verwaltung der Provinzen tätig. Es gab ursprünglich zwei, später sogar zehn Prätoren.
Die Liktoren waren keine Beamten; am besten bezeichnen wir sie als deren Hilfskräfte. Ihre Aufgaben waren:
- Sie bahnten den Beamten den Weg durch die Menge und achteten darauf, daß die Leute grüßten. Um allen Leuten die Gewalt der Beamten zu zeigen, trugen sie diesen Rutenbündel voraus, in denen jeweils ein Beil steckte.
- Sie vollstreckten in alter Zeit die von den Beamten angeordneten Strafen: Auspeitschen (Rutenbündel!), Hinrichtung (Beil im Bündel!).

28

E

1. Recta ratiō prohibeat vōs ā viā falsā!
2. Vir bonus semper ratiōnī pārēbit.
3. Ōs hūmānum imāgō animī est.
4. Spectāte imāginem antīquam! (Abb. S. 65)

L

Sklaven in Rom

Nunc narrabo, qua[1] ratione Romani servos sibi paraverint et quomodo servi vitam miseram toleraverint.

Saepe legiones Romanae nationes exteras[2] superaverunt et barbarorum oppida expugnaverunt. Tum viros, mulieres, liberos in servitium raptabant. Denique mercatores magnam multitudinem captivorum in foro collocabant; ibique multi Romani longum ordinem hominum miserorum spectabant et probabant. In collis captivorum tituli[3] erant: Et nationem et bona malaque indicabant[4].

Servorum condicio incerta erat. Itaque multi deos summa religione implorabant; nonnulli longos sermones habebant de dominatione iniusta; pauci ad seditionem parati orationibus animos conservorum[5] excitabant. Non mirum, si poenae durae erant: Servos seditiosos[6] in vincula dare vel verberare[7] dominis licebat; auctores seditionis ad leones feros dare mos erat.

Multi servi autem contra opinionem condicione sua contenti erant et domini verbis parebant.

Z

Plinius schreibt über eine Sklavenrebellion in einem seiner Briefe unter anderem:

Rem atrocem neque solum epistulā dignam Larcius Macedo a servis suis passus est. Lavabatur in villa sua: subito eum servi circumstant; alius fauces invadit, alius os verberat,[7] alius ventrem contundit. Diffugiunt servi; quorum plerique comprehensi sunt, ceteri requiruntur ... Vides, quot periculis, quot contumeliis simus obnoxii.

atrōcem (Akk.) schrecklich
passus est er hat erlitten
lāvābātur er badete – *eum* ihn
faucēs invādit er packt ihn an der Kehle
ventrem contundit er tritt in den Bauch
diffugiunt sie fliehen – *quōrum* von ihnen
comprehēnsī sunt sie sind gefaßt – *requīruntur* sie werden gesucht – *contumēlia, -ae* Beleidigung – *obnoxius* ausgesetzt

Ü

a) Setze zu den Substantiven die passenden Adjektive und beachte Kasus und Genus: in condicione, dominationi, leonis, ratio, in regionibus, sermonem; asper, ferus, incertus, iniustus, Latinus, humanus.

b) Ergänze: 1. Legion_ Roman_ in castris erant. 2. Mult_ nation_ legiones Roman_ timebant. 3. Nam legion_ magnum numerum homin_ in servitium raptabant. 4. Nonnulli Romani mores bon_ Germanorum laudaverunt.

c) Wie verwandelt man die folgenden englischen Wörter in lateinische zurück? ration, oration, legion, nation, condition (!), region, religion, domination, sedition, opinion, sermon.
Warum gehören diese lateinischen Wörter zu den Konsonantenstämmen?

---

1) *quā* (Abl.) welche 2) *exterus, a, um* fremd 3) *titulus, -ī* die Aufschrift 4) *indicāre* angeben 5) *con-servus* (erschließe die Bedeutung!) 6) *sēditiōsus, a, um* zu *sēditiō, -ōnis* 7) *verberāre* schlagen

Sklave mit einer Lampe wartet auf seinen Herrn.

d) Beachte:

oppugnare	(belagern)	oppugna-tio	die Belagerung
narrare	(erzählen)	narra-tio	die Erzählung

Bilde in gleicher Weise von folgenden Verben Substantive mit dem Suffix *-tio* und gib deren Bedeutung an: navigare, perturbare, laudare, migrare, habitare, renovare, collocare, accusare, mutare, cogitare.

e) Vergleiche:

pulch-er schön – *pulchr-i-tudo* Schönheit

1. Worauf weist das Suffix *-tudo* hin?
2. Bilde dementsprechend Substantive zu *latus, longus, amplus, magnus, aeger.*

f) Überblick:

1. Wiederhole die mit Suffixen gebildeten Wörter Ü 17 g.
2. Wiederhole die Bedeutung von *esse* mit dem Dativ Ü 14 f und übersetze:
Legionibus Romanis non multa arma erant. Multis hominibus divitiae non sunt. Hominibus et ratio et oratio est. Vobis sermo Latinus iucundus sit!
3. Wiederhole W 5 und gib die Bedeutung folgender Ausdrücke an:
magna copia imaginum, copia frumenti, parva manus lictorum, magnus numerus hominum, turba mulierum, numerus magistratuum, multitudo beneficiorum.

g) Sammle alle Ausdrücke aus dem Lesestück, die die Lage der Sklaven beschreiben. Warum stehen fast alle Prädikate im Imperfekt? Zeige, daß die Prädikate ein besonderes Gewicht im Satz haben.

Sklaven in Rom (III)

Davon war schon die Rede, wie ein freier Mensch zum Sklaven wurde und welch verschiedene Gruppen von Sklaven es gegeben hat. Nun noch einige Zusatzinformationen:

- Manche Römer besaßen nach zeitgenössischen Berichten bis zu 20 000 Sklaven. Wer keinen Sklaven hatte, gehörte zu den Ärmsten der Stadt.
- Die Sklaven betrachtete man als Sache *(rēs)*, mit der man nach Belieben umgehen konnte.
- Das Verhältnis der Herren zu ihren Sklaven war unterschiedlich: Bald bestimmte Härte das Verhältnis, bald Wohlwollen, ja sogar Freundschaft. So hören wir vom Arzt Galenus, daß Sklaven oft eingeschlagene Zähne hatten; wir wissen aber auch von der Freundschaft Ciceros mit seinem Sklaven Tiro.
- Ein Sklave konnte sich Ersparnisse zurücklegen, um sich damit einige private Wünsche zu erfüllen oder gar die Freiheit zu erkaufen.
- Sklaven konnten eine Sklavin heiraten; ihre Kinder waren wieder Sklaven.
- Die Sklaven waren als Sache den Strafen von seiten ihrer Herren schutzlos ausgeliefert: Schwerarbeit auf dem Land, Auspeitschen, Brennen mit glühenden Eisen, Kreuzigung u. a. Erst unter Kaiser Hadrian (117–138 n. Chr.) wurde den Herren das Recht genommen, über Leben und Tod ihrer Sklaven zu entscheiden.

29

E 1. Aestās propter aestum interdum molesta est.
2. Aestāte multī hominēs Rōmam vītābant.
3. Servitūs cūnctis ingrāta est.
4. Itaque servitūtem nōn probāmus.

L **Die Mächtigen in Rom**

Romani erant aut patricii aut plebeii. Aetate antiqua patricii soli summam imperii tenebant. Postea autem multitudo impetravit, ut etiam plebeiis esset aditus ad rem publicam. Tamen ordo senatorius primum locum dignitatis in civitate habebat. Auctoritate, non potestate senatores rem publicam administrabant; magistratus potestatem habebant. Tanta erat senatorum auctoritas, ut magistratus senatus consultis plerumque parerent. | Livius demonstrat, quanta dignitas ordinis senatorii fuerit; de impetu Gallorum haec[1] fere narrat:
Post calamitatem exercitus iuventus Romana in Capitolium properavit, ut se servaret; senatores autem, quia senectute fessi erant et de salute desperabant, domi manebant; ante domos suas sedebant. Subito Galli appropinquaverunt. Primo viros praetextatos[2] propter dignitatem summa religione velut simulacra spectaverunt. Cum autem unus ex Gallis os Papirii senatoris permulceret[3], Papirius Gallum scipione[4] verberavit. Statim Galli senatores necaverunt.

Z Sallustius virtutem maiorum laudat:
Templa deorum pietate, domos suas gloria decorabant; neque quicquam victis praeter iniuriae licentiam raptabant.

decorāre schmücken – *quicquam* etwas – *victī* die Besiegten – *praeter* (mit Akk.) außer – *licentia* die Möglichkeit

Ü a) Füge die eingeklammerten Wörter in der Form ein, daß sie die Funktion von Satzgliedern übernehmen: 1. Imperator Augustus post longa bella (civitas) otium et salutem dedit. 2. (Dignitas et auctoritas) civitatem administravit. 3. Romanos (calamitas) belli liberavit. 4. Multi (virtus et dignitas) Augusti laudaverunt. 5. (Aetas) Augusti Vergilius poeta (pietas et virtus) Romanorum antiquorum celebravit.

Welche der Einfügungen sind Objekte, welche Adverbialien?
Welche Funktionen des Ablativs stellst du fest?

b) Ergänze die Endungen (jeweils im Singular) und übersetze:

virtutis Roman_, cum iuventut_ pi_, de senectut_ futur_, propter salut_ public_, in servitute miser_.

c) Patricii soli summam imperii habebant – die Patrizier hatten allein (als einzige) die höchste Macht.

Man darf hier nicht übersetzen: ‚die einzigen Patrizier'. Das Adjektiv *solus* gehört hier sinngemäß zum Prädikat.

---

1) *haec* (Neutr. Pl.) folgendes 2) *praetextātus, a, um* mit der Amtstoga bekleidet 3) *permulcēre* hier: betasten 4) *scipiōne verberāre* mit dem Stab schlagen

Übersetze in vergleichbarer Weise: 1. Senatores soli domi manebant. 2. Amici nostri puerum solum servaverunt. 3. Amicus diu aeger domi erat. 4. Laeti pueri in silvam properant.

d) Begründe, warum die Zeitangabe im Ablativ oder im Akkusativ erfolgt: 1. Aestate in Graeciam navigabimus. Multas horas in aequore erimus. 2. Die festo amicos exspecto, hora certa aderunt. Nonnullos dies cum amicis ero. 3. Autumno rustici in agris laborare debent. Multos dies frumentum in horrea *(Scheunen)* portant.

e) Übersetze die folgenden Satzgefüge und beachte in beiden Sprachen die Stellung des gemeinsamen Subjekts: 1. Ordo senatorius, cum primum locum dignitatis haberet, plebeios a re publica arcebat. 2. Iuventus Romana, quia calamitatem timebat, in Capitolium properavit. 3. Senatores, quamquam impetum Gallorum videbant, tamen domi manebant.

f) Ordo senatorius primum locum dignitatis in civitate tenebat.

Benenne die Satzglieder und ihre Funktion.

g) 1. Der erste Teil des Lesestücks ist ein Bericht, der zweite eine Erzählung, die die Vorgänge begründet. Welche Sätze geben diese Begründungen? Erkläre, warum im ersten Abschnitt das Imperfekt, im zweiten das Perfekt vorherrscht. 2. Welcher Präpositionalausdruck ersetzt einen begründenden Gliedsatz? 3. Welche Ausdrücke charakterisieren die Patrizier?

I Der römische Senat

‚Senat' bedeutet eigentlich Versammlung der Alten. Doch darf man nicht glauben, daß im Senat nur alte Männer saßen. Entscheidend für die Aufnahme waren in der Frühzeit zwei Voraussetzungen:

- Der Senator mußte aus einer vornehmen Familie stammen (d. h. Patrizier sein).
- Der Senator mußte bereits ein hohes Amt *(magistrātus)* verwaltet haben.

Die Senatoren besaßen meist riesige Güter, die sie Verwaltern anvertraut hatten. Handel zu treiben, größere Schiffe zu besitzen und Bankgeschäfte zu tätigen, war ihnen verboten, damit sie nicht durch Gewinnstreben von der Politik abgelenkt würden. Später konnten auch Männer in den Senat aufgenommen werden, die zwar nicht aus einer vornehmen Familie stammten, aber sehr reich waren (Bankleute, Kaufleute, Besitzer größerer Betriebe).

Äußere Kennzeichen eines Senators waren die Tunica (Untergewand) mit doppelt breitem Purpurstreifen, rote Schuhe und ein Goldring.

Der Senat hatte u. a. folgende Aufgaben: Er gab den Beamten Ratschläge, empfing Gesandtschaften fremder Völker, besetzte Statthalterposten in den Provinzen, führte die Aufsicht über die Staatskasse.

Und so lief eine Senatsversammlung ab: Einberufung und Leitung erfolgte durch einen *magistrātus*. Meist fand die Sitzung in der *cūria* statt. Wer unentschuldigt fehlte, mußte eine Geldstrafe zahlen. Jeder Senator durfte zu jedem Punkt seine Meinung *(sententia)* sagen. Die Abstimmung erfolgte in der Weise, daß die Anhänger der verschiedenen Meinungen sich an dafür bestimmte Stellen begaben (*discessiō* Auseinandergehen).

30

E 1. Saepe hospes meus ē Graeciā in Italiam nāvigat.
2. Herī hospitem in portū exspectāvī.
3. Hospes nautīs magnam mercēdem dedit.
4. Domī hospes quiētī sē dedit; quiēs iūcunda erat.

L **So ein Angeber!**

In multis regionibus equites et pedites Romani pugnabant. Labores militum duri erant; raro viris licebat quieti se dare. Milites custodes boni imperii erant. Alia Plautus poeta in fabula clara de virtute militum Graecorum narravit:

MILES (ad ministros): Curate, ut splendor[1] armorum tam clarus sit quam solis radii[2]. Ubi comes meus est?

COMES: Stat iuxta militem clarum. Mars dubitat suas virtutes cum tuis comparare. Nam legiones difflavisti[3] spiritu velut ventus folia[4].

MILES: Hoc[5] nihil est.

COMES: Nihil, hercle, est. Alia narrabo: Elephanto in India pedem dextrum pugno perfregisti[6].

MILES: Non bene pulsavi.

COMES: Quis virtutem tuam ignorat? Si operam dedisses[7], bracchium tuum totam bestiam perfregisset[8].

MILES: Cur hoc[5] narras? Nihil est.

COMES: Nihil, hercle, est. Iterum alia narrabo: Tantam multitudinem militum necavisti uno die, ut campus sanguine abundaret.

MILES: Quanta erat hominum summa?

COMES: Septem milia[9].

MILES: Bene rationem tenes[10]. – *(Halb zu den Zuschauern:)* Memoria comitis mei laude et mercede digna est. *(Wieder zum Gefährten gewandt:)* Donec tantas fabulas narrabis, dignam mercedem tibi dabo.

Ü a) Verbinde die Adjektive jeweils sinnvoll mit den Substantiven:

ferus, fidus, summus, fessus, patricius, superbus – comes, laude, leoni, peditis, ordinis, cum milite.
humanus, gratus, iustus, Latinus, sinister, integer, pulcher – hospiti, mercedis, os, pede, quietem, sanguine, sermonem.

b) Stelle folgende Wörter zu Wortfamilien zusammen:

laudare, pes, dignus, virtus, dominatio, incertus, servitus, spes, oratio, equus, pius, laus, servus, dignitas, domare, vir, certare, serva, dominus, orator, domus, eques, pietas, certus, sperare, domina, pedes, orare, desperare.

---

1) *splendor, -ōris* der Glanz 2) *radius, -ī* der Strahl 3) *difflāre* auseinanderblasen 4) *folium, -ī* das Blatt 5) *hoc* dies 6) *pūgnō perfrēgistī* (Perf.) du hast mit der Faust zerschmettert 7) *dedissēs* du hättest gegeben 8) *perfrēgisset* er hätte zerschmettert 9) *mīlia* (Pl.) tausend 10) *ratiōnem tenēre* ‚Buch führen‘

c) Welche Wörter kannst du erklären?

1. Aus dem Deutschen: Militär, Hospital, Pedal, Viktor, Autorität, Autor, Küster, Pietät, Arkaden, Senator, Region, konträr.
2. Aus dem Englischen: rational, national, human, terror, militant, tumult, demonstration, culture, abstinence, concert, senate.

d) Übersetze die folgenden Sätze und überlege, warum jeweils der Konjunktiv steht: 1. Mirum est, quanto spiritu milites Caesari imperatori paruerint. 2. Cum Caesar regiones Germaniae oppugnaret, labores militum duri erant. 3. Interdum milites imperatorem orabant, ut sibi *(ihnen)* otium et quietem daret. 4. Terror timorque animos militum Romanorum impleverunt, cum copias Germanorum spectarent. 5. Exclamabant: „Imploremus deos! Utinam dei nos servent!“ 6. Caesar autem milites monuit, ne ignavi essent: „Nisi ignavi essetis, Germanos superare possemus.“ 7. Diligentia sua milites e rebus adversis servavit. Tum milites: „Grati simus imperatori!“

e) Was von einem einzigen Buchstaben abhängt! Unterscheide:

di**u**, die; malus, **s**alus; solem, sol**u**m; ae**s**tas, aetas; latus, la**e**tus; necare, **s**ecare; odium, o**t**ium; do**m**orum, donorum; n**a**tus, notus; ne**g**are, necare; p**i**etas, poetas; festus, fes**s**us; impe**t**rare, imperare; lib**e**ri, libri; **r**egio, legio; l**o**cus, lacus; o**p**era, onera; fabula, **t**abula; cura, cur**i**a; ar**m**a, ara; manes, man**u**s; pes, **s**pes.

Die fettgedruckten Buchstaben ergeben nacheinander gelesen ein Sprichwort.

f) 1. Wodurch wird der Gefährte im Lesestück verleitet, immer stärker zu übertreiben?
2. Welche sprachlichen Mittel verwendet er für seine Übertreibungen?

I Römisches Militär

In der Frühzeit Roms waren alle freien Bürger, Patrizier wie Plebejer, vom 17. bis zum 60. Lebensjahr wehrpflichtig. Ihre Ausrüstung mußten sie selbst stellen; deshalb wurden Besitzlose zum Kriegsdienst nicht herangezogen. Als das römische Reich größer wurde, mußten viele Legionen aufgestellt werden. Nun konnte man auf die Besitzlosen nicht mehr verzichten. Vom Staat erhielten sie Ausrüstung und Sold und mußten sich für 20 Jahre verpflichten. So verwandelte sich das alte römische Bürgerheer in ein Söldnerheer. Bei Caesars Tod standen an die 40 Legionen unter Waffen.
Und was die Soldaten auf dem Marsch alles mitschleppen mußten! Zur Bewaffnung gehörten Helm, Panzer, Schild, kurzes Schwert und schwerer Speer; daneben mußte jeder Soldat Werkzeug zum Lagerbau und Verpflegung für mehrere Tage tragen. Das Gesamtgewicht des Gepäcks eines einzigen Soldaten belief sich auf ca. 30 kg.

Z **Ridere licet:**

TRIBUNUS: Quid facit miles ante pugnam? — *facit* er tut
MILES: Tremit. — *tremit* er zittert
TRIBUNUS: Ohh!!
MILES: Cupiditate pugnae.

DENTO: Cur imperatorem clarum sub arbore humaverunt? — *humāre* bestatten
RUFUS: Ignoro, cur virum clarum sub arbore humaverint.
NASO: Non mirum: quod mortuus est!

31

E

1. Populus optat, ut pāx aeterna sit.
2. Cōnsul condiciōnēs pācis nūntiat.
3. Rēgēs bonī semper pācem dēsīderābant.
4. Rēgis bonī erat lēgēs bonās dare.
5. In pāce Cerēs dea hominibus magnam cōpiam frūgum dōnat.

L

Ein Mordprozeß im alten Rom (I)

Die am Prozeß beteiligten Personen:

Cannutius	der Ankläger (*accūsātor*)	außerdem:
Oppianīcus	der Angeklagte (*reus*)	ein Arzt
Scamander	der Helfershelfer des Angeklagten	der Sklave des Arztes
Habitus	das reiche Opfer des Anschlags	der Verteidiger (*patrōnus*)

Prima luce magna multitudo hominum in forum properat. Iam iudices in subselliis[1] sedent. Subito unus ex senibus: „Ecce Cannutius, rex causarum!" Tum Cannutius magna voce Oppianicum accusat:

„Nunc demonstrabo, iudices, quomodo Oppianicus Habito, viro aegro, per Scamandrum libertum[2] necem parare temptaverit.

Erat mala valetudine Habitus. Itaque adhibebat medicum non ignotum. Medici autem servum Scamander precibus et pecunia incitabat, ut Habito venenum daret. Servus callidus[3] et, ut res ipsa[4] demonstrat, integer sermonem Scamandri ad speciem non repudiavit, re vera autem insidias domino suo nuntiavit, dominus Habito paucisque senatoribus. Proximo die senatores Scamandrum captaverunt; in manibus Scamandri pecunia erat. Quis ignorat, quid Scamander in animo habuerit? Praeterea satis liquet[5], quis auctor facti fuerit: Oppianicus. Pareatis legibus, iudices! Damnetis reos!"

Ü

a) Bestimme: luci, lacu, loci, legi, ludi; regem, regum, rerum, reum, legum; iudicem (2), iudicum; necem (2), neci, nece, noce, neque, neca, nega; voces (3), vocis, vocas.

b) Füge die eingeklammerten Ausdrücke so in die Sätze ein, daß sie die Funktion von Satzgliedern übernehmen: 1. Tarquinius (rex) populum vexabat. 2. Quia Tarquinius (iudex iniustus) erat, populus (rex impius) accusavit. 3. Sed rex (prima lux) Capitolium expugnare paravit. 4. Consules autem (tam bonus) erant, ut periculum arcerent et (otium) renovarent. 5. Tum populus (consul) paruit, consules autem (lex) paruerunt. 6. (Aetas antiqua) populus Romanus (multae leges) dedit. 7. Vox populi (summa lex) fuit. 8. Postea autem iniuria (magistratus) et (senatores) tanta erat, ut plebeios (res publica) prohiberent.

c) Konjugiere in allen Tempora und Modi: stas, exerces, probas.

d) Bilde für die Tempora Präsens, Futur und Perfekt je eine Spalte, setze die folgenden Verbalformen ein und ergänze die verbliebenen Lücken: dubitavit, coercebunt, violatis, cares, nocebit, ero, toleravisti, estis, prohibuimus, circumstabitis, iuvat, fuerunt, increpas, egeo, vulnerabimus, pulsant, arcui, vetatis, domas, delebo.

---

1) *subsellium, -ī* die Bank 2) *libertus, -ī* der Freigelassene 3) *callidus, a, um* schlau 4) *ipsa* selbst 5) *liquēre* klar sein

e) Nicht selten entsprechen einem lateinischen Wort mehrere deutsche Begriffe. Welche Bedeutungen kennst du für *species, gratia, fortuna, litterae, caelum, aestus, cultus, copiae, ratio, imperium, consilium*?

Auch im Deutschen gibt es Wörter mit mehreren Bedeutungen, z. B. Karte, Paß, Schloß. Suche noch weitere Beispiele.

f) 1. Im Lesestück findest du alle bisher bekannten Tempora und Konjunktive vor. Begründe jeweils deren Wahl. Welche Sätze enthalten die Anklage, welche die Beweisführung? 2. Sammle aus dem Lesestück alle Wörter des Rechtswesens.

g) Erat mala valetudine Habitus.

Nenne das Prädikat. Warum ist der Ablativ *mala valetudine* kein Adverbiale?

Z Was wollen die folgenden Sentenzen sagen:

NECESSITAS DAT LEGEM. — *necessitās, -ātis* die Not

INTER ARMA SILENT LEGES. — *silēre* schweigen

Was ist von folgenden Sentenzen aus dem Bereich der Rechtsprechung zu halten:

NULLA POENA SINE LEGE.

TESTIS UNUS TESTIS NULLUS. — *testis* (Nom.) der Zeuge

Ob das wohl stimmt:

VOX POPULI VOX DEI.

SALUS POPULI SUPREMA LEX ESTO. — *suprēmus, a, um* der höchste; *estō* er, sie, es soll sein

I Bei Gerichtsverhandlungen kommt es sehr auf die Reden der prozessierenden Parteien an. Das gilt für Antike und Gegenwart in ähnlicher Weise.

Durch die römische Gerichtspraxis wurde die Entwicklung rednerischer Ausdrucksformen stark gefördert. Erwartet wurde einfallsreiche Argumentation, klarer Aufbau, gewählter Ausdruck, freier Vortrag, eindringliche, aber beherrschte Gestik.

Der erfolgreiche Redner genoß in der römischen Öffentlichkeit hohe Achtung, und die veröffentlichte Rede war (neben der Geschichtsschreibung) die angesehenste Gattung der lateinischen Literatur. Ihr bedeutendster Vertreter ist Cicero.

Bronze-Statue eines römischen Redners

32

E 1. Senātōres servum laudāvērunt, quod sermōnem Scamandrī dominō suō nuntiāverat.
2. Cum servus fidem praestitisset, dominus servum praemiō dōnāvit.

L **Ein Mordprozeß im alten Rom (II)**

Der Verteidiger des Oppianicus kommt vom Prozeß zurück und berichtet vom Verlauf der Verhandlung, bei der er unterlegen ist:

Spei plenus ad forum properaveram. Numquam timueram, ne iudices reos damnarent. Sed cum Cannutius cuncta tela accusationis[1] in Oppianicum iactaret et de hominis vita et moribus narraret, maximas in curas incidi[2]. Ignorabam, quid responderem. Cum Cannutius peroravisset[3], respondere dubitavi. Denique pugnavi, summo studio certavi, ad cuncta remedia confugi[4], ne homines inter se narrarent: „Reo misero patronus defuit." Sed cuncta argumenta[5] accusator[6] mihi ex-torquebat e manibus. Cum rogavissem, quantae inimicitiae Scamandro cum Habito fuissent et essent, „Cum Scamandro", inquit Cannutius, „nullae fuerunt, sed Oppianicus Habito inimicus fuit atque est." Deinde ego: „Nullum fructum Scamander ex Habiti nece habuisset." Cannutius autem, cum verba mea probavisset, explicavit: „Immo[7] uxor Oppianici, Habiti filia, divitias Habiti habuisset."

Tandem iudices docui: „Scamander nihil aliud nisi remedium sibi parare in animo habuit." Statim Cannutius rogavit, cur solus, cur cum pecunia, cur in locum tam obscurum[8] properavisset. Denique senatores in testimonium vocavit: Scamandrum, ut narrabant, non solum cum pecunia, sed etiam cum veneno captaverant. Iudices Oppianicum et Scamandrum damnaverunt.

Ü a) Übersetze: damnaverant, abundaverant, compleveram, dederas, continuerat, fueratis, demonstraveramus, habueram; si tacuisses, cum abstinuissemus, fuissetis, domuisses, praefuisses, restitissent, vigilavissem, si studuissent, adiuvissent.

b) Übersetze folgende Sätze und gib an, welche der beiden Handlungen jeweils die frühere gewesen sein muß: 1. Legio in castra remeaverat; subito Germani castra oppugnaverunt. 2. Legionarii per multos dies pugnaverant; tum otium desideraverunt. 3. Imperator exercitum laudavit; nam copiae impetum diu prohibuerant. 4. Senatores victorem honoribus oneraverunt; imperator Germanos superaverat.

c) Die jeweils vorzeitige Handlung der Satzreihen von b soll in einem Satzgefüge als Gliedsatz ausgedrückt werden. Verwende für den 1. und 2. Satz *quia*, für den 3. und 4. Satz *cum*.

---

1) *accūsātiō, -ōnis* die Anklage 2) *incidī* ich bin geraten 3) *perōrāre* hier: die Rede beenden 4) *cōnfūgī* ich habe meine Zuflucht genommen 5) *argumentum, -ī* das Argument 6) *accūsātor, -ōris* der Ankläger 7) *immō* im Gegenteil 8) *obscūrus, a, um* finster

d) Vergleiche: Iudicem laudarem, si reum damnaret.
Iudicem laudavissem, si reum damnavisset.

Überlege:

1. Lobe ich wirklich bzw. habe ich wirklich gelobt?
2. Was geben die Konjunktive im 1. bzw. 2. Satz an?
3. Wodurch unterscheidet sich der Sinn der beiden Sätze?

e) Setze in den folgenden Sätzen das eingeklammerte Verb jeweils in den entsprechenden Konjunktiv Plusquamperfekt und übersetze:

1. Romani Gallos (timere), nisi imperator copias (monere) et de iniuria Gallorum (docere). 2. Milites oppidum (delere), nisi imperator copias (retinere). 3. Cum legiones oppidum (expugnare), feminae deos deasque imploraverunt. 4. Homines iudicem non (laudare), nisi iustus (esse).

Warum steht im Hauptsatz des 3. Satzgefüges kein Konjunktiv, im Gliedsatz aber der Konjunktiv des Plusquamperfekts?

f) 1. In einem Prozeß versuchen Verteidiger und Ankläger jeweils die Worte des anderen auszunutzen. Wie versucht dies im Lesestück der Ankläger mit den Fragen und Behauptungen des Verteidigers? Warum ist fast jeder Satz ein Satzgefüge? 2. Verwandle die indirekten Fragen in direkte, damit man die Szene spielen kann.

I Recht und Gesetze in Rom

Das erste ‚Gesetzbuch' der Römer waren zwölf schlichte Gesetzestafeln. Auf diesen Tafeln standen die wichtigsten Gesetze. Sie enthielten Bestimmungen für das Strafrecht, das Erbrecht und die Prozeßordnung (d. h. die Ordnung, nach der ein Gerichtsverfahren abläuft). Damit jeder diese Gesetze einsehen konnte, waren die Tafeln auf dem Forum aufgestellt. Jahrhundertelang mußten die Kinder in den römischen Schulen dieses 12-Tafel-Gesetz auswendig lernen.

Es ist klar, daß im Laufe der Zeit viele Gesetze und Verordnungen dazugekommen sind:

- Gesetze, die die Volksversammlung beschloß,
- Gesetze und Gutachten, die der Senat gab,
- Gesetze und Edikte, die die Kaiser erließen.

Das römische Recht ist die Grundlage unseres modernen Rechts. Viele römische Rechtsgrundsätze wurden in unser Recht übernommen, z. B. *in dubiō prō reō*.

Z

Wie sieht rechtes Zusammenleben aus:
HOMO HOMINI DEUS oder HOMO HOMINI LUPUS.
Seneca meint:
HOMO HOMINI RES SACRA ESSE DEBET.
Was besagt der Spruch:
HONORES MUTANT MORES.

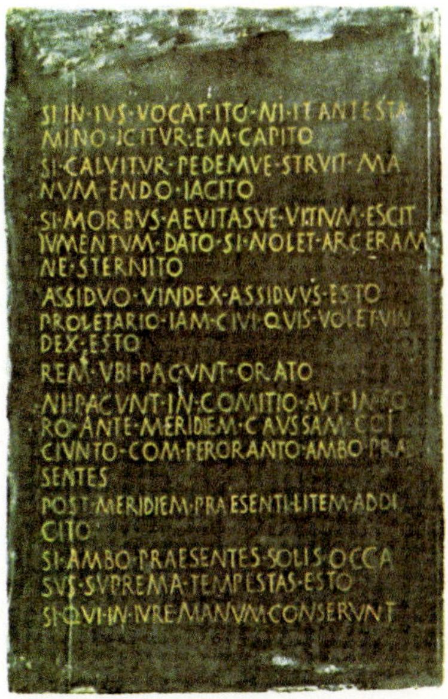

Nachbildung der 1. Tafel des Zwölftafelgesetzes

33

E

1. Sōl sīdus clārum est.
2. Nautae sīdera clāra spectant.
3. Lītus asperum est.
4. Lītora aspera nautae vītant.

L Ein Bündnis wird geschlossen

Zwei Römer, Aulus und Quintus, begegnen sich auf dem Forum:

AULUS: Quid novi[1] sub sole?
QUINTUS: In Capitolium propero, ut duces Quadorum videam.
AULUS: Suntne in Capitolio?
QUINTUS: Rem tibi explicabo:
Germani exercitui nostro ita instabant, ut onere pugnarum valde laboraret. Itaque nostri Quados muneribus sibi conciliaverunt. Heri senatus consilium habuit: De condicionibus foederis disputavit et regi Quadorum foedus et amicitiam dedit. Nunc sacerdotis officium munusque est foedus sacrificio firmare. Properemus! |

(Auf dem Kapitol:) A cunctis lateribus clamor. Tempore meridiano[2] magistratus et Quadi templo Iovis appropinquant. Tum sacerdos condiciones foederis populo nuntiat et orat: „Audi[3], Iuppiter! Audi tu, populus[4] Quadorum! Si populus Romanus foedus violabit, tum tu, Iuppiter, populum Romanum sic necato[5], ut ego hunc porcum[6] hodie neco". Item rex Quadorum orat.
AULUS: Foedera violare summum scelus est. Nam Iuppiter, pater generis humani, custos foederum est.
QUINTUS: (Ex imo[7] pectore:) Romani foedera semper servant.

Z Der Geschichtsschreiber Livius überliefert die beim Vertragsabschluß verwendete Formel (hier handelt es sich allerdings um einen Vertrag mit dem Volk von Alba):

Audi[3], Iuppiter; audi tu, populus[4] Albanus. Ut illa palam prima postrema ex illis tabulis cerave recitata sunt sine dolo malo, illis legibus populus Romanus prior non deficiet. Si prior defexit publico consilio dolo malo, tum tu ille Diespiter populum Romanum sic ferito, ut ego hunc porcum[6] hic hodie feriam; tantoque magis ferito, quanto magis potes pollesque.

illa prīma postrēma jene Vereinbarung von A bis Z – *palam* in der Öffentlichkeit – *illīs* Abl. (auch Dat.) Pl. zu *ille* jener – *cēra, -ae* die Wachstafel – *-ve* oder – *recitāta sunt* sie sind vorgelesen – *prior* zuerst – *dēficiet* (mit Abl.) er, sie, es wird untreu werden – *dēfēxit* er, sie, es ist untreu geworden – *ferītō* du sollst schlagen – *feriam* ich werde schlagen – *tantō ... quantō* desto ... je – *pollēre* vermögen

---

1) *Quid novī?* (Was des Neuen?) Was gibt's Neues? 2) *merīdiānus, a, um* mittäglich 3) *audī!* höre! 4) hier Nominativ als Vokativ 5) *necātō* du sollst töten 6) *hunc porcum* dieses Schwein 7) *īmus, a, um* der tiefste

Ü a) Das Wörterbuch führt die Nomina im Nominativ Singular auf. Wie lautet er bei senibus, sideribus, pectoris, nece, lege, generum, spiritum, sanguinem, onere, siderum, puerum, precum, foedera, foeda, lateri, laude, scelere, muneri, muri, mundi?

b) Füge die eingeklammerten Ausdrücke als Satzglieder ein, gib deren Funktion an und übersetze: 1. Munus (legiones Romanae) erat impetus barbarorum Germanorum et aliorum populorum arcere. 2. Milites (onus) pugnarum in Germania timebant. Nam (onus) pugnarum laborabant. 3. Germani copiis Romanorum (insidiae) parabant; tum Romanos a (latus) oppugnabant. 4. Cum vicos expugnaverant, (multa genera bestiarum) raptabant et (domus) delebant. 5. Romani (tempus antiquum) poenis duris milites (magnum scelus) fugae prohibebant.

c) Zeichne das Satzmodell für den 1. Satz von b.

d) Übersetze und überlege, welche Funktion und Bedeutung der Ablativ jeweils hat: 1. Prima luce in forum properamus. 2. Oppianicus tanta avaritia erat, ut senem necare temptaret. 3. Oppianicus senem veneno necare paravit. 4. Moribus suis cunctos violavit. 5. Senex morbo laboravit. 6. Medici fuit senem aegrum morbo liberare.

e) Überblick: Übersetze die folgenden Sätze und beobachte, wie die Subjektstelle besetzt sein kann: 1. Germani exercitui nostro instabant. 2. Cuncti onere pugnae laboraverunt. 3. Nostri magnis muneribus Quados sibi conciliaverunt. 4. Foedera violare summum scelus est. 5. Ut Romani et Germani amici sint, placeat deis!

f) A cunctis lateribus clamor.

Welches Satzglied ist ausgelassen? Was bewirkt hier die Ellipse?

g) 1. Wie zeigt sich in der Sprache des Lesestücks die Feierlichkeit der priesterlichen Handlung?
2. Welche Vorgänge werden einander gleichgesetzt?

Vertragsabschluß zwischen Römern und Germanen, dargestellt auf der Marc-Aurel-Säule in Rom.
Versuche, die Szene zu beschreiben.

34

E

1. Plīnius mātrem lūmen familiae nōminat.
2. Sīdera lūmina clāra caelī sunt.

L

Im Triumphzug zum Kapitol

In Scharen sind die Römer zum Forum geströmt, um das Ereignis des Tages mitzuerleben: Nach dem Sieg über Britannien wird ein Triumphzug abgehalten.

Unus ex turba: „Agmen appropinquat!“ Iam lictores agmini viam parant. Servi praedam portant: aurum et argentum, non arma, non pecora, ut temporibus antiquis. In magnis tabulis Romani regiones, oppida, flumina Britanniae victae[1] spectant. Brevi nomina adhuc ignota in cunctorum ore sunt. Tum longum captivorum agmen appropinquat; alii flent, alii tacent.

Subito homines gaudio exsultant, quia currum triumphatoris[2] vident; imprimis equi albi multorum admirationem excitant. Undique clamor: „Io triumphe[3]!“ Post currum autem triumphatoris exercitus incedit[4]. Triumphi die militibus licet carmina obscaena[5] in imperatorem cantare. Agmen longum per forum ad Capitolium incedit[4], ubi triumphator[2] Iovi Optimo Maximo taurum album sacrificat; nam Iuppiter rem Romanam servat. Misera autem est condicio ducum captivorum. Neque enim mos est duces victos[1] in iudicium vocare; sed post triumphum imperator ministris imperabit, ut duces sine iudicio necent; populum autem certaminibus et ludis delectabit.

Z

Der Biograph Sueton berichtet über Caesars Triumphzüge:

Confectis bellis quinquies triumphavit. Primum et excellentissimum triumphum egit Gallicum. Gallici triumphi die Velabrum praetervehens paene curru excussus est axe diffracto.

Cōnfectīs bellīs nach Beendigung der Kriege – *quīnquiēs* fünfmal – *excellentissimus* vortrefflichst – *ēgit* er feierte *Vēlābrum praetervehēns* als er am Velabrum vorbeifuhr – *excussus es* er wurde herausgeschleudert – *axe diffrāctō* infolge eines Achsenbruches

Ü

a) Bilde zu den folgenden Substantiven den Nominativ Plural: dux, latus, fructus, foedus, dies, lumen, senex, iudex, os, ora, annus, genus, pecus, vicus, telum. Ordne und vergleiche die Bildungsweisen.

b) Füge die fehlenden Satzglieder ein: 1. (*Im Herbst*) Romani Saturnum deum (*mit höchstem Eifer*) celebrabant. 2. (*In einem langen Zug*) domini et servi per vias properabant. 3. Servi dominos (*mit rauhen Liedern*) increpabant. 4. Servos (*anklagen*) non licuit. 5. Multi (*den heiligen Namen*) dei vocabant.

c) Setze die jeweils passenden Konjunktionen ein (*et – et, non solum – sed etiam, nam, enim, autem, at, itaque*): 1. Interdum Romani Germanos superabant; ... Germa-

---

1) *victus, a, um* besiegt 2) *triumphātor, -ōris* Triumphator, triumphierender Feldherr 3) *Iō triumphe!* Hurra! Triumph! 4) *incēdit* er, sie, es schreitet 5) *obscaenus, a, um* derb

niam non superaverunt. 2. ... vicos delebant ... homines in servitutem raptabant. 3. Postea ... Germani impetum arcebant; ... legionarii in magno periculo erant. 4. Romani Quados sibi conciliare temptaverunt; ... legiones impetum barbarorum non iam prohibebant. 5. Nunc senatores et barbari Capitolio appropinquant; foedus ... firmare parant. 6. Sacerdos deos implorat; ... verba sacerdotis ... religio Romanorum admirationem Germanorum excitant.
Was leisten die eingesetzten Wörter für den Zusammenhang?

d) Forme die Satzreihen von c zu Satzgefügen um, indem du jeweils den ersten Satz zu einem Gliedsatz umgestaltest. Verwende in Satz 1 *quamquam*, in Satz 2 *cum* mit Indikativ, in Satz 3 *quod*, in Satz 4 *quia*, in Satz 5 *si*, in Satz 6 *cum* mit Konjunktiv und gib jeweils das gedankliche Verhältnis der Sätze zueinander an.

e) Stelle Wortfamilien zusammen: fidus - sidus - firmus - mirus - vocare - iudicium - liberare - medicus - inimicus - pecunia - onerare - senex - necare - liberi - certare - admiratio - desiderare - onus - remedium - amicitia - pecus - firmare - iudex - vox - pax - senectus - fides - nex - inimicitiae - certamen - iudicare - pacare.

f) Nenne die lateinischen Wörter, von denen folgende Lehn- und Fremdwörter abgeleitet sind: Charme, Argentinien, Album, Medizin, senil, legal, speziell, Föderalismus, Firmung, Konfirmation, Frucht, temporär, Disput.

g) In den Lesestücken 33 und 34 findet man kaum Hypotaxen, während in 32 fast jeder Satz ein Satzgefüge ist. Läßt sich das jeweils aus dem Text heraus erklären?

h) Woran läßt sich im Lesestück das Triumphgefühl der Sieger ablesen, woran die Ohnmacht der Besiegten?

Triumphzug

Nach einem Sieg über auswärtige Feinde konnte der Senat den siegreichen Feldherrn mit einem Triumph ehren. In der Kaiserzeit wurde diese Ehre nur dem Kaiser zuteil; er triumphierte, wenn seine Feldherren einen Feind niedergerungen hatten, auch wenn er den Kriegsschauplatz nie betreten hatte.

Beim Triumphzug trat der Triumphator in purpurroter Toga auf, den Lorbeerkranz auf dem Haupt und das Adlerszepter in der Hand; das Gesicht war mit Mennige (roter Farbe) bestrichen. Der Triumphwagen wurde von vier Pferden - seit Caesars Triumph von vier Schimmeln - gezogen. In dieser Aufmachung stellte der Triumphator Jupiter dar, dem man ja den Sieg verdankte; mit dem Zug wollte man den höchsten Gott des Staates ehren.

Römischer Kaiser auf dem Triumphwagen

35

E 1. Cum negōtia in forō cūrāverō, domum properābō.
2. Rōmānī barbarīs iūra dedērunt.

L

Ein alter Opferbrauch

Ein Sklave erklärt einem neu angekommenen Mitsklaven:

„Cum pater familiae officia in senatu praestiterit villamque intraverit, diem festum celebrabimus. Nam vere iucundo agros purgare[1] et deis sacrificare mos est. Cum pueri puellaeque simulacra ornaverint, ministri porcum[2] circum agros agitabunt."

Nun ist der Festtag gekommen. Nach dem Umzug beginnt die Opferhandlung.

Iam agmen cum porco[2] arae appropinquat; in capite pecudis infulae[3] albae sunt. Deinde pueri vasa apportant. Pater autem, dum ex vasis Iano Iovique lac et vinum libat[4], magna voce orat: „Mars pater, te oro, ut sis propitius[5] mihi, domui familiaeque nostrae, ut fruges, frumenta vinetaque[6] conserves desque bonam salutem valetudinemque mihi, domui familiaeque nostrae!" Tum ministri pecudem necant; pater autem ossa, cor aliaque exta[7] in ara inflammat.
Inter cenam pater ad suos: „Si dei calamitatem prohibuerint, fruges et frumentum servaverint, familiae nostrae salutem dederint, nobis bene erit. Marti et Cereri gratiam habebimus."

Ü

a) Dekliniere: collum et caput; cor et ōs; lex et ius; vas et vinum.

b) In welcher Verbalform unterscheiden sich Konjunktiv Perfekt und Futur II?
Setze in diese beiden Zeiten: do, probamus, iactant, es, valetis, praestat, implent, secas, debeo, dubitat, caremus, damnatis, studes.

c) Übersetze die beiden Sätze und vergleiche die schräg gedruckten Formen:
- Rogo te, cur deos *implorav-eris.*
- Si deos *implorav-eris*, te servabunt.

Worauf muß man achten, um die Formen richtig zu bestimmen?

d) Erkläre das Zeitverhältnis des jeweiligen Gliedsatzes zum Hauptsatz:
1. Contentus ero, si agmen spectavero (si agmen spectabo).
2. Si atrium intrabitis (si atrium intraveritis), multa vasa videbitis.
3. Preces vestrae deos iuvabunt, si pii fueritis (si pii eritis).
4. Si venti secundi erunt, ad insulas navigabimus.

Warum wäre im 4. Gliedsatz das Futur II nicht sinnvoll?

e) Unterscheide die Tempora und Modi in den folgenden Gliedsätzen: 1. Si venti adversi cessaverint, nautae in Britanniam navigabunt. 2. Explica, cur ventos secundos

---

1) *pūrgāre* reinigen 2) *porcus, -ī* das Schwein 3) *īnfula, -ae* die Binde 4) *lībāre* (durch Ausgießen) opfern 5) *propitius, a, um* gnädig 6) *vīnētum, -ī* der Weingarten 7) *exta, -ōrum* die Eingeweide

exspectaverint! 3. Nautae, cum in Britanniam navigaverint, in regionibus asperis solem desiderabunt. 4. Si dei nautas a periculis aequoris arcuerint, nautae deis gratiam habebunt et sacrificabunt. 5. Eruntne homines grati, si dei calamitatem prohibuerint et beneficia dederint?

f) Übersetze und achte auf die jeweilige Bedeutung des Wortes *caput* : 1. Roma est caput Italiae. 2. Convivae caput cenae exspectant. 3. Res ‚nec caput nec pedes' habet.

g) Welche lateinischen Wörter erkennst du in den folgenden englischen? imagination, local, city, comparison, voice, plenty, poetry, empire, lake, capital; usual, unfortunately; to record, to agitate, to respond, to injure, to realize.

h) Welche drei Bitten bringt der Vater vor? Für wen bittet er jeweils? Wodurch wirkt das Gebet besonders eindringlich? Wie wird das Opfer vollzogen?

I Das Opfer bei den Römern

Unser Text und das obige Bild (Relief von einem Opferaltar in Pompeji) zeigen, wie die Römer geopfert haben. Dazu ist folgendes zu ergänzen:

Meist opferten die Römer Rinder, Schafe und Schweine. Selten brachte man Pferde, Fische und Hunde dar. Wichtig war es, den Göttern männliche Tiere zu schlachten, den Göttinnen weibliche. Natürlich mußte das Tier gesund und fehlerlos sein.

Nur die Eingeweide und die Knochen des Opfertieres wurden auf dem Altar verbrannt. Was aber geschah mit dem guten Fleisch? An das Opfer schloß sich ein Mahl an, bei dem die Priester und die Teilnehmer am Opfer das Fleisch verspeisten. Man fühlte sich dabei in Gemeinschaft mit den Göttern.

Versuche, das obige Bild zu beschreiben und zu erklären.

Z Was meint Seneca mit dem Satz:
MULTUM DABIS, ETIAM SI NIHIL DEDERIS
PRAETER EXEMPLUM. — *praeter* (mit Akk.) außer
Warum kann der Fabeldichter Phaedrus sagen:
HOMO DOCTUS IN SE SEMPER DIVITIAS HABET. — *doctus, a, um* gelehrt

36

E

1. Philosophus hominēs monet et incitat.
2. Hominēs ā philosophō monentur et incitantur.
3. Optāmus, ut cūnctī ā philosophīs moneantur et incitentur.
4. Nam grātum est ā virō bonō monērī et incitārī.

L

Ein Philosoph erzählt

Oft und gern unterhielten sie die vornehmen Römer im Freundeskreis. Mitunter luden sie dazu gelehrte Männer, Dichter und Philosophen ein. An einem solchen Gespräch nehmen wir nun teil.

Post cenam multa narrantur. Subito philosophus: „Iuvat me vos fabula docere." Statim ceteri convivae magna voce clamant: „Narra fabulam, philosophe! Nobis enim placet a philosophis doceri vel moneri."

Philosophus: „Sermone meo, ut est opinio mea, delectamini. Auscultate[1]! Arbor ad imbrem ait: Potentia tua ubique celebratur. Non solum nos arbores per te vigemus, sed etiam bestiis ad vitam necessarius es. Iure te laudamus: Nulla vita sine imbre. Tu es dominus vitae.

Neque tamen verba arboris imbri placent: Erras! Non sum dominus vitae. Mano enim e nubilis[2]: Agitor, non agito.

Deinde arbor ad nubila: Vos imbrem agitatis; imbre autem arbores vigent. Vos igitur domini mundi estis.

Nubila respondent: Immo vero[3], nos vento paremus: Agitamur, non agitamus.

Tum arbor ad ventum: Tu, vente, vitam das, quia nubila et imbrem agitas, ipse[4] non agitaris. Tu igitur dominus mundi es.

Ventus autem: Ego quoque agitor. Deus solus non agitatur, sed sua voluntate cuncta agitat. Itaque deus dominus mundi est."

Tum cuncti plaudunt[5] optantque, ut sermonibus philosophi saepe delectentur et voluptate impleantur.

1) *auscultāre* zuhören
2) *nūbila, -ōrum* die Wolken
3) *immō vērō* im Gegenteil
4) *ipse* selbst
5) *plaudunt* sie klatschen Beifall

Philosophen bei einem wissenschaftlichen Gespräch. Mosaik in Neapel.

Z Cicero rühmt die Philosophie:

O vitae philosophia dux, o virtutis indagatrix! Quid non solum nos, sed omnino vita hominum sine te esse potuisset? Tu urbes peperisti, tu dissipatos homines in societatem vitae convocasti (= convocavisti), tu inventrix legum, tu magistra morum fuisti.

indagātrīx Entdeckerin
omnīnō überhaupt

peperistī du hast hervorgebracht - *dissipātus* zerstreut - *societās, -ātis* Gemeinschaft - *inventrīx* Erfinderin - *magistra* zu *magister*

I Was ist das: Philosophie?

Philosophie, zu deutsch ‚Liebe zur Weisheit', ist ein griechisches Wort; die Griechen hatten nämlich mit dem Philosophieren begonnen. Sie begnügten sich nicht mehr mit dem, was die alten Sagen über die Entstehung der Welt zu berichten wußten; mit Hilfe der Vernunft sollten Ursprung und Wesen der Welt ergründet werden. Auch die Frage, wie die Menschen leben sollen, wollten die Griechen wissenschaftlich genau beantworten.

Als die Römer mit der griechischen Kultur in Berührung kamen, erkannten sie allmählich die Wichtigkeit solcher Fragen. Deshalb begaben sich viele Römer zum Studium der Philosophie nach Griechenland. Viele griechische Philosophen lehrten allerdings auch in Rom.

Ü a) Bilde das Passiv von: cogitare, inflammant, prohibes, firmamus, exercere, implet, teneo, nominet, ne timeamus, ut contineant, ut adiuves, ne retineatis.

b) Vergleiche: *vocabit* er wird rufen (Futur Aktiv)
vocatur er wird gerufen (Präsens Passiv)

Bestimme und übersetze: mutabo, violor, vitabunt, vitantur, terremini, incitaris, terrebitis, iudicabis, iudicaris, administrabit, domatur, donabit.

c) Verwandle folgende Sätze ins Passiv: 1. Deus mundum sapientia administrat. 2. Deus facta hominum iudicat. 3. Diebus festis deum imploramus. 4. Consilia mea probas. 5. Verba tua me incitant. 6. Multi te, domine, timent. 7. Utinam amicos bonos amemus, falsos vitemus! 8. Magister iure te monet, ut officia bene compleas.

Zeichne für die Sätze 2 und 3 je ein Satzmodell. Achte darauf, welche Funktionen die einzelnen Wörter übernehmen, wenn ein Satz ins Passiv gesetzt wird.

d) Setze die eingeklammerten Verben als Prädikate ins Passiv: 1. Verbis philosophorum homines interdum (incitare). 2. Philosophi a multis hominibus (amare). 3. Non cunctis hominibus placet a philosophis (monere). 4. Homo integer vix timore (perturbare). 5. Nemo sine laboribus (educare). 6. Vide, ut ab hominibus bonis (amare et monere). 7. Curemus, ut homines a factis malis (arcere).

e) Im Lesestück finden sich die Wörter *autem, igitur, itaque, tum, nam, enim, deinde, quoque, sed* (Vgl. G 34 b). Was leisten sie? Inwiefern erleichtern sie das Textverständnis?

f) Woran meint der Baum im Lesestück zu erkennen, wer der Herr der Welt ist? Warum lehnen Regen, Wolken und Wind die Ansichten des Baumes ab? Versuche, lateinisch zu antworten.

37

E 1. Aetāte antīquā Rōmānī mōribus bonīs ab iniūriā prohibēbantur.
2. Nisi lēgēs essent, hominēs necārentur et oppida dēlērentur.
3. Litterīs animus fōrmābitur et exercēbitur.
4. Ab amīcō vērō nōn sōlum laudāberis, sed etiam monēberis.

L

Bei einem Neureichen zu Gast

Ein Römer berichtet von seinen Eindrücken bei den häufigen Gelagen eines reichen Freigelassenen namens Trimalchio:

Quam pulchrum est ab amicis ad cenam vocari! Proximo anno a Trimalchione, viro amplissimo[1], nonnumquam ad cenam vocabar. Luxuria autem et divitiis eius[2] semper perturbabamur, quin etiam terrebamur.

Cum triclinium[3] intraveramus, a servis Graecis manus nostrae lavabantur pedesque summa diligentia curabantur; ac servi in hoc[4] tam molesto officio non tacebant, sed cantabant.

Sed quanta superbia Trimalchio sit, nunc demonstrabitur. Iam servi cibos apportaverant. Trimalchio autem aberat; a cunctis exspectabatur et desiderabatur. Domino primus locus servabatur. Nos interea gustatione[5] delectabamur. Subito Trimalchio velut rex cum comitibus triclinium[3] intravit. Statim signum dedit, ut gustatio[5] a pueris asportaretur[6] aliique cibi praeberentur. Cum autem apparatu et magna copia ciborum admiratio nostra valde excitaretur, Trimalchio: „Malus", inquit, „amicus essem, nisi vos in domo mea cibo modesto[7] firmaremini."

Postea, cum vino fessi domum remeare pararemus, ait: „Paucis diebus iterum ad convivium vocabimini."

Z Und wie abergläubisch Trimalchio war! Der Schriftsteller Petron (ca. 60 n. Chr.) schreibt:

Cum conaremur in triclinium[3] intrare,
ex-clamavit unus ex pueris, qui super
hoc[4] officium erat positus:
„Dextro pede!"
Sine dubio paulum trepidavimus,
ne contra praeceptum aliquis limen transiret.

cum cōnārēmur als wir versuchten
quī welcher
super (mit Akk.) ... *erat positus* er war gesetzt über ...
trepidāre in Unruhe sein
aliquis jemand – *līmen* n. die Schwelle – *trānsīret* Konj. Impf. zu *trānsīre* überschreiten

Ü a) Bestimme und übersetze: lavaris, laveris (3), lavaberis, lavabitis, lavabatis; sustinebuntur, sustinebantur, sustinentur, sustineri; accusare, accusari, accusavi; arcerer, arceres, arces; firmarer, firmaremur, firmabamur; coerceri, coercui, coerceris, coercereris.

b) Setze ins Passiv und gib die Bedeutungen an: monebas, liberabant, complebat, onerabam, repudiabamus, ridebatis, perturbabant, timebatis, prohiberem, appellaremus, conciliares, coercerent, levaret, iudicares, torquerent, damnaretis, formabant.

---

1) *ampl-issimus* Steigerungsform zu *amplus*; übersetze: höchst ... 2) *eius* (Gen.) dessen
3) *triclīnium, -ī* das Speisezimmer 4) *hōc* Abl. Neutr. Sg., *hŏc* Akk. Neutr. Sg. zu *hic* dieser
5) *gustātiō, -ōnis* die Vorspeise 6) *asportāre* wegtragen 7) *modestus, a, um* bescheiden

c) Bilde Reihen durch alle Tempora und Modi des Präsensstammes:

1. Fabula narratur et delectat. 2. Admoneris et pares. 3. Exercentur et educantur.

d) Verwandle folgende Sätze ins Passiv: 1. Manus militum oppida pulchra expugnabant et feminas raptabant. 2. Homo avarus tibi beneficia non dabit. 3. Curae homines avaros torquebunt.

Was muß sich durch die Umwandlung ins Passiv jeweils ändern?

e) Welche Sätze aus dem Lesestück lassen sich ins Aktiv verwandeln? Warum ist eine solche Umwandlung nicht bei allen Sätzen möglich?

f) Welche Bedeutungen des Ablativs findet man im Lesestück? Warum steht vor manchem Ablativ die Präposition *ab*?

g) Welche Aufgaben haben die Sklaven beim Gastmahl des Trimalchio? Woran kann man die Überheblichkeit des Gastgebers erkennen? Antworte lateinisch.

Vom Essen und Trinken

Die Römer frühstückten zweimal: Morgens nahm man etwas Brot und Wein zu sich, um die Mittagszeit gab es meistens kalte Kost vom Vortag. Die Hauptmahlzeit aber lag am späten Nachmittag; sie konnte sich lange hinziehen.
Die Masse der Bevölkerung lebte von Brot, von Polenta (damals ein Mehlbrei mit Öl), von Kohl, Erbsen, Linsen, Rüben, Lauch, Zwiebeln, Obst, Käse, Quark und Eiern. Fleisch fehlte meistens auf dem Tisch der Leute; es war zu teuer.
Erlesene Gerichte gab es bei einem Gastmahl vermögender Römer. Als Delikatessen galten Vögel, Pfauen, Fasane, köstlich zubereitete Fische, jegliche Art von Wild, Lamm- und Hammelfleisch. Auch Schweinefleisch, Tauben und Hühner waren sehr beliebt. Dazu trank man ausgiebig.

Was reichen Römern serviert wurde, haben einige Schriftsteller überliefert.

Der Dichter Martial erwähnt:	*Juvenal gibt an:*	*Bei Plinius gibt es:*
Schnittlauch	Hammelbraten	Salate
Kopfsalat	Bergspargel	Weinbergschnecken
gewürzte Sardellen	große Eier	Eier
Schweineeuter, Schinken	Hennen	Oliven
Schaffleisch, Huhn	Weintrauben	Zwiebeln, Gurken
süßes Obst, Wein	Birnen, Äpfel	honigsüßen Wein

Trinkgefäß aus Silber

Obst und Wein. Römisches Wandgemälde

38

E 1. Multae nūbēs in caelō sunt.
2. Itaque magnus numerus nāvium portuī appropinquat.

L

Eine Seeschlacht mitten in Rom

Ein Städter schlägt seinem Gast aus der Provinz vor:

- Properemus ad naumachiam[1] et videamus naves pugnare!
- Estne bellum?
- Non est. Ludos spectabimus: Naves classis Siculae et Rhodiae - gladiatorum[2] plenae - inter se certabunt.
- Ubi nam naves pugnabunt?
- In naumachia[1]. Res se ita habet: Quondam imperator Augustus populum ludis delectare studuit. Itaque imperavit, ut servi prope amnem Tiberim[3] in valle parva solum cavarent[4] et magnum numerum sedum collocarent. Huic[5] lacui nomen est ‚naumachia'.
- Non mirum, si multi cives ad amnem properant.

In der Naumachie erwartet man ungeduldig den Kaiser.

Tandem imperator nave praeclara appropinquat magnusque numerus navium imperatorem comitat[6]. | Primo imperator multitudini res varias donat: vestem, aurum, argentum; tum ex sede sua signum pugnae dat. Statim naves Siculae Rhodias oppugnant. Milites summo studio in navibus laborant; ferro et igne pugnatur. Quamquam gladiatores[2] Rhodii impetum Siculorum arcere temptant, navis eorum[7] expugnatur. Animi iuvenum adeo incitantur, ut magna voce clament: „Necate hostes, inflammate naves!" Tantus est clamor, ut aures doleant. Postremo classis Rhodia Siculos non sustinet: Rhodiorum clades apparet.

Ü

a) Setze folgende Substantive in den Nominativ und Genitiv Plural: mos, pes, rex, sidus, casus, campus, civis, canis, nubes, sacerdos, comes, vallis, ordo, nauta.
Welche englischen Wörter kannst du auf diese Substantive zurückführen?

b) Bestimme: sedes (4), sedi, sede (2); cladem, clamem, canem; valli, valle, vale, valles, vales, voles; aure, auro, auri (2), aurium, aurum; iuvenis, iudicis, iudiciis.

c) Füge die eingeklammerten Wörter als Satzglieder ein und übersetze: 1. In portu multitudinem (naves longae) spectamus. 2. Vere (amnis latus) saepe abundant. 3. Consul animos (cives miseri) placavit. 4. Multi homines ex (sedes suae) emigraverunt, quia inopiam rerum non sustinuerunt. 5. Bella magno numero (iuvenes et cives) pericula, clades, calamitates creant. 6. Animi mulierum (vestis pulchra) delectantur.

---

1) *naumáchia, -ae* die Seeschlacht; künstlich angelegter See 2) *gladiātor, -ōris* der Gladiator 3) *Tiberis* (Akk.: *Tiberim*) der Tiber 4) *cavāre* aushöhlen 5) *huic* (Dat.) diesem 6) *comitāre* begleiten 7) *eōrum* von diesen, deren

d) Welche Informationen liefern die Verbformen in den folgenden Sätzen: Tecum in Graeciam navigabo. Navigemus proxima aestate! Tecum navigare mihi placet.

e) *laudamini* ist 2. Person Plural Indikativ Präsens Passiv.

Bestimme ebenso: exsultabo, vigebant, praebebitur, ais, disputaretis, damnavisti, iactaveram, comparaverit, perterruissemus, dubitaverat, pulsabatur, steterant, apparebit.

f) Vergleiche: voco, advoco. Erkläre: adiuvare, administrare, adhibere, admonere.

Oft ist ein Konsonant an den folgenden angeglichen (Assimilation). Woraus ist also *apporto* entstanden? Erkläre: appropinquare, apparatus, accusare (*zu* causa). Suche im Lesestück weitere Beispiele für die Assimilation.

g) 1. Woran ist im Lesestück die Vorrangstellung des Kaisers erkennbar? Wodurch versucht er, die Menge sich günstig zu stimmen? 2. Wie beurteilst du solche ‚Spiele'?

I Naumachia

Die Leidenschaft der Römer für Spiele ging so weit, daß man sogar Seeschlachten (Naumachien) nachgestaltete. Auf einem künstlich angelegten See in Rom (ganz in der Nähe des Tibers) fanden die Kämpfe statt. Die Kämpfer waren meist Gladiatoren oder zum Tod Verurteilte, die wirklich miteinander fochten; natürlich gab es dabei Verwundete und Tote, wie bei anderen Gladiatorenspielen auch. Besonders die Kaiser versuchten mit solchen Spielen die Gunst des Volkes zu gewinnen. Über welche technischen Möglichkeiten man bereits verfügte, zeigt die Tatsache, daß Kaiser Domitian (81–96 n. Chr.) zum Zwecke einer Naumachie die Arena des Colosseums unter Wasser setzen ließ.

Z Erkläre das Sprichwort: DOLOR VOLUPTATIS COMES.

Vergleiche damit den folgenden Vers des Dichters Horaz:
ẸST MODUS ỊN REBỤS, SUNT CẸRTI DẸNIQUE FỊNES.

An die Vergänglichkeit des Ruhms erinnern die bekannten Worte:
SIC TRANSIT GLORIA MUNDI.

trānsit er, sie, es vergeht

Naumachia.
Ausschnitt aus einem
Stadtplan von Rom.

39

E

1. Cohortēs nostrae arcem mūrō circumdedērunt. Nocte mīlitēs cohortium quiētī sē dedērunt.
2. Elephantus animal est. Elephantus et camēlus animālia sunt. Multa sunt genera animālium. In marī quoque animālia sunt.

L

Keine Stadt liegt so günstig wie Rom

Summa arte et diligentia Romulus urbi Romae locum delegit[1]: Urbem non ad mare aedificavit. Urbibus enim maritimis non solum multa pericula instant, sed etiam caeca. Nam terra adventus hostium multis modis antea nuntiat; neque potest hostis advolare terra, quin[2] videamus, quis et unde sit. Maritimus autem hostis adesse potest, priusquam adventum suspicari[3] possimus; nec vero, cum hostis mari advolat, apparet, aut quis sit aut unde advolet aut quid in animo habeat.

Est autem maritimis urbibus etiam mutatio[4] morum; im-portantur non merces[5] solum, sed etiam mores. Ceterum cives urbium maritimarum non haerent in suis sedibus, sed per maria vasta navigant. | Cupiditate commercii[6] agrorum et armorum cultum repudiant. Sors urbis Corinthi magnum exemplum est: Quia vires deerant, vim Romanorum non sustinuit; vi et armis legiones nostrae urbem expugnaverunt.

Etiam natura loci opportuna est: Ex cunctis partibus montes alti sunt; locumque delegit[1] Romulus fontium plenum, ne cives siti laborarent.

Postea reges urbem moenibus et turribus circumdederunt; moenium reliquias adhuc spectamus. Regi Anco autem pontem in Tiberi aedificare placuit. Itaque apparet, cur Romani Romam arcem gentium nominaverint.

Ü

a) Setze die eingeklammerten Adjektive in die passende Form: in monte (sacer), magnus numerus pontium (antiquus), multitudo cohortium (firmus), (summus) vi, sitim (molestus), sorte (humanus), e turri (altus), aqua fontium (clarus), dente (albus).

b) Setze die eingeklammerten Wörter als Satzglieder ein: 1. Roma caput (cunctae urbes) erat. 2. Cicero, orator clarus Romanorum, (urbs Roma) lumen (cunctae gentes) et arcem (cunctae nationes) nominat. 3. In Capitolio, (arx urbis Romae), templum summi dei erat. 4. Quamquam Romani (multae artes) exercebant, tamen Graeci magistri (artes bonae) erant. Romanos (artes et litterae) docuerunt. 5. Vis (vis) excitat.

c) Verwende statt *aequor* das Wort *mare*, statt *copia* und *impetus* das Wort *vis*:

1. Aequora vasta hominibus pericula parant. 2. Naves magno impetu ventorum molestorum in aequore iactabantur. 3. Regibus Asiae magna copia auri erat.

d) Forme die folgenden Sätze so um, daß aus Gliedsätzen Satzglieder werden: 1. Non videmus, quot cives adsint *(die Zahl der Bürger)*. 2. Ignoramus, unde hospites sint *(die Heimat der Gäste)*. 3. Nobis ignotum est, ubi hospites habitent *(das Haus der*

---

1) *dēlēgit* er hat ausgewählt 2) *quīn* (m. Konj.) ohne daß 3) *suspicārī* vermuten 4) *mūtātiō, -ōnis* die Änderung 5) *merx, mercis* die Ware 6) *commercium, -ī* der Handel

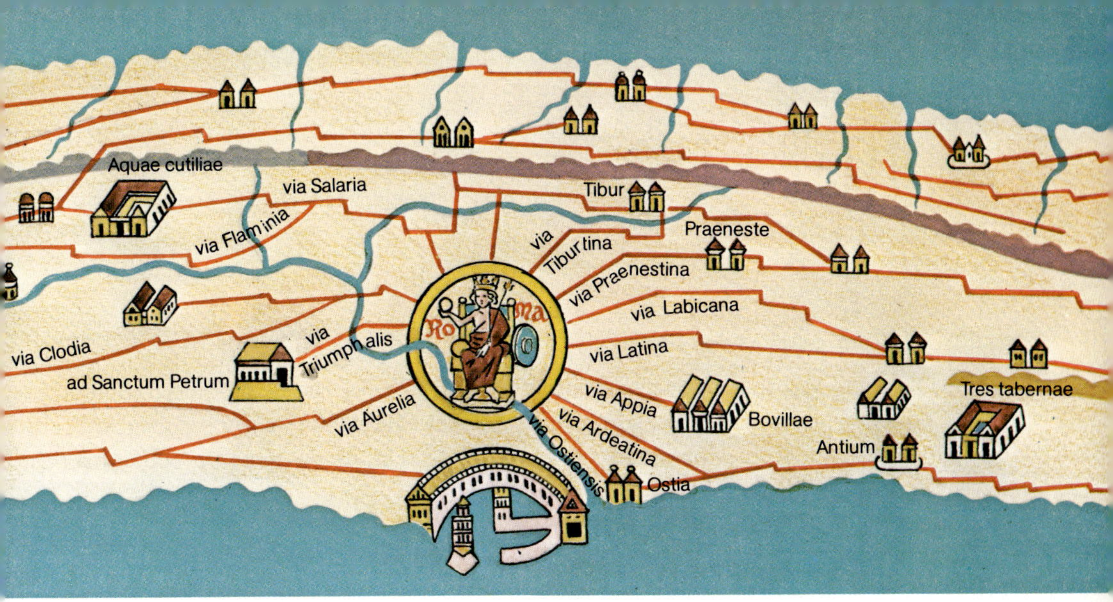

Die Umgebung Roms nach einer römischen Straßenkarte aus dem 4. Jh. n. Chr.

Gäste). 4. Incertum est, quid cives in animo habeant *(der Plan der Bürger)*. 5. Explica, cur Romani Romam arcem gentium nominaverint *(den Namen Roms)*. 6. Hostes impetum Romanorum timuerunt, quia naves deerant *(wegen des Mangels an Schiffen)*.

Gib jeweils die Funktion der Gliedsätze an.

e) Bestimme: viri, vires, viris, viros, virum, virium, virorum; sitis (2), sitim, sim, siti.

f) 1. Wie ist das Lesestück gegliedert? Nenne die Gründe für die günstige Lage Roms.
2. Welche Adverbialien finden sich im Lesestück? Ordne sie nach ihrer Bedeutung.

I In Lion Feuchtwangers Roman ‚Der jüdische Krieg' – der Krieg fand 66–70 n. Chr. statt – belehrt ein römischer Senator einen Fremden über das Leben in Rom.

„Ohne Übertreibung darf ich behaupten: wer das goldene Rom nicht kennt, kann nicht sagen, daß er wahrhaft gelebt hat. Sie hören hier hundert Sprachen. Sie können hier die Besonderheiten aller Völker studieren. Wir haben hier mehr Griechen als Athen, mehr Afrikaner als Karthago. Sie können hier auch ohne Weltreise alle Produkte der Welt antreffen. Was wünschen Sie, mein Herr, spanische Wolle, chinesische Seide, Alpenkäse, arabische Parfüms, medizinische Drogen aus dem Sudan? Oder wünschen Sie die neuesten Nachrichten? Man ist auf dem Forum und auf dem Marsfeld genau informiert, wenn in Oberägypten die Getreidekurse sinken, wenn ein General am Rhein eine törichte Rede hielt, wenn unser Gesandter am Hof des Partherkönigs durch zu lautes Niesen unangenehmes Aufsehen erregte. Kein Gelehrter kann arbeiten ohne unsere Bibliotheken. Wir haben so viele Statuen wie Einwohner."

Z **Ridere licet:**

RUFUS: Canis tuus per totas noctes latrat.
NASO: Non est causa, cur de ea re labores.
Die quieti se dat.

lātrāre bellen – *labōrāre dē* sich graue Haare wachsen lassen wegen – *eā* (Abl.) diese

40

E
1. Neāpolis urbs célebris erat.
2. Célebre erat forum.
3. In urbe Neāpolī Vergilius, poēta céleber, litterīs studuit.

L **Auf dem Marsfeld**

Ein Römer erklärt einem Fremden:

„Campus Martius, locus celeber urbis, ante oculos est. Hic temporibus antiquis duces magnam partem copiarum pedestrium et equestrium in armis exercebant. Nunc iuvenes huc[1] properant, ut inter se certent. Brevi tempore certamina equestria videbimus.“
Iam equi acres et celeres advolant. Magna turba hominum campum clamore implet; nam omnes equites incitare student. Mirabile est, quanto studio equites de victoria certent. Imprimis equus niger omnium admirationem excitat, quia singulari impetu ceteros praeterire[2] temptat. | Subito iuvenis fortis de equo praecipitat. Pauci familiares clamant: „Dolo turpi superatur.“ At eques incolumis, quamquam tristis est: „Voluntate deorum“, inquit, „alius victoriam habet. Profecto facile non est victoriam reportare[3].“

Der Römer setzt seine Erklärung fort:

„Prope campum sunt porticus longae, theatra ampla, templa celebria, amphitheatrum magnum. Etiam monumenta virorum nobilium fortiumque hic sunt; insigne est monumentum Augusti. Non mirum, si Martialis poeta voluptates mortalium ita enumerat[4]: campus, porticus, umbra[5], Virgo[6], thermae.“

Ü

a) Stelle die Adjektive als Attribute zum jeweiligen Substantiv und dekliniere: vir (bonus et integer), ira (malus et acer), templum (sacer et celeber), porticus (mirabilis et singularis).

b) Vervollständige die Attribute und übersetze: 1. Equites acr_ bestiam celer_ captaverunt. 2. Viri animo laet_ praedam in vicum celebr_ portaverunt. 3. Magn_ copiam equorum acr_ viri habuerunt.

c) Vergleiche die unterschiedliche Ausdrucksweise:

copiae pedestres — die Landstreitkräfte (eigtl.: die Truppen zu Fuß)

Überlege eine passende Übertragung folgender Ausdrücke: statua equestris, pugna pedestris, ordo equester, exercitus pedester, familia equestris.

d) Überlege, welche Funktion die Adjektive in den folgenden Sätzen übernehmen, und füge sie dann entsprechend ein: 1. Neapolis urbs (celeber) erat. Ibi monumentum (insignis) Vergilii, poetae (celeber) Romanorum, erat. 2. Etiam fora (celeber) et artificia (mirabilis) in urbe erant. 3. Olim Romani multas regiones impetu (celer)

---

1) *hūc* hierher 2) *praeterīre* überholen 3) *reportāre* zurücktragen, erringen 4) *ēnumerāre* aufzählen 5) *umbra, -ae* der Schatten 6) *Virgō*, gemeint ist die *Aqua Virgō*, eine Wasserleitung in Rom.

expugnaverunt et pugnis (acer) copias (pedester et equester) hostium (fortis) superaverunt. 4. (Omnis) bellum periculorum (tristis) plenum est. 5. Bellum excitare (facilis) est, pacem renovare non est (facilis).

Für *celeber* gibt es mehrere Bedeutungen im Deutschen. Versuche, diese zu erklären, und überlege, welche Bedeutungen in den Sätzen 1 und 2 am besten passen.

e) Welchen lateinischen Ursprung erkennst du in den folgenden deutschen (bzw. englischen) Wörtern?

Artist, Omnibus, Advent, Ventilator, Album, Agitation, Signal, Kapitel (chapter), Apparat (apparatus), Partei (party), Finale (final), Weste (vest), Klasse (class), Brief (brevity), Neger (negro), Frucht (fruit), Varieté (variety), opportun (opportune), singulär (singular), familiär (familiar), nobel (noble), luxuriös (luxurious).

Warum wohl werden für die ersten sieben Wörter keine englischen Wörter angeführt?

f) Suche im Lesestück Beispiele für verschiedene Arten des Attributs.

g) Das Marsfeld diente verschiedenen Zwecken. Nenne sie mit Sätzen aus dem Lesestück. Beschreibe auch die prächtige Umgebung des Ortes. Warum kannst du dafür den Mittelteil des Lesestücks nicht verwenden?

I Das Marsfeld ist, wie der Name sagt, dem Gott Mars geweiht, der den Feldern Ertrag und den Kriegern den Sieg gibt. Jahrhundertelang blieb das Marsfeld unbebaut und diente sportlichen und militärischen Übungen. Erst unter Caesar und Augustus begann man mit der Bebauung der Fläche. Der griechische Geograph Strabon schildert das Marsfeld zur Zeit des Kaisers Augustus so:

„Die Größe des Marsfeldes ist erstaunlich und erlaubt Wagenrennen und anderen Pferdesport, ohne daß dadurch die große Zahl der mit Ball und Ring Spielenden und der Ringer gestört wird ... Von allen Gebäuden am bedeutendsten ist das sogenannte Mausoleum ... Oben befindet sich ein Erzstandbild des Kaisers Augustus, im Innern sind die Gräber von ihm und von seinen Angehörigen.“

Z Von Horaz stammen die Worte:
NỊL SINE MẠGNO VỊTA LABỌRE DEDỊT MORTẠLIBUS. *nīl = nihil*

Was meint Horaz, wenn er sagt:
NIHIL ẸST AB ỌMNI PẠRTE BEẠTUM.

Ein römisches Sprichwort:
FORTES FORTUNA ADIUVAT.

Kaiser Augustus. Münzbild.

41

E 1. Concordia salūtī commūnī ūtilis est.
2. Multa sunt cīvibus inter sē commūnia.
3. Senātōrēs patrēs appellābantur; nam senātōrum erat salūtī reī pūblicae studēre.
4. Multī senātōrēs trīstēs scelera Nerōnis vidēbant.

L Ein Kaiser als Brandstifter

Eine verheerende Brandkatastrophe hat weite Teile der Stadt Rom in Schutt und Asche gelegt. Überall rätselt man über die Ursache des Brandes.

SENEX: O di immortales, magna est vestra vis. Gravi calamitate Romam, caput orbis terrarum, exercuistis. Et insulae turpes et domus nobilium deflagraverunt[1]. Quid tali calamitati simile est?

IUVENIS: Dei immortales auctores incendii non sunt.

SENEX: Quid ais?

IUVENIS: Fama in omnium ore est: Non voluntate immortalium, sed Neronis iussu incendium tam grave ortum[2] est.

SENEX: Qualem imperatorem dei nobis dederunt!

MENDICUS[3]: St! Ubique delatores[4]!

Nach längerem Schweigen:

SENEX: Estne causa, cur princeps urbem inflammaverit?

IUVENIS: Iam diu Nero optabat, ut urbem aedificiis singularibus ornaret; sed insulae et tabernae humiles obstabant. Itaque incendium consilio principis utile erat. Ac nonnulli narrant, quanto studio inter urbis cladem de incendio Troiae cantaverit. Laetus, ut multi narrant, ignem gravem spectavit.

SENEX: Quantus est Neronis furor! Artibus studet, non saluti communi; rerum civilium et rei militaris inscius est. Neronem principem malum nomino. Dei deleant principem levem, principem crudelem!

Ü

a) Ergänze und übersetze: 1. Omn_ civium est pacem firmare. Nam omn_ bell_ sunt crudel_ et grav_. 2. Interdum homines lev_ bella turp_ excitaverunt. 3. Videamus, ut viri grav_ et fort_ rem publicam administrent. 4. Res advers_ et res secund_ omni aetati commun_ sunt.

b) Gib das Gegenteil an zu *gravis, mortalis, tristis, brevis, fortis, humilis, magnus, multi.*

c) Vergleiche: *nobilis* adelig, vornehm – *nobili-tas* der Adel, die Vornehmheit

1. Was bezeichnet das Suffix *-tas*? (Vgl. G 29a)
2. Bilde dementsprechend Substantive zu *utilis, familiaris, gravis, levis, brevis, qualis, mortalis, immortalis.* Gib Bedeutungen dieser Substantive an.

d) Übersetze und stelle jeweils fest, wie das Prädikat gebildet ist: 1. In civitate Romana fortium et nobilium erat salutem omnium curare. 2. Nonnulli virtute singulari officia civilia et communia impleverunt. 3. Magistratus saepe et viri graves et pii erant. Vitam

---

1) *dēflagrāre* in Flammen untergehen 2) *ortus, a, um* entstanden 3) *mendīcus, -ī* der Bettler
4) *dēlātor, -ōris* der Spitzel

turpem vitabant. 4. Consules in rebus civilibus et militaribus magna auctoritate erant. 5. Facta mirabilia consulum in ore omnium erant. 6. Nonnulli sibi gloriam immortalem paraverunt. 7. Laus poetarum Romanorum carminibus insignibus immortalis est. Nam multa carmina artificia singularia sunt. 8. Multi homines inter se forma vel moribus similes sunt. 9. Mihi cum altero consule amicitia est.

e) Welche Funktionen erfüllen die Adjektive in den Sätzen 1 und 2 von Üd?

f) Übersetze die folgenden Sentenzen: 1. Qualis dominus (est), talis servus (est). 2. Qualis rex, talis grex (*grex, gregis* die Herde). 3. Qualis pater, talis filius. 4. Qualis vir, talis oratio. 5. Aus dem Mittelalter stammt folgender Spruch: Qualis vita, finis ita. Warum erscheint hier *ita* statt *talis*?

g) Wodurch kommt die Erregung der Bürger im Lesestück zum Ausdruck? Wie muß man es vorlesen? Durch welche sprachlichen Mittel drückt der alte Mann im letzten Abschnitt seine Empörung aus?

I Feuerwehr in Rom

Welch verheerende Folgen schon kleinere Brände haben konnten, kann man sich leicht vorstellen, wenn man an die engen Gassen römischer Städte denkt.

Schon in früher Zeit hatten die Konsuln die Pflicht, bei größeren Bränden an der Brandstätte zu erscheinen; damit war aber wenig gedient. Daher nahm sich Kaiser Augustus der Sache an: Er stellte sieben Feuerwehrmannschaften auf, jede 1000 Mann stark. Die sieben Stationen waren Tag und Nacht besetzt. An der Spitze der sieben Mannschaften stand der *praefectus vigilum*. Reiche Leute leisteten sich eine Privatfeuerwehr, die aus Sklaven gebildet war. Auch in jeder Provinzstadt gab es eine Feuerwehr, das *collēgium fabrōrum*.

Z **Ridere licet:**

Gemini fratres tam similes erant quam ovum ovo. Cum alter mortuus esset, amicus vivo obviam iit et: „Tune“, inquit, „mortuus es an frater tuus?“

ōvum, -ī das Ei
vīvus lebend
obviam iit er begegnete – *an* oder

Nero. Münzbild. Vergleiche dieses Porträt mit dem Münzbild des Kaisers Augustus (S. 89).

42

E 1. Imperātor Nerō potēns erat. Etiam cohors praetōria[1] potēns erat. Potēns erat imperium Rōmānum.
2. Vīnum vetus bonum est. Vīnō vetere dēlectāmur; itaque vīna vetera amāmus.
3. Puer flet, quod ā viā ab-errāvit. Puer flēns mercātōrem rogat.

L **Ein Erdbeben richtet in Pompeji Zerstörungen an**

Decimus Publio salutem[2].

Iure vir sapiens nos monet: Quia omnes fati lege tenemur, neque potentes neque prudentes sortem suam vitare possunt. Motu terrae Pompeii, municipium Campaniae celebre et felix, magna ex parte corruerunt[3].

Post meridiem vehemens tremor[4] terrae nos terruit. Statim homines ex domibus properant et cursu celeri per vicos errant. | Ubique liberi clamantes, mulieres flentes, viri errantes; omnes periculum instans vitare student. Multi deos implorant, pauci - de salute desperantes - perniciem exspectant.

Iterum ingens tremor[4] nos perterruit. Cum viro constanti et audaci per vicos properavi, ut dubitantes monerem: „Servate vos ex periculo instanti!“ Postremo senem flentem ex urbe duxi[5]. Tandem plerique cives extra moenia sunt.

Nocte autem tremor[4] vehemens omnes perturbavit: Domus divitum, insulae pauperum, templa vetera motu terrae corruerunt[3]. Statim ingens clamor hominum desperantium totam regionem complevit. Prima luce in urbem iacentem intravimus. Tantae calamitatis semper memor ero. Vale!

Ü

a) Füge zu den Substantiven jeweils das passende Adjektiv: liberi (Nom. Pl.), bella, sine militibus, cum philosopho, regi, vento, clamore, numerus mercatorum; ingens, audax, constans, felix, potens, prudens, sapiens, vehemens.

b) Setze die Adjektive *dives, vetus, pauper* als Satzglieder ein: 1. Romani ... multos agros habebant. 2. Artificia ... domos Romanorum ... ornabant. 3. Magna multitudo Romanorum ... in domibus parvis habitabat. 4. Etiam ... ante cenam partem ciborum sacrificabant. 5. Non-ne sors et ... et ... communis est?

c) Bilde aus den in Klammern gesetzten Verben Partizipien zu den jeweiligen Substantiven: femina (de salute desperare), senex (per vias errare), ignis (domum delere), homo (deos implorare), magister (cursum tenere), mulier (fatum flere); puer (de turri praecipitare). Dekliniere die gebildeten Wortgruppen.

d) Wandle die folgenden Substantive in Partizipien um (z. B. die Mahner = die Mahnenden) und übersetze sie dann: die Zweifler, die Schweiger, die Wächter, die Auswanderer, die Beter, die Lehrer, die Befreier, die Zerstörer, die Ankläger.

e) Setze die Attribute ein: *cum viro* ... (klug, mahnend, frei, weise, ausgezeichnet, reich, hoffend, arm, abwehrend, glücklich, tapfer, zögernd, lachend, kühn, bittend). Wie lauten die Attribute, wenn *cum viro* durch *cum femina* ersetzt wird?

---

1) *cohors praetōria* Prätorianer-Kohorte (die Leibwache des Kaisers) 2) *salūtem* (Akk. zu *salūs*) = entbietet seinen Gruß 3) *corruērunt* sie sind eingestürzt 4) *tremor, -ōris* das Beben 5) *dūxī* ich habe geführt

f) Aus zwei mach eins!

1. Folgende Satzpaare haben das gleiche Subjekt: Serva carmina cantat; hospites delectat. - Servae liberos educant; a matre laudantur. - Servus patriam desiderat; saepe flet. - Paula amicas videt; magna voce vocat. - Filii laborant; a patre pecunia donantur.

Das Prädikat des ersten Satzes soll jeweils Partizip werden. Worauf muß es sich beziehen, wenn ein einziger Satz entsteht?

2. Folgende Satzpaare haben verschiedenes Subjekt: Pater servum laudat. Servus laborat. - Marcus amicos exspectat. Amici appropinquant. - Mater filiam monet. Filia non laborat. - Viri liberos e periculis servant. Pericula instant. - Medicus mulieri consilium dat. Mulier iam de salute desperat et tacet.

Jetzt soll das Prädikat des zweiten Satzes jeweils Partizip werden. Worauf muß es sich beziehen? Warum fällt das Subjekt des zweiten Satzes weg?

g) Welche Sätze im Lesestück verraten dir den Schrecken der Bewohner von Pompeji? Welcher Satz zeigt, daß das Beben fast alles zerstörte? Welche Verben schildern besonders den Schrecken und die Verwirrung der Menschen?

I Ziel unzähliger Touristen ist heutzutage die Stadt Pompeji am Fuße des Vesuv. Die unmittelbare Nähe zu einem Vulkan beunruhigte das Leben der Pompejaner. Im Jahre 62 n. Chr. zerstörte ein Erdbeben, von dem im Lesestück die Rede ist, große Teile der Stadt. Kaum war der Wiederaufbau beendet, versank die Stadt infolge des Vulkanausbruchs vom 24. 8. 79 zusammen mit den Nachbarorten Stabiae und Herculaneum in einem Regen von glühendem Lavagestein und Asche. Fast 1700 Jahre dauerte es, bis die Archäologen begannen, die Städte auszugraben. Jahr für Jahr werden Gebäude und Straßenzüge freigelegt.

Z Was meinte wohl der Dichter Ovid mit den Worten: PẠUPER UBỊQUE IACẸT.

Ein kurzes Gedicht (Epigramm) des Dichters Martial:

Sẹmper pạuper erịs, si pạuper es, Ạemiliạne, — *Aemiliānus* ein uns unbekannter Römer
dạntur opẹs nullịs nụnc nisi dịvitibụs. — *opēs, -um* die Geldmittel

Deute den Vers des Dichters Martial:
FORTUNA MULTIS DAT NIMIS, SATIS NULLI. — *nimis* zu viel - *nūllī*: Dat. Sing. zu *nūllus*

Auch heute noch kannst du hören:
SAPIENTI SAT. — *sat = satis*

Das Erdbeben des Jahres 62. Nachzeichnung eines Reliefs auf einem Altar in Pompeji.

43

E

1. Cīvēs mōtū terrae terrentur et turbantur.
2. Cīvēs turbātī sine morā ex urbe properant.
3. Decimus cīvēs mōtū terrae territōs adiuvat.

L

In römischen Thermen

Aulus Lucilio salutem.

Heri thermas nuper aedificatas spectavi. Quanta luxuria: arcus alti, columnae[1] ingentes, solum imaginibus ornatum! Omnium autem admirationem statuae ibi collocatae excitant; sunt enim opera a Graecis formata, velut Hercules clava[2] armatus. Ex urbibus expugnatis et deletis maiores nostri plerasque statuas importaverunt. Itaque poeta iure ait: „Totus orbis in urbe."

Undique me varius clamor circumsonat[3]. Hic viri fortes vires exercent et manus plumbo[4] graves iactant, ibi pueri ridentes et clamantes in aquam se praecipitant. Subito concursus[5] hominum excitatorum! Iuvenes cursu celeri furem[6] captaverunt. Captatus autem magna voce clamat: „Date veniam homini miseria vexato!" Sine mora e manibus viri territi toga ex-torquetur. Omnes furem[6] verbis duris increpant: „Abi[7], homo nihili[8]! Si iterum vestem raptare temptaveris, poenas debitas dabis."

Nunc satis est. Vale!

Z

Seneca schreibt über den Badebetrieb:

Ecce undique me varius clamor circumsonat: supra ipsum balneum habito. Propone nunc tibi omnia genera vocum, quae in odium possunt aures ducere: cum fortiores exercentur et manus plumbo graves iactant, cum aut laborant aut laborantem imitantur, gemitus audio.

Praeter istos, quorum rectae voces sunt, alipilum cogita tenuem et stridulam vocem exprimentem nec umquam tacentem nisi, dum vellit alas et alium pro se clamare cogit.

Schau, von allen Seiten umdröhnt mich ganz verschiedener Lärm: denn ich wohne unmittelbar über dem Bad. Nun stell' dir das Gekreisch aus allerlei Tönen vor, die einen dazu bringen, die eigenen Ohren zu hassen: Wenn die Kraftmenschen trainieren und ihre bleibeschwerten Hände schwingen, wenn sie sich plagen oder wenigstens so tun, höre ich ihr Stöhnen.

Außer denen, die natürliche Stimme haben, denk dir den Haarausreißer mit seiner hohen und kreischenden Stimme, der nie schweigt, außer wenn er einem die Achselhaare ausrupft und dabei den anderen für ihn zu schreien zwingt.

Vergleiche Länge, Satzbau und Wortstellung in Text und Übersetzung.

Ü

a) Übersetze die folgenden Beispiele: 1. Homines prope theatrum habitantes 2. In theatro hominibus impleto 3. Iuvenes ad ludos properantes 4. Senex clamore excitatus 5. Mater pueros saepe monens 6. Cum liberis dono delectatis 7. Dolo ab inimico adhibito 8. Naves ventis undisque iactatae.

---

1) *columna, -ae* die Säule 2) *clāva, -ae* die Keule 3) *circumsonāre* umtönen = umgeben 4) *plumbum, -ī* das Blei, die Hantel 5) *concursus, -ūs* das Zusammenlaufen 6) *fūr, fūris* der Dieb 7) *abī!* hau ab! 8) *homō nihilī* der Taugenichts

b) Aus zwei mach eins!

Die folgenden Satzpaare haben das gleiche Subjekt. Das Prädikat des voranstehenden Satzes soll im neuen Satz jeweils als PPP erscheinen, das Subjekt des voranstehenden Satzes mit diesem PPP eine geschlossene Wortstellung bilden. Prüfe das Zeitverhältnis der Verbformen zueinander.

1. Statuae in foris collocantur. Urbem Romam ornant. 2. Pax ab imperatore renovatur. Animos omnium excitat. 3. Municipium incendio ingenti deletur. Post multos annos renovabitur. 4. Homines terrae motu terrebantur. A deis auxilium speraverunt. 5. Nautae undis iactabantur. A Neptuno, deo undarum, servabantur.

Versuche, die Partizipien auch mit einem Gliedsatz zu übersetzen.

c) Unterscheide, welches Partizip jeweils einen Zustand, welches einen Vorgang ausdrückt, und übersetze:

1. Quis templum deletum renovabit? 2. Hostes templum delentes vasa mirabilia raptant. 3. Homines per vias properantes magna voce clamant. 4. Romani mores antiquos mutantes ab Augusto monebantur, ut virtutes veteres renovarent. 5. Milites non dubitantes in insidias hostium se praecipitaverunt. 6. Consules a populo creati rem publicam administrant. 7. Pater adventu fratrum delectatus vinum vetus apportat.

Wo bezeichnet das Partizip in diesen Sätzen Gleichzeitigkeit, wo Vorzeitigkeit? Forme die Sätze 2–5 jeweils zu zwei Sätzen um; verwandle dabei das Partizip in die entsprechenden Indikativformen.

d) Füge die in Klammern stehenden Wörter als Attribute ein und bestimme jeweils die Art des Attributs: 1. In urbe (aedificiis ornatus) thermae (pulcher) erant. 2. Romani (pauper et dives) in thermis (pecunia publica aedificatus) se curabant. 3. Homines (excitatus et ridens) de rebus (civilis) disputabant. 4. Propter numerum (clamantes) divites (clamore vexatus) interdum thermas (hominibus completus) vitabant. 5. Etiam in regionibus (expugnatus et pacatus) Romani thermas (celeber) aedificabant. 6. Hodie ruinas thermarum (deletus) spectamus.

e) Was beklagt der Philosoph Seneca am römischen Badebetrieb besonders? Zitiere die dazu passenden Sätze aus dem Lesestück. Auf welche Weise wird erreicht, daß die Schilderung im Lesestück knapp und dicht wirkt?

I

Zu den angenehmen Dingen des römischen Lebens gehörte der tägliche Besuch der Bäder. Reiche Leute und die Kaiser haben für das Volk prächtige Badeanstalten erbaut. Im Apodyterium (Auskleideraum) legte man die Kleider ab; für die Garderobe wurde nicht gehaftet; wer vor Diebstahl sicher sein wollte, mußte einen Sklaven zurücklassen. Das Tepidarium (Bad mit lauwarmem Wasser) sollte auf das Caldarium (Warmbad) vorbereiten. Im Caldarium gab es Wannen, Waschbecken und Schwimmbecken. Erfrischung brachte das Frigidarium (Kaltbad). Im Freien befanden sich Sportplätze und große Schwimmbecken. Natürlich war auch für Essen und Trinken gesorgt.
Sogar staatliche Badeordnungen wurden erlassen. In der Badeordnung einer römischen Stadt in Portugal ist u. a. folgendes zu lesen:

- Die Pächter sollen das Bad täglich heizen und von Tagesanbruch bis zur 7. Stunde für Frauen, von der 8. Stunde bis zur 2. der Nacht für Männer offenhalten.
- Dem Pächter zahlt jeder Mann ½ As, jede Frau 1 As, ausgenommen bevorrechtigte kaiserliche Freigelassene und Sklaven, Kinder und Soldaten.

44

E

1. Nāvis vāsīs implēta est.
2. Cum nāvis onerāta esset, in Graeciam nāvigāvimus. Post paucōs diēs Athēnae ante oculōs erant. Flūctibus maris iactātī erāmus.
3. Cum nāvis iterum onerāta erit, domum nāvigābimus.

L

Eine gefährliche Schiffsreise nach Athen

Quintus Marco salutem.

Heri Athenas intravi, urbem ab omnibus celebratam. Quanto autem periculo in mari vexatus sim, paucis verbis narrabo:

Cum in mare altum navigavissemus, navis nostra vento secundo agitata est et cursu celeri valde delectati sumus. Sed subito caelum nubibus grave erat et vehemens tempestas orta[1] est. Cum navis ingentibus undis iactaretur, nautae perturbati atque territi sunt. Primo de salute paene desperaverunt. Tum magister navis nautas monuit viritimque[2] appellavit: „Numquam antea timore completi eratis. Este memores sententiae: Fortes fortuna adiuvat." Neque frustra viri admoniti sunt: omnibus viribus navem servare temptabant.

Nos quoque in maximo timore fuimus. Itaque deos immortales imploravi: „Dei potentes, adeste nobis! Si e periculo servatus ero, vobis sacrificabo semperque gratiam habebo." Per diem noctemque fluctibus maris iactati sumus. Tandem – e vi tempestatis liberati – litori appropinquavimus. Brevi arx Athenarum templis celebribus ornata ante oculos erat. Vale!

Z

Plinius schreibt an einen Freund, der in kaiserlichem Auftrag nach Griechenland (in die römische Provinz Achaia) reist:

Cogita te missum in provinciam Achaiam, illam veram Graeciam, in qua primum humanitas, litterae, etiam fruges inventae esse creduntur, ... ad homines maxime homines, ad liberos maxime liberos. Habe ante oculos hanc esse terram, quae nobis dederit iura.

tē missum daß du gesandt bist – *illam* jene(s) – *in quā* wo – *prīmum* zuerst *hūmānitās, -ātis* Bildung – *inventae esse crēduntur* sie sollen erfunden worden sein – *māximē* im höchsten Grade – *hanc esse terram, quae* ... daß dies das Land ist, welches ...

Ü

a) Unterscheide, ob Aktiv oder Passiv vorliegt, und übersetze dann: sie sind geflogen, ihr seid gerettet, du bist verwundet, ihr wäret (zur See) gefahren, die Gefäße waren (an)gefüllt, die Städte sind in Brand gesetzt (entflammt), ich wäre (herum)geirrt, ich bin ernannt, ihr seid eingetreten, sie wäre geeilt, das Lager ist zerstört, wir waren bewaffnet worden, sie sind herabgestürzt, sie haben herabgestürzt.

b) Verwandle ins Passiv: 1. Hospes meus me in portu exspectaverat. Multi nautae naves onerabant. 2. Facta imperatoris Augusti Vergilius poeta carminibus pulchris celebravit. 3. Fabulae et carmina poetarum animos multorum hominum semper delectabunt. 4. Utinam duces populis pacem servent!

---

1) *ortus, a, um* entstanden 2) *virītim* Mann für Mann

Die Akropolis von Athen

c) Setze in den folgenden Brief aus Athen die angegebenen Verbformen als Prädikate jeweils passend ein (collocata erant, delectabar, appellata est, ambulavi, ornata est): 1. Heri per urbem ... 2. Conspectu arcis valde ... 3. Arx templis praeclaris ... 4. Ibi temporibus antiquis artificia celebria ... 5. Iure urbs a viro sapienti sedes litterarum ...

d) Trenne im folgenden die Satzglieder für sich ab und vertausche dann deren Stellung im Satz mindestens zweimal. Beachte die Wortblöcke und deren Gewichtung.

1. Imperator Augustus urbem Romam, caput Italiae, operibus singularibus ornavit. 2. Propter res futuras animi hominum saepe curis gravibus completi sunt. 3. Romulus verbis duris fratris excitatus Remum vi necavit.

e) *Fortes fortuna adiuvat.* Wodurch wirkt dieses Sprichwort so einprägsam? Welches deutsche Sprichwort entspricht dem lateinischen?

f) Erzähle auf lateinisch, welche Gefahren Schiffsreisenden in der Antike drohen konnten. Inwiefern zeugt das Gebet des Briefschreibers von dem römischen Grundsatz *do ut des*?

g) Vergleiche die Briefform in den Lesestücken 42, 43, 44. Wie heißt die Eröffnungsformel, wie das Grußwort am Ende?

Studium in der Antike

Davon war schon die Rede, daß die Römer das Schulsystem von den Griechen übernommen haben. In Griechenland und Kleinasien befanden sich auch die berühmtesten Philosophen- und Rednerschulen. Wer also Redner und Anwalt werden oder sich eine breite Allgemeinbildung erwerben wollte, ging zum Studium in den Osten des Reiches. Erst in der Kaiserzeit erreichten die Rednerschulen von Rom das Niveau der griechischen Schulen. Außer in Rom und Athen gab es berühmte Schulen in Alexandria (in Ägypten) für Sprach- und Literaturwissenschaft (Philologie), in Beirut für Rechtswissenschaft (Jus) und später in Konstantinopel.

Auch das kannte man im Altertum: Wer bis zum 20. Lebensjahr seine Ausbildung nicht beendet hatte, konnte von der „Hochschule“ verwiesen werden.

45

E 1. Hic liber mihi placet, ille mihi nōn placet.
Fābulīs huius poētae valdē dēlector.
2. Pater ipse hās fābulās probat.

L Im Theater (I)

Der Komödie erster Teil: Ein merkwürdiger Unbekannter

Der Kaufmann CHARMIDES hatte vor einer langen Reise in den Orient seine beiden Kinder und seinen Besitz seinem Freund CALLICLES anvertraut. Dabei hatte er dem Freund gestanden, daß er aus Sicherheitsgründen in seinem Haus einen Schatz vergraben habe.

Während der Abwesenheit des Vaters brachte sein Sohn LESBONICUS den ganzen Besitz durch; ja, als Callicles für ein paar Tage auf dem Land war, bot er sogar das Haus zum Verkauf an. Nun mußte Callicles, wenn er seinem Freund den Besitz und somit den vergrabenen Schatz retten wollte, das Haus kaufen.
Auch die Hochzeit seiner Schwester versuchte Lesbonīcus hinauszuzögern, da er eine entsprechende Mitgift nicht aufbringen konnte. Da behalf sich Callicles mit einer List: Er grub das versteckte Geld aus und bestellte einen Komödianten (NUGATOR), der folgendes Lügenmärchen erzählen sollte: Da Charmides noch länger in Asien verweile, habe dieser ihn geschickt, damit er das Geld für die Mitgift überbringe. Dieser Trick war nötig; denn Lesbonicus hätte sicher den ganzen Schatz für sich verbraucht, wenn er davon erfahren hätte.

Gerade in dem Augenblick, als der Komödiant auftritt, kehrt Charmides ahnungslos zurück.

CHAR.: Tibi, Neptune, gratiam habeo; nam ex undis me servavisti. – Sed quis est hic?

NUG. (für sich): Hoc die artem meam exercebo. Narrabo igitur, quanto labore ex Asia atque Arabia remeaverim, – quamquam numquam illas terras vidi. Has litteras Lesbonico dabo nomine[1] domini mei, – quamquam numquam illum dominum vidi. Haec omnia hoc argentum facit[2].

(Er zieht aus der Tasche Geldstücke, die er für seine Dienste von Callicles erhalten hat.)

CHAR.: Non placet mihi huius hominis vultus. – Ad nostras aedes hic habet rectam viam. Hercle! Hac nocte vigilabo.

NUG.: Heus! Estne Lesbonicus in his aedibus?

CHAR.: Cur istum quaeritas[3]?

NUG.: Lesbonicum hic quaerito[3]; nam pater istius iuvenis mihi has litteras dedit.

CHAR.: Ubi ipse est?

NUG.: In urbe Seleucia. Ibi negotia curat.

CHAR.: Habesne a patre ipso istas litteras?

NUG.: E manibus dedit mihi ipse in manus.

CHAR.: Quid est illi nomen?

NUG.: Illi – illi – illi –

CHAR.: Quid est?

NUG.: Devoravi[4] illius nomen modo. --- Sed – ‚C‘ est principium nominis.

CHAR.: Callias?

NUG.: Non est.

---

1) *nōmine* im Namen 2) *facit* er, sie, es macht 3) *quaeritāre* suchen 4) *dēvorāre* verschlingen

CHAR.: An[1] Callippus?
NUG.: Non est.
CHAR.: Multi enim Lesbonici sunt in hac urbe; nisi nomen patris dabis, non monstrare[2] possum istos homines, quos[3] tu quaeritas[4].
NUG.: An[1] Chares? an Charmides?
CHAR.: Charmides?
NUG.: Em iste erit. - Ille mihi mandavit, ut hoc aurum virgini apportarem.
CHAR.: Ipse Charmides istud mandavit?
NUG.: Charmides ipse.
CHAR.: Da istud aurum mihi! Charmides ego sum. A Charmide ipso, ut narravisti, pecuniam habes. (Er entreißt ihm das Geld.) Nunc abi[5] ab his regionibus!
NUG.: Ego domum propero. Di te deleant!

Ü

a) Setze das Demonstrativpronomen *hic, haec, hoc* in folgende Beschreibung Roms ein: 1. ... urbs pulchra est caput Italiae. 2. In ... urbe ingens multitudo hominum est. 3. Multae naves ex omnibus terris res varias in ... urbem portant. 4. In omnibus viis ... urbis celebris multa genera hominum videbis. 5. Vide: ... servi onera in ... domos transportant. 6. Quam saepe ... regionem, ... flumen, ... campum, ... templa, ... porticus spectavi! 7. Libenter in ... via habito.

b) Setze zu den folgenden Substantiven *iste*: in ... ore, ex ... manibus, ... caput, ad ... deos, ... rem, in ... pectore, ... gladiis.

Setze zu den folgenden Wendungen *ille*: in ... portum, in ... lacu, vis ... amnium, ad ... litus, ab ... navibus, in ... arbore, in ... templa.

c) Beachte den Bedeutungsunterschied von *hic* und *ille* und ergänze entsprechend: 1. Tandem in ... terra sum. 2. Semper memor ero ... periculorum, ... tempestatum, ... fluctuum. 3. Nunc autem ... aedes intrabo; postea narrabo de ... municipiis miris, de moribus ... gentis, de divitiis ... regionis. 4. In ... regione memor eram ... domus.

d) Übersetze und überlege, was das Pronomen *ipse* bewirkt: 1. Rex ipse mihi donum praebuit. 2. De illo ipso monte multas valles vidi. 3. Consul verbis ipsis cives placavit.

e) Vergleiche und unterscheide:

Dies ist ein neues Buch	- dies sind neue Bücher.
This is a new book	- these are new books.
Hic est liber novus	- hi sunt libri novi.

Wie müssen die Demonstrativpronomina jeweils in den Sprachen lauten, wenn auf weiter entfernt liegende Bücher gezeigt wird?

f) An welchen Sätzen des Lesestücks spürt man, daß der Nugator ein Witzbold ist? Inwiefern handelt es sich um ein recht einseitiges Gespräch? Wieso ist ein Fluch das letzte Wort des Nugators?

Z

Welche der beiden Damen hat nach Meinung des Dichters Martial die schöneren Zähne?

Thạis habẹt nigrọs, niveọs Laecạnia dẹntes.
Quạe ratiọ‿est? Emptọs hạec habet, ịlla suọs.

niveus schneeweiß – *quae ratiō est?* was ist der Grund? – *emptus* gekauft

---

1) *an* oder, etwa 2) *mōnstrāre* zeigen 3) *quōs* welche 4) *quaeritāre* suchen 5) *abī!* hau ab!

46

E

1. Mercātor in Asiam nāvigātūrus bona sua amīcō mandāvit. Is omnia bene servāvit.
2. Mercātor in Asiam nāvigātūrus est.

L

Im Theater (II)

Der Komödie zweiter Teil: Ein glückliches Ende

Nun kommt STASIMUS, der Sklave des Kaufmanns Charmides, angelaufen; er hat vergebens versucht, ausgeliehenes Geld zurückzufordern. Er bleibt stehen und spricht zu sich:

STAS.: O tempora, o mores! Utinam veteres hominum mores in maiore[1] honore essent quam mores mali! Id genus hominum malum est. Alius alium fraudat[2], alius alii nocet; alterius curae neminem vexant. – Nunc domum propero (Er will weiter.)

CHAR.: Heus tu! Sta! STAS.: Non sto. CHAR.: Sta, Stasime!

STAS.: Mare, terra, caelum! Satisne plane[3] ego oculis video? Estne ipse dominus? Is est, is est profecto! O domine, salve!

CHAR.: Salve, Stasime! STAS.: Me iuvat te salvum videre –

CHAR.: Credo[4] tibi, sed tace, Stasime! Hoc mihi responde: Valentne liberi mei?

STAS.: Valent laetique sunt.

CHAR.: Deis gratiam habeo. Cetera intus[5] rogabo. Intremus!

STAS.: Quo properas? Istae aedes non sunt nostrae. Callicles eas paravit nosque fugavit[6].

CHAR.: Per maxima maria navigavi, per praedones atroces me servavi, salvus et incolumis remeavi: nunc hic eiusdem amici dolo deleor, cui[7] omnia mandavi. Verba tua me necatura sunt. Stasime, tene me!

CALL.: Quis clamat ante aedes meas?

CHAR.: O Callicles, o Callicles, o Callicles, quali amico mea mandavi bona!

CALL.: Bono et fido. Quia Lesbonicus omnia dissipaturus[8] erat, domum paravi. Non te fraudaturus[2], sed tua servaturus id feci. Sed intus[5] tibi narrabo et hoc et alia. (Sie gehen ins Haus; Stasimus bleibt.)

STAS.: Is domino meo amicus solus firmus restitit neque animum mutavit de firma fide, quamquam multos labores propter eundem Charmidem toleravit.

LESB.: Quem magna voce laudas, Stasime?

STAS.: Propera, Lesbonice! Pater tuus remeavit.

LESB.: Quis id ait? Tune vidisti eum?

STAS.: Etiam tu item videbis. Ex aedibus properaturus est.

LESB.: O pater, pater, salve! CHAR.: Salve, Lesbonice!

LESB.: Si quid laboris[9] tibi, pater –

CHAR.: Nihil est. Salvus remeo, – si tu modo bonus eris. Ceterum Callicles ratione et consilio omnia mea servavit.

---

1) *māior* größer 2) *fraudāre* betrügen 3) *plānē* klar 4) *crēdō* ich glaube 5) *intus* drinnen 6) *fugāre* vertreiben 7) *cui* (Dat.) welchem 8) *dissipāre* vergeuden 9) *quid labōris* etwas Mühe

Ü a) Fülle die Lücke mit dem Partizip Futur des eingeklammerten Verbs aus und übersetze dann: 1. Sacerdotes ... (sacrificare) arae appropinquant. 2. Praetores causam ... (probare) ad forum properant. 3. Consules a civibus cunctas calamitates ... (prohibere) rem publicam ratione et consilio administrabant. 4. Orator turbam virorum feminarumque ... (terrere) magna voce clamavit. 5. Homo crudelis pecuniam meam ... (raptare) me vulneravit. 6. Captivi fugae ... (se dare) dolum adhibuerunt.

b) Ersetze die kursiv gesetzten Substantive durch die Formen von *is, ea, id*: Mercator domum desideravit. Nemo *mercatorem* exspectaverat. *Mercatoris* bona filius dissipaverat. Non mirum, si pater *filio* pecuniam negaret. Sed pater *filium* non increpuit.

Setze den mit den Formen von *is, ea, id* gestalteten Text in den Plural.

c) Unterscheide: idem iudex, iste iudex, iudex ipse, hic iudex, is iudex.

d) Setze *is, idem, ille* zu folgenden Substantiven: flamma (2), equo (2), sacrificium, fabrum, ministrorum, die, re, victore, domos, imaginis, saluti, comitibus, vestis (2).

e) Übersetze folgende Wendungen: 1. alter consul 2. me ut alterum patrem amat 3. altero pede 4. alter ego 5. sine alterius auxilio 6. nemo alter

f) Füge den eingeklammerten Ausdruck jeweils passend ein: 1. Deus imperat, ut ... amemus (alter). 2. Non omnibus ... fabulae placent (idem). 3. Non omnes ... optant (idem, Pl.). 4. Ora hominum sunt varia: ... os parvum, ... os magnum est (alius, alius). 5. ... vina vetera amant, ... vina nova (alius, alius). 6. Vir bonus ... nocebit, ... verbis malis violabit, ... inimicus erit, ... timebitur (nemo).

g) Erkläre, warum im Lesestück viele Ausrufezeichen zu finden sind. Was drücken sie jeweils aus? Welche Unterschiede bestehen zwischen Aussagesätzen und Ausrufesätzen?

I Römisches Theater

Mit dem Theaterspiel hatten die Griechen begonnen. Von ihnen haben es die Römer übernommen. Die Lustspiele des Plautus und des Terenz sind sogar weitgehend Übertragungen griechischer Komödien.

Auch für die römischen Theaterbauten hatten die Griechen die Vorbilder geschaffen. Im Theatergebäude müssen wir unterscheiden:

- die *scēna*, das Bühnengebäude mit dem Platz, auf dem gespielt wurde,
- die *orchēstra*, den Platz für die Tanz- und Musikdarbietungen des Chores (dort befanden sich auch die Sitze für die Vornehmen),
- sowie die *cavea*, das Halbrund der stufenweise aufsteigenden Sitze.

Das Theater des Pompejus, das größte in Rom, faßte mehr als 20 000 Menschen.

Die Aufführungen fanden tagsüber statt. Da es aber keinen Kartenverkauf gab, sicherte sich das Volk bereits in der Nacht die guten Plätze.

Die Schauspieler trugen wie im griechischen Theater Masken und Perücken. Sie waren Sklaven oder Freigelassene. Angesehen wie bei uns die Schauspieler waren sie nie.

Auf den folgenden Seiten:

Links oben: Rekonstruktion des Theaters von Pompeji
Links unten: Eine Schauspielertruppe. Mosaik aus Pompeji.
Rechts oben: Das Amphitheater in Arles (Südfrankreich) als Verteidigungsanlage im frühen Mittelalter
Rechts unten: Das Amphitheater in Arles heute

47

E 1. Apud Rōmānōs Mārtius erat prīmus mēnsis, Aprīlis erat secundus, Māius erat tertius, Iūnius erat quartus.
2. Nātūra nōn omnia ūnī dedit.
3. Nātūra hominem duābus virtūtibus ōrnāvit, ratiōne et ōrātiōne.
4. Multīs Rōmānīs centum vel mīlle librī erant, Plīniō autem duo mīlia.

L Tagesablauf des jüngeren Plinius

Plinius (61–ca. 113), der Neffe des in E 4 genannten Plinius, war ein hoher römischer Beamter und Schriftsteller. Die Sammlung seiner Briefe ist uns erhalten.

Rogas, quomodo diem aestate disponam[1]. E-vigilo plerumque circa horam primam, saepe antea. Tertia hora notarium[2] voco et dicto; abit[3] rursusque revocatur rursusque dimittitur[4]. Hora quarta vel quinta – neque enim certum est tempus –, ut dies suadet, in horto vel in porticu sum, ubi reliqua cogito et dicto. Etiam in curru sedens litteris studeo.

Circa septimam horam quieti me do, deinde ambulo, mox orationem Graecam vel Latinam non tam vocis causa quam stomachi[5] recito. Nona hora iterum ambulo, me lavo, corpus exerceo.

Post decimam horam cum uxore vel paucis amicis cenamus: inter cenam liber recitatur. Tum cum servis et libertis[6] ambulo. Ita variis sermonibus usque ad vesperum delectamur. Hic est ordo unius diei. Nonnumquam ex hoc ordine pauca mutantur.

Praestat, ut vides, tres vel quattuor horas litteris studere quam per septem vel octo horas in urbe nuptias celebrare vel in foro orationem habere.

Ü a) Roms legendäres ‚Geburtsdatum': Septem – quinque – tres: nata, Roma, es.

b) Unterscheide, ob du die Grund- oder Ordnungszahl verwenden mußt:

1. Regibus Romanis I legio erat. 2. Postea eis II legiones erant. Denique magistratus IV legionibus imperabant. 3. Sub imperio Caesaris interdum VIII legiones erant. 4. Cohors erat X pars legionis, centuria *(Hundertschaft)* VI pars cohortis. 5. I ex VII regibus Romanis Romulus fuit, II Numa Pompilius, VII Tarquinius Superbus. 6. Ex V vel VI partibus orbis terrarum III partes temporibus antiquis notae erant.

c) Septem et tria sunt decem.

Das haben die Römer schriftlich so gerechnet: X *(= summa)*
III
VII

Schreibe folgende Rechnungen in lateinischen Worten:

VIII	IX	V	VII	II
IV	III	III	I	I
IV	VI	II	VI	I

---

1) *dispōnam* (Konj. Präs.) ich teile ein 2) *notārius, -ī* der Stenograph 3) *abit* er geht weg 4) *dīmittitur* er wird fortgeschickt 5) *stomachus, -ī* der Magen (man glaubte, durch lautes Vorlesen würden Magenbeschwerden behoben) 6) *lībertus, -i* der Freigelassene

d) Unterscheide: Quinque horas ludos spectavi. – Quinta hora ludos spectavi.

Welche Zeitangabe drückt der Akkusativ, welche der Ablativ aus (Vgl. G 29 c)?

Übersetze und beachte den Unterschied: 1. Tres dies in urbe negotia curavi. 2. Quarto die in villam rusticam properavi. 3. Ibi prima hora excitatus sum. 4. Tum duas horas litteris studui. 5. Septem dies otio me dabo. 6. Octavo die orationem habebo.

e) Was fällt dir an folgenden römischen Namen auf?

Decimus Brutus (einer der Mörder Caesars)
Sextus Propertius (ein römischer Dichter)
Quintus Tullius Cicero (der Bruder des Redners)

f) Leite die Verwendung des ‚Tausenders' (Singular: *mille,* Plural: *milia*) ab:

1. mille viri, mille feminae, mille nomina 2. cum mille viris, cum mille feminis, mille nominibus 3. tria milia virorum, tria milia feminarum, tria milia nominum 4. cum tribus milibus virorum, cum tribus milibus feminarum, cum decem milibus capitum.

g) 1. Zahlen sind meist als Attribute verwendet. Suche dafür Beispiele im Lesestück.
2. Um welche Art des Attributs handelt es sich?

h) Erkläre:

1. aus der Musik: Duett, Terzett, Quartett (usw.), Terz, Quart, Oktave (usw.)
2. aus der Mathematik: Prozent, Zentner, Promille

i) Ordne folgende englische Wörter nach den Bereichen Zahl, Zeitangabe und Maß und erkläre die Herkunft aus dem Lateinischen: sum, second, single, total, number, centimetre, noon, a. m., p. m., mile, quarter, to multiply.

k) Erkläre den Begriff ‚Erbwort' an folgenden Beispielen: father, Vater, pater; mother, Mutter, mater; brother, Bruder, frater; name, ear, garden, new, long, month, one, two, three, seven, to seat.

Wie lauten von *name* ab die Entsprechungen im Deutschen und Lateinischen?

I Zeiteinteilung und Zeitmessung in Rom

Die Zeiteinheit Stunde = 60 Minuten kannten die Römer nicht. Als Tag bezeichneten sie die Zeit zwischen Sonnenaufgang und Sonnenuntergang und unterteilten sie in 12 Stunden *(hōrae).* Im Sommer waren also die Stunden länger als im Winter. Die *prīma hōra* begann mit Sonnenaufgang, die *sexta hōra* war die Mittagszeit.
Für die Zeitmessung gab es zwei Arten von Uhren: die Sonnenuhr und die Wasseruhr. Die Sonnenuhren entsprachen denen, die du gelegentlich auch heute noch an älteren Gebäuden sehen kannst; bei den Wasseruhren lief das Wasser in einer bestimmten Zeit aus einem Behälter in einen anderen (vgl. unsere Sanduhr). Wie wenig genau die Uhren gingen, zeigt der Satz des Philosophen Seneca: „Eher stimmen die Philosophen überein als die Uhren."

Z **Ridere licet:**

MAGISTER: E-numera mihi quinque bestias in Africa habitantes!
PUER: Duo camelos et tres leones.

48

E 1. Amīcus mihi cārus est, cārior est frāter, cārissimī sunt parentēs.
2. Avēs celerēs sunt, celeriōrēs sunt ventī, celerrima est fāma.
3. Quid est celerius quam lūx?

L **Rom in der Frühzeit**

Die Römer liebten es sehr, sich an alte Zeiten zu erinnern; dabei neigten sie zur Verklärung der Vergangenheit und zu ruhmreicher Selbstdarstellung.

Colles urbis Romae septem erant: Colles ad sinistram ripam Tiberis siti humiliores erant, Ianiculus autem mons ad dextram fluminis ripam situs altior. Antiquissima sedes in monte Palatino Palatium appellabatur; Palatium igitur veterrima pars Romae erat.

Quamquam antiquissimis temporibus urbes Graecae locupletiores et potentiores erant quam Roma, quamquam Athenae pulchriores, aedificia et templa Athenarum splendidiora erant, tamen nulla Romanis urbs carior erat quam Roma. Incolae Romae pauperrimi erant, sed fortissimi; hostes saevissimos summa audacia ab urbe arcebant. Tum reges populosque finitimos bello temptabant. Postremo reges potentissimi bello domiti, nationes ferocissimae et populi ingentes acie superati sunt.

Nihil Romanis honestius erat quam audacia in bello, nihil clarius quam consilium bonum in pace. Vita incolarum dura erat, victus simplex; vitam luxuriosiorem[1] repudiabant, neque divitiis neque pecuniae ampliorem habebant honorem quam deis et parentibus.

Ü

a) Bilde zu allen Komparativen und Superlativen im Lesestück den Positiv. An welcher Stelle ist im Deutschen für den Komparativ eine Übersetzung mit ‚zu, allzu, ziemlich, ein wenig, etwas' zu verwenden? Wo liegen echte Superlative, wo Elative vor?

b) Bilde zu den folgenden Positiven die in Kasus, Numerus und Genus entsprechenden Komparativformen:

divite, felici (2), utilium, audacis, fortes, nobile, celebrem, pulchra (2), gratos, foedum (2), crebrarum.

c) Ordne folgende Adjektive nach ihrer Superlativbildung in drei Gruppen:

1. Bildung des Superlativs mit dem Suffix *-issimus, a, um*
2. Bildung des Superlativs mit dem Suffix *-rimus, a, um*
3. Bildung des Superlativs mit dem Suffix *-limus, a, um*

facilis, ferox, saevus, certus, levis, durus, celer, humilis, difficilis, atrox, similis, aeger, simplex, constans, carus, dissimilis, potens, locuples, crudelis, turpis, gravis, tristis, pauper, acer, iustus.

d) Bilde von allen Adjektiven der Übung b die Komparative und Superlative im Nominativ Plural Maskulinum.

---

1) *luxuriōsus, a, um* üppig, verschwenderisch

e) Suche für die folgenden Ausdrücke möglichst viele treffende deutsche Übersetzungen:

dies pulcherrimus, opus facillimum, vir prudentissimus, caelum asperius, mons altior, verba duriora.

f) Übersetze und erkläre an den verwendeten Beispielen die Bildungsmöglichkeiten des Superlativs im Lateinischen:

Cum iuvenis et superbissimus et pigerrimus (*piger, pigra, pigrum* faul, träge) regem Spartiatarum rogavisset, quis dignissimus in civitate esset, ille: „Tibi", inquit, „dissimillimus."

g) Einige Adjektive und Adverbien können auch durch die vorgesetzte Silbe *per-* in ihrer Bedeutung verstärkt werden, z. B. *magnus* groß, *per-magnus* sehr groß.

Suche einen treffenden Ausdruck für die folgenden Adjektive bzw. Adverbien: perantiquus, perbrevis, perfacilis, pergratus, permolestus, permulti, perpauci, pervetus, perbene, perlibenter, persaepe.

h) 1. Wo findet sich im Lesestück die Stilfigur des Hyperbatons?
2. Der letzte Abschnitt ist von eindringlicher Klangwirkung. Worauf beruht diese?

Z Überlege, was die folgenden Sentenzen bedeuten:

FORTUNA SIMILLIMA VENTO.	
BREVIS IPSA VITA EST, SED MALIS FIT LONGIOR.	*fit* er, sie, es wird
GRAVISSIMUM EST IMPERIUM CONSUETUDINIS.	*cōnsuētūdō, -inis* Gewohnheit
NOCERE POSSE ET NOLLE LAUS AMPLISSIMA EST.	*nōlle* nicht wollen
MISERRIMUM EST ARBITRIO ALTERIUS VIVERE.	*arbitriō alterīus* nach der Willkür eines anderen – *vīvere* leben

Römische Wölfin (sog. Kapitolinische Wölfin, das Wahrzeichen Roms). Lebensgroßes etruskisches Bronzewerk um 500 v. Chr.; die beiden Knaben sind Zutaten der Renaissancezeit.

49

E 1. Eurōpa magna est, Āfrica māior est, māxima est Asia.
2. Nihil melius est quam lingua, nihil peius; nam optimum et pessimum in homine est lingua.
3. Nōta est haec sententia: Salūs populī suprēma lēx sit!

L Die römische Familie im Wandel der Zeit

Der Geschichtsschreiber Tacitus vergleicht die Kindererziehung der Kaiserzeit mit der früherer Jahrhunderte.

Romanis antiquis plurimi liberi erant; sed quo plures habebant, eo difficilius erat nominibus eos appellare. Itaque filios distinguebant[1] numeris, ut Quintum, Sextum, Septimum, Decimum.

Prioribus saeculis filii ex pia parente nati in gremio[2] ac sinu matris, optimae magistrae[3], educabantur; eius maxima laus erat servare domum et adesse liberis. Adhibebatur autem maior aliqua[4] natu propinqua, eiusque moribus probatis omnes eiusdem familiae liberi mandabantur; nihil enim melius erat quam eius consilia; ac non studia solum sed etiam ludos puerorum observare solebat. Merito eius auctoritas maxima erat. Maximo in honore maiores erant; eorum imagines in atrio collocatae erant. Quo amplior erat gens, quo vetustior et nobilior, eo maior imaginum numerus. Nam praecepta multum valent, plus boni mores, plurimum autem, ut erat opinio veterum, exempla virorum clarorum.

Sed paulatim educatio[5] mutabatur. Posterioribus temporibus natus infans[6] protinus mandabatur Graeculae servae; ei adiungebatur[7] unus aut alter ex servis, plerumque pessimus nec alii labori idoneus; horum fabulis animi teneri complebantur. Quin etiam parentes non probitati[8] neque modestiae pueros assuefaciebant[9], sed lasciviae[10] et audaciae.

Ü a) Ordne den Komparativ dem entsprechenden Positiv zu und ergänze den Superlativ:

1. multum 2. magnus 3. parvus 4. multi 5. bonus 6. malus
a) melior b) plures c) maior d) peior e) minor f) plus

b) Fülle die Lücken mit jeweils einer der folgenden Steigerungsformen sinnvoll aus: minima, optima, audacius, peius, brevissima, melius, maximae

1. Quid ... est quam pax, quid ... quam bellum? 2. Hoc consilium ... tibi nocebit. 3. ... res saepe causa ... discordiae fuit. 4. ... via non semper ... via est.

c) Übersetze und achte auf die Stellung der Komparative und Superlative:

1. Romulus summus et primus Romanorum erat.
2. In Italia inferiore multae sedes Graecorum erant, in Italia superiore Galli habitabant.
3. Posteriora verba plerumque meliora sunt quam priora.
4. Summum ius, summa iniuria.

---

1) *distinguēbant* sie unterschieden 2) *gremium, -ī* der Schoß 3) *magistra, -ae* leite von *magister* ab! 4) *aliqua* irgendeine 5) *ēducātiō, -ōnis* zu *ēducāre* 6) *īnfāns, -ntis* das Kleinkind 7) *adiungēbātur* er wurde beigegeben 8) *probitās, -ātis* Ehrlichkeit 9) *assuēfaciēbant* sie gewöhnten an 10) *lascīvia, -ae* die Ausgelassenheit

d) Übersetze und erkläre:

peragitare, permutare, pervidere, perplacere, perdomare, incitare, inflammare, instare.

Warum spricht und schreibt man: *implorare, impetrare, implere*?

e) Bilde das Gegenteil zu den Adjektiven *certus, pius, mortalis, gratus, firmus, amicus* und nenne die deutschen Bedeutungen dieser so entstandenen Adjektive. Wie ist jedoch *insignis* zu deuten?

f) Ordne die folgenden Adverbien, von der Wortbedeutung ausgehend, in 4 Gruppen, nämlich in Adverbien 1. des Ortes, 2. der Zeit, 3. der Art und Weise, 4. des Grundes:

antea - valde - undique - cras - semper - heri - satis - eo - nuper - ibi - primo - tum - paene - protinus - saepe - hic - sic - nunc - sero - merito - diu - velut - quondam.

g) Welche der folgenden Adverbien sind von einem Ablativ gebildet, welche von einem Akkusativ, welche sind durch Zusammensetzung entstanden?

tantum, postremo, frustra, statim, hodie, adhuc, raro, deinde, iterum, adeo, merito, ubique, interea, paulum, solum, paulatim.

h) 1. Suche im Lesestück eine Alliteration und überlege die Wirkung dieses Stilmittels. 2. Erkläre die Verwendung des Imperfekts. 3. Begründe das Präsens in Zeile 12. 4. In welchem Abschnitt wird deutlich, daß das Vorbild als wirksames Erziehungsmittel galt? In welchem Satz wird dies durch eine Steigerung hervorgehoben?

Z Eigenschaften eines idealen Römers nach Plinius dem Älteren:

Paucae gentes nobiliores fuerunt quam gens Metellorum. Notissimus eorum est Q. Metellus,
qui in ea oratione celeberrima,
quam habuit supremis laudibus patris sui L. Metelli,
scriptum reliquit
decem maximas res optimasque patrem consummasse:
voluit enim pater
primus miles esse,
optimus orator,
fortissimus imperator,
maximas res gerere
maximo honore uti,
sapientissime vivere,
summus senator haberi,
pecuniam magnam bono modo parare,
multos liberos relinquere,
clarissimus in civitate esse.

quī welcher
quam welche - *suprēmīs laudibus* bei der letzten Ehrung
scrīptum relīquit er hinterließ schriftlich
... *patrem cōnsummāsse* daß sein Vater in sich vereinigt habe ...
voluit er wollte
gerere ausführen
ūtī (m. Abl.) innehaben
vīvere leben
relinquere zurücklassen, hinterlassen

50

E 1. Aetāte antīquā Rōmānī, ut auctōrēs narrant, sevērī et iūstī erant.
2. Sevērē rem pūblicam administrābant, iūstē superātīs imperābant.
3. Labōrēs fortiter et cōnstanter sustinuērunt.
4. Labōrēs magnā (cum) virtūte sustinuērunt.
5. Citō autem mōrēs mūtābantur.
6. Augustus iūstē imperāvit, Titus iūstius, Mārcus Aurēlius autem iūstissimē, ut putō.

L Eine fast unglaubliche Tat

Um 500 wandten sich die Römer gegen die Vorherrschaft der Etrusker, die auch in Rom die Könige gestellt hatten. Sie vertrieben die Könige und wollten fortan in einer Republik leben. Natürlich ließen sich die Etrusker das nicht gefallen und rückten mit einem Heer an.

Cum hostes adessent, homines in urbem ex agris de-migrant, urbem ipsam cito circumdant praesidiis. Alia muris, alia Tiberi tuta erant; pons sublicius[1] iter paene hostibus dedit[2], nisi unus vir fuisset, Horatius Cocles.

Etrusci cum repentino impetu Ianiculum expugnavissent, ponti celeriter appropinquaverunt, celerius autem turba Romanorum arma ordinesque reliquit[3]. Tum Horatius Cocles in urbem properantibus vehementer obstans clamavit: „Cur ignave vos fugae datis? Ita pessime superabimini. Sed acriter pugnantes urbem servabimus.“ Cum autem eos neque minis neque precibus retinere posset: „Moneo vos“, inquit, „ut quam celerrime pontem ferro vel igni deleatis. Ego autem impetum hostium, quantum *(soviel)* corpore uno repugnari[4] potest, fortiter arcebo.“

Properat audacter in primum aditum pontis et primam periculi procellam[5] constanter sustinet. Nunc singulos Etruscorum provocat[6], nunc increpat omnes superbe: „Vestrae libertatis im-memores adestis, ut libertatem aliorum turpiter deleatis.“

Dubitant, dum alius alium spectat; denique magno clamore acerrime instant atque undique in unum tela iactant. Cum ea cuncta in scuto essent neque ille impetum sustinere posset, fragor[7] rupti[8] pontis Etruscos vehementer terruit. Tum Horatius Cocles: „Tiberine pater“, inquit, „te oro suppliciter, ut haec arma et hunc militem benigne accipias[9].“ Ita in Tiberim se praecipitavit et incolumis ad suos tranavit[10].

Ü a) Suche aus folgender Wortliste die Adverbien heraus:

iure, optime, domine, turpiter, moleste, patrone, fide (!), beate, vi, certe, severe, fratre, aegre, male, pernicie, superbe, benigne, sapienter, minister, breviter, audacter, honeste, fortiter, crudeliter, dexter, graviter, equester.

---

1) *sublicius, a, um* auf Pfählen ruhend 2) übersetze mit Konj. Plqpf. 3) *relīquit* er, sie, es verließ 4) *repugnāre* Widerstand leisten 5) *procella, -ae* der Ansturm 6) *prōvocāre* herausfordern 7) *fragor, -ōris* das Krachen 8) *rūptus, a, um* abgebrochen 9) *accipiās* (Konj. Präs.) du mögest aufnehmen 10) *trānāre* hinüberschwimmen

b) Unterscheide die Funktion des Adjektivs und die des Adverbs und setze die eingeklammerten Wörter dementsprechend ein:

1. Frater meus est ..., sed non semper ... laborat (prudens). 2. Este ..., liberi! Respondete ... (humanus)! 3. Socrates vir ... erat; tamen ... damnatus est (iustus, iniustus). 4. Magister noster interdum nos ... monet; sed ... non est (severus). 5. Miles ... et ... fuit, verba ducis ... et ... nuntiavit (celer, certus). 6. Serva non est ..., sed carmina ... cantat (pulcher). 7. Vir captivus ... respondet (sapiens), quamquam ... est (miser). 8. Amici nostri ... sunt et de rebus variis ... disputant (audax).

c) Setze jeweils nacheinander die Adverbialien ein und bestimme deren Art:

1. Canis acer homines impios rapina ... prohibet (dentibus, nocte, in villa domini). 2. Pericula mala ... sustinuistis (summa vi, fortiter, brevi tempore). 3. A domino ... vocatus es (ad cenam, magna voce, prima luce). 4. Magistratus officia ... praestare debent (multis diebus, civium causa, aequo animo).

d) Bilde Wortfamilien zu den folgenden Wörtern:

sacer, signum, civis, iuvenis, ars, audax, regnum, mors.

e) Versuche aus dem lateinischen Wortschatz heraus zu erklären:

- Deutsch: Jurist, Opus, Finale, Kurs, kommunal, zivil, exemplarisch, Prinzip, Kommune, fatal, Veteran.
- Englisch: quality, parents, careful, difficult, simple, situation, famous, suburb, similar, judge.

f) Bestimme alle Gliedsätze des Lesestückes. Prüfe, ob sie die Stelle eines Satzgliedes einnehmen.

g) 1. Versuche zu zeigen, wie die Verwendung von Perfekt- und Präsensformen den Text gliedert und begründe die Wahl der Tempora.
2. Wo hebt eine Alliteration die Aussage besonders hervor?

I Römertugenden

Davon war schon die Rede, daß die Römer gern an die Vergangenheit dachten (vgl. Vorbemerkung zu L 48.). Dabei gingen sie so weit, daß sie den *mōs māiōrum* zur Richtschnur ihres Handelns machten. Die Taten der Frühzeit, die *exempla* richtiger Verhaltensweise, waren in aller Munde. Je weiter die Ereignisse zurücklagen, umso legendärer wurden die Erzählungen; und je schlechter die Zeiten wurden (Bürgerkriege 133–31 v. Chr.), desto stärker war die Sehnsucht nach der verklärten alten Zeit. Daher stellen die Schriftsteller (Cicero, Sallust, Livius) ihren Zeitgenossen gern die *prīsca* (alt) *virtūs Rōmāna* als Vorbild vor Augen, und Kaiser Augustus versuchte sogar durch Gesetze die Moral früherer Jahrhunderte zu erneuern.
Es ist allerdings äußerst fraglich, ob die Römer der Frühzeit die anderen Völker tatsächlich an *virtūs, pietās, fidēs, labor, gravitās* und *lībertās* so sehr übertrafen. Vielmehr darf man davon ausgehen, daß die Römertugenden erst später entstanden sind, und zwar aus der verklärenden Sicht der Frühzeit heraus.

Deutsch-lateinische Übersetzungsübungen

(gemäß dem bayerischen Lehrplan verbindlich)

1 1. Die Insel; die Herrin; die Flamme. 2. Eine Freundin; ein Standbild; eine Summe. 3. Ein Herr; ein Sklave; Gott; der Sohn; der Freund. 4. Form und Gestalt; Herrin und Sklavin; die Tochter und die Freundin. 5. Die Natur und Gott; eine Sklavin und die Familie; das Tier und ein Herr.

2 1. Die Mutter fragt: „Wo ist die Tochter?“ 2. Claudia beeilt sich und tritt ein. 3. Nun fragt die Tochter: „Warum zögert Markus immer?“ 4. Da tritt der Vater ein und fragt: „Wo arbeiten die Sklaven?“ 5. Die Mutter ruft laut: „Hier sind die Sklaven und die Sklavinnen. Sie arbeiten bereits.“

3 1. Die Sklavinnen pflegen den Garten und das Landhaus. 2. Die Sklavin Delia bringt Wasser herbei, der Vater lobt die Sklavin. 3. Auch die Sklaven arbeiten. Sie versorgen (pflegen) die Pferde. 4. Aber° sieh! Schon betritt ein Freund den Garten. Dann erzählen sich° der Vater und der Freund Geschichten. 5. Die Herrin Cornelia und ihre° Sklavinnen bereiten Speisen und tragen sie° herbei.

4 1. Wem befiehlt die Herrin? Sie befiehlt der Tochter und den Sklavinnen. 2. Sie bereiten der Familie das Essen (ein Mahl). 3. Gäste nähern sich dem Landhaus und betreten nun° den Garten. 4. Ein Sklave meldet dem Herrn und der Herrin die Gäste. 5. Da übergibt die Mutter der Sklavin Delia Sohn und Tochter.

5 1. Die Tochter Claudia bringt ihrem° Pferd Wasser und eine Menge Futter (Nahrung) herbei. 2. Sogleich lobt die Mutter die Umsicht der Tochter. 3. Die Sklaven wünschen (ersehnen) den Dank der Herrin und des Herrn; denn sie arbeiten viel *(multum)*. – 4. Eine Menge Statuen, eine Menge Briefe, eine Menge Tiere, eine Menge von Speisen, eine Menge von Gemälden. 5. Schultafeln, Tiernahrung, Siegesfreude, Götterstandbilder, Heimatgeschichten.

6 1. Heute (er)freut es den Markus, Schule zu halten. 2. „Ich beobachte (sehe) und ermahne euch! Warum schaut ihr nicht zur° Tafel (die Tafel an)? 3. Es ist nicht erlaubt zu lachen. Warum schweigt ihr nicht?“ 4. Die Mädchen machen (verursachen) Sorgen, denn sie schweigen nicht mehr. 5. Sie schreien und lachen.

7 1. Der Gast betrachtet das Landhaus. Betrachtet er auch die Gemälde? 2. Liebst du Tiere? Ist es ratsam (erlaubt), sich den Pferden zu nähern? 3. Wer schenkt der Tochter Geld? Was gebt ihr dem Onkel? 4. Publius ist der Vater des Sohnes Markus und der Tochter Claudia (vgl. Ü 3 f). 5. Ihr seid Freunde des Markus. Warum seid ihr nicht dort, wo Markus ist?

8 1. Gehorche, Markus! Bring mir° den Brief herbei, Sklave! 2. Erzählt Geschichten, Mädchen! Arbeitet und beeilt euch, Sklavinnen! 3. Warum zögerst du, Sklavin? Komm (eile) herbei, bemühe dich, bereite die Mahlzeit vor! 4. Schweigt, Freunde! Betrachtet die Gemälde! 5. Wer erwartet mich? Erwartet mich! Erwartest du auch mich?

9 1. Markus erfreut den Onkel mit einem Brief. 2. Der Brief erfüllt das Herz des Onkels mit Freude. 3. Der Onkel beschenkt den Sohn des Publius mit Geld. 4. Geld befreit nicht immer von Sorgen und Not. 5. Die Bauern versorgen die Tiere mit Wasser und Nahrung.

° Das Wort wird nicht übersetzt.

10 1. Wo Römer sind, dort erbauen sie den Göttern Tempel. 2. Denn durch die Hilfe der Götter halten sie, wie sie glauben, das Reich zusammen. 3. Das Forum statten die Römer mit Götterbildern, Standbildern und Gebäuden aus. 4. Die Gäste Italiens betrachten die Kunstwerke Roms und der Landstädte. 5. Wer kennt nicht den Marktplatz und die Tempel Roms?

11 1. Vater erwirbt ein neues Landhaus. 2. Vielen Gästen muß er erklären: Alle Mauern sind fest, das Dach ist hoch, der Garten ist groß, die Götterbilder sind schön (vortrefflich). 3. Bekannte Kunstwerke sind oft alt. 4. Markus erzählt seinen° Freunden eine sonderbare Geschichte. 5. Viele Städte (Landstädte) Italiens sind berühmt.

12 1. Wir eilen durch die Straßen rasch (ohne Verzögerung) zum hohen Kapitol. 2. Vor (unter) unseren° (den) Augen liegt (ist) das ewige Rom. 3. Außerhalb der Mauern sind breite Felder, innerhalb der Mauern sind bekannte Marktplätze und berühmte Straßen. 4.Neben den Toren versorgen Bauern ihre° Pferde. Sie bringen ihre° Vorräte zu den Marktplätzen. 5. Rom ist wegen seiner° Kunstwerke und Gebäude vielen bekannt.

13 1. Der Lehrer erwartet die Kinder. Sie schauen schöne Bücher an°; auch Bücher sind Lehrer. 2. Vater und Mutter sollen (müssen) die Kinder nicht mit schroffen Worten, sondern mit guten Beispielen (schönen Taten) erziehen. 3. Du mußt mir die rechte Hand (die Rechte) geben, nicht die linke. 4. Das Leben vieler Kinder ist hart (rauh) und unglücklich. 5. Gute Diener pflegen die Kranken selbstlos (mit reinem Herzen).

14 1. Ich gebe dir mein Buch, du gibst mir deine Tafel. 2. Hinter unserem Landhaus ist ein großer Garten; vor euerem Garten ist ein breiter Fluß. 3. Mein Freund lobt seine eigenen° Pläne, meine Taten kennt er nicht. 4. Alle lieben ihr Hab und Gut (das Ihrige) und ihre Angehörigen (die Ihrigen). 5. Die Worte berühmter Dichter erziehen die Herzen aller.

15 1. Ich arbeite viele Stunden (Akk.), du aber ruhst dich aus (gibst dich der Ruhe hin). 2. Wir rufen euch zu einer Mahlzeit; ihr aber° verschmäht uns und unsere Speisen. 3. Nicht immer ist das Glück auf unserer Seite (mit uns). 4. Mit mir sind meine Freunde. Wer ist mit dir? Ohne Freunde ist das Leben nicht schön. 5. Es gefällt mir, von deinen und meinen Angehörigen, von unserem und euerem Leben zu erzählen.

16 1. Auch die Kinder von (= der) Sklaven mußten schon° arbeiten und viele Pflichten erfüllen. 2. Sklavenkindern war es nicht möglich (erlaubt), sich den Wissenschaften zu widmen (zu geben). 3. Warum warst du untätig, Mädchen? 4. Ich war im Dorf meines Onkels. Der Mann war krank und erwartete mich. 5. Er war nicht gesund und vermißte mich; denn stets (immer) pflegte ich den Onkel gern.

17 1. Wo seid (!) ihr morgen nach der Schule? Wir werden mit den Nachbarn auf dem Spielplatz (auf der Ebene) sein. 2. Ich werde deinen Ratschlägen folgen (gehorchen) und dich morgen erwarten. 3. Bald wirst du bei mir (mit mir) sein; dann werden wir fröhlich sein. 4. Wirst du mir von den Kunstwerken Roms erzählen? Ich werde dir dafür° danken (Dank haben). 5. Vom hohen Kapitol werden wir das ewige Rom betrachten. Rom wird uns sehr gefallen.

18 1. Wir sind nicht mehr in der Landstadt, weil wir ein anderes Haus (Dach) haben. 2. Wenn wir gute Bücher haben, widmen (geben) wir uns gern den Studien (Beschäftigungen). 3. Immer wenn der Lehrer uns lobt (Fut.), wird unsere Freude groß sein. 4. Obwohl viele Völker unter der Herrschaft der Römer waren, waren doch° die Griechen die Lehrmeister (Lehrer) von allen (aller). 5. Das Leben vieler römischer Sklaven war hart, wenn die Herren nicht gut waren.

19 1. Vater und Mutter fordern, daß der Lehrer ihre° Kinder unterrichtet (lehrt) und erzieht. 2. Ich werde dir mein Hab und Gut anvertrauen, damit du alles (Pl.) pflegst. 3. Wir bitten euch, uns immer treue und zuverlässige Gefährten zu sein (!). 4. Wir werden morgen auf das Forum eilen, um (!) dort berühmte Denkmäler zu betrachten und unsere Freunde zu sehen. 5. Laßt uns immer guten Mutes sein! Möget ihr mit den Fröhlichen fröhlich und mit den Glücklichen glücklich sein!

20 1. Wenn die Kinder guten Ratschlägen gehorchten, wären sie später frei von vielen Sorgen. 2. Ihr wäret sehr zufrieden, wenn ihr neue Freunde hättet. 3. Wenn ich nicht so krank wäre, würde ich dich zu mir einladen (rufen). 4. Wenn uns die Zukunft (das Zukünftige, Pl.) bekannt wäre, wären wir nicht glücklich. 5. Viele Arbeiter würden nicht in fremden Ländern arbeiten, wenn sie in ihrer° Heimat Geld verdienten (erwürben).

21 1. In der Geschichte (in den Dingen) aller Völker gibt es (sind) sowohl günstige als auch ungünstige Tage. 2. Viele Römer flehten den höchsten Gott an: „Du bist der Herr der menschlichen *(humanus, a, um)* Dinge. 3. Auf dir ruht (in dir ist) unsere Hoffnung. Halte von unserem Staat schlimmes Verderben ab!“ 4. Im Glück und im Unglück bewahrten viele Bundesgenossen dem römischen Staat die Treue. 5. Untadelige Treue ist eine wunderbare Sache.

22 1. Im (durch den) Gebrauch der Waffen übertrafen die römischen Heere die Heere anderer Völker. 2. Dem Senat gehorchten viele Völker; denn sie fürchteten Roms Waffen und den Ansturm des römischen Heeres. 3. An bestimmten (gewissen) Tagen wählte das römische Volk die Beamten. 4. Der Dichter Vergil lobt mit schönen Versen die Lebensweise der alten Römer. 5. Wir wünschen, daß alle Völker von Unruhen und Furcht frei sind.

23 1. Am Mittag eilen die Kinder aus der Schule nach Hause. Zu Hause erwarten Vater und Mutter die Kinder. 2. Vater sieht eine Kinderschar herankommen (nahen). Dann gibt er den Kindern die rechte Hand. 3. Wir geben den Freunden einen Rat, weil sie ein neues Haus erwerben wollen°. 4. Die meisten Häuser der Römer hatten ein Atrium und einen Garten. 5. Wenn ich nicht krank wäre, könnte ich an den Spielen teilnehmen.

24 1. Was habt ihr im Theater gesehen (betrachtet)? Wir haben ein sonderbares Stück (Geschichte) gesehen. Dennoch hat uns das neue Stück sehr erfreut. Auch die Freunde haben das Stück gelobt. 2. Die Römer haben auf dem rechten Ufer der Donau und am linken Ufer des Rheins bedeutende Kastelle (Lager) errichtet. 3. Die Städte haben sie mit Marktplätzen, mit Theatern, mit Tempeln und vortrefflichen Gebäuden ausgestattet. 4. Wegen der Hitze sind wir nicht am Mittag zum römischen Theater gewandert. 5. Ich habe während der Feiertage (durch die Feiertage hindurch) gearbeitet.

25 1. Dein Brief hat mich sehr erschreckt. Warum hast du meinen Worten nicht gehorcht? 2. Ich habe mit höchstem Eifer gearbeitet und habe alle meine° Pflichten erfüllt. 3. Als sich die Mutter näherte, schwiegen (Perf.) die Kinder und weinten (Perf.) nicht mehr. 4. Wo seid ihr an den Feiertagen gewesen? Wir sind auf einer schönen Insel gewesen. 5. Als die Gallier vor den Toren Roms standen (waren), waren (Perf.) die Römer in großer Furcht.

26 1. Wer kann erklären, warum die Römer das Klima Germaniens nicht geschätzt (geliebt) haben? 2. Welch (wie) große Freude hat die Herzen der Legionäre nach der Rückkehr erfüllt! 3. Wer weiß nicht, welch (wie) große Freude die Herzen der Legionäre nach ihrer° Rückkehr erfüllt hat? 4. Die Legionäre wissen genau, wie schön und wie angenehm die Feiertage und die Ruhe gewesen sind. 5. Wem ist unbekannt, wie viele Sorgen Männer und Frauen und Kinder im Krieg gehabt haben?

27 1. Alte Völker haben die Sonne angerufen (angefleht). Denn die helle Sonne gibt allen Dingen, wie sie glaubten, das Leben. 2. Es war Sitte der Römer, zu (*in* mit Akk.) Ehren (Sing.) der Götter Spiele zu feiern. 3. Römische Autoren haben viel (Neutr. Plur.) von den alten Sitten der Vorfahren erzählt. 4. Es war Sache° der Liktoren, Männer und Frauen zu mahnen, daß sie die Konsuln grüßen (*salutāre*, Impf.). 5. Nicht wenige Feldherren waren auch große Redner und Autoren.

28 1. Die schlechten Lebensbedingungen vieler Völker sind uns bekannt. 2. Einige Volksstämme kämpften oft mit römischen Legionen. Manchmal haben wenige Legionäre eine große Menge besiegt (überwunden). 3. Die Bilder der Vorfahren liebten die Römer sehr; daher stellten sie die schönen Bilder in den Atrien auf. 4. Cicero, der größte Redner der Römer, hat viele Reden über Politik (staatliche Dinge) und über menschliche Lebensweise gehalten. 5. Auch lange Gespräche über die ungerechte Alleinherrschaft und die richtige Götterverehrung hat er geführt (gehabt).

29 1. Ich werde euch erzählen, warum in alter Zeit die Patrizier alle an (durch) Einfluß und Würde übertroffen haben. 2. Wer hatte (hielt, Perf.) den ersten Rang (Platz) an° Würde (Gen.) in der römischen Bürgerschaft inne°? 3. Die Amtsgewalt lag (war) in den Händen der Patrizier. Viele lobten die Leistung und die Würde der Patrizier. 4. Groß war das Pflichtbewußtsein des Kaisers Augustus. Er hatte (Perf.) im Sinn (Geist), die Würde und die Sitten der römischen Bürgerschaft zu erneuern. 5. Zur° Zeit (Abl.) des Kaisers Augustus feierte der Dichter Vergil die Frömmigkeit und die Tüchtigkeit der alten Römer.

30 1. Die Gallier kämpften (Perf.) oft mit den römischen Reitern und den Fußsoldaten. 2. Nach der Schlacht war es den Soldaten erlaubt, sich auszuruhen (der Ruhe hinzugeben). Die Ruhe war allen angenehm. 3. Der Lohn der Soldaten war gering, die Anstrengungen aber waren groß. 4. Viele Soldaten haben ihr° Blut für das Wohl (Heil) der Bürgerschaft gegeben. Sie waren treue Wächter des Reiches. 5. Höchstes Lob wird es für einen Feldherrn heute sein, Kriege zu vermeiden.

31 1. Viele Gesetze hat sich° das römische Volk gegeben. In alter Zeit war die Stimme des Volkes das höchste (*suprēmus, -a, -um*) Gesetz. 2. Romulus ist der erste König der Römer gewesen; anfangs sind die Könige pflichtbewußt und gerecht gewesen. 3. Richter müssen immer strenge Hüter des Gesetzes sein. 4. Alle Menschen ersehnen den Frieden. 5. Den Frieden zu bewahren wird höchstes Lob der Völker sein.

32 1. Pyrrhus, ein berühmter Feldherr, hatte das Heer der Römer in° (mit) vielen Kämpfen besiegt (überwunden). 2. Danach kam (eilte) der habsüchtige Arzt des Pyrrhus in das Lager der Römer. 3. Wenn die Römer ihm° eine große Belohnung gegeben hätten, hätte er nicht gezögert, seinen Herrn durch Gift zu töten. 4. Denn aus dem Mord hätte er großen Nutzen (Ertrag) gehabt. 5. Aber der römische Feldherr erklärte°: Unsere Rettung liegt (ist) in den Waffen, nicht in List und Hinterhalt.

33 1. Oft litten die Soldaten der Römer unter° der Last (Abl.) der Kämpfe. 2. Es war aber ein großes Verbrechen zu fliehen (die Rücken zu geben). 3. Bündnisse zu verletzen wird immer ein Verbrechen sein. 4. Denn durch Bündnisse schützen (bewahren) die Führer der Völker den Frieden. 5. Es war die Aufgabe von Priestern, Verträge mit Opfern zu bekräftigen (kräftigen).

34 1. Das Zeitalter des Augustus haben viele Dichter mit herrlichen Gedichten gefeiert. 2. Die Lieder des Dichters Horaz *(Horātius)* sind immer noch bekannt. 3. Bei den Römern veranstalteten (bereiteten) Beamte zur Ehre der Götter Wettkämpfe. 4. Römischer Grundsatz (Sinnspruch) war: „Keine Strafe ohne ein Gesetz". 5. Erkläre, warum ein römischer Autor die Mutter das Licht der Familie genannt hat.

35 1. Wenn die Soldaten Rom, die Hauptstadt des Reiches, retten (Fut. II) und die Barbaren abwehren (Fut. II), wird der Konsul dem Heer mit Recht eine große Belohnung geben. 2. Es war bei den Römern Sitte, im schönen Frühling den Göttern zu opfern. 3. Wenn die Priester den Gott angefleht haben (Fut. II), werden die (Opfer°)diener das Herz und die Knochen eines Stieres auf dem Altar verbrennen (entzünden). 4. Wenn wir den langen Zug angeschaut haben (Fut. II), werden wir den Göttern danken und zufrieden sein. 5. Warum bestatteten *(humāre)* die Römer die Gebeine der Toten außerhalb der Mauern?

36 1. Du wirst von mir gemieden, weil von dir Tiere gequält werden. 2. Unsere Arbeit wird von allen anerkannt (gebilligt), daher werden wir von allen gelobt. 3. Es ist gut, von einem wahren Freund geliebt und gemahnt zu werden. 4. Möget ihr durch gute Beispiele zu guten Taten angeregt (angetrieben), von schlechten aber abgehalten werden! 5. Hoffentlich *(Utinam ...)* wird allen Völkern ewiger Friede gegeben werden! Hoffentlich *(Utinam ...)* werden wir von Unglück und Not befreit!

37 1. Rom wurde zuerst von Königen, später von Konsuln regiert (verwaltet). 2. Die Konsuln wurden vom Volk gewählt. 3. Viele Römer fuhren nach Griechenland, um (damit sie ...) dort von Rednern (aus)gebildet und von Philosophen erzogen zu werden (Impf.). 4. Wenn die Gesetze nicht wären, würde das öffentliche Wohl nicht gewahrt (bewahrt) werden. 5. Von einigen Menschen wird sogar (auch) ein guter Rat zurückgewiesen werden.

38 1. Bisweilen kamen (eilten)[1] die Germanen aus ihren° Wäldern und Tälern an die Donau und den Rhein, um die Feinde abzuwehren (Impf.). 2. Später baten sie die Römer, ihnen *(sibi)* Wohnsitze zu geben (daß sie ... gäben). 3. Wenn die Römer den Bitten der Germanen nicht Gehör schenkten (die Ohren gaben), griffen die Germanen die römischen Provinzen an. 4. Mit Schiffen überquerten *(superāre)* sie die Donau und den Rhein und zerstörten die Lager der Römer. 5. Bekannt ist die Niederlage der römischen Legionen im Jahre 9 *(annō nōnō)*.

39 1. Romulus hat die Stadt Rom am Ufer (zum Ufer hin°) des Tibers erbaut. 2. Cicero nennt die Stadt Rom das Licht der Völker (Stämme), die Burg der Nationen. 3. Die Griechen waren die Lehrmeister aller schönen (guten) Künste und Wissenschaften. 4. Einst war das Los der Seeleute hart. Oft segelten sie viele Tage und Nächte lang° durch die weiten Meere. 5. In der Nacht ersehnten sie den Tagesanbruch (die Ankunft des Tageslichts), am Tag wünschten sie, daß sie die Mauern (Stadtmauern) von Siedlungen (Wohnsitzen) sehen (Impf.).

40 1. Die Pferde der Germanen waren klein, aber schnell. 2. Die Römer fürchteten die heftigen Angriffe der schnellen Reiter. 3. Aber die tapferen Legionäre besiegten oft die Reitertruppen und die Landstreitkräfte (Streitkräfte zu Fuß). 4. Die Sieger wurden mit einzigartigen Ehrungen (Ehren) überhäuft (beladen), die Gefangenen aber hatten ein trauriges Leben. 5. Unsterblichen Ruhm haben die Römer nicht durch Kriege, sondern durch ausgezeichnete Kunstwerke und ein bewundernswertes Rechtswesen (Rechte) erworben.

---

1) Von jetzt ab mußt du selbst entscheiden, ob Perfekt oder Imperfekt zu verwenden ist.

41 1. Herkules ertrug solche Anstrengungen, wie (beschaffene) keiner (niemand) aller Sterblichen sie° ertragen° hat°. 2. Der tapfere Mann sorgte sich um (besorgte) das allgemeine Wohl (Heil). 3. Dem allgemeinen Schicksal aller Menschen konnte er nicht entgehen (das ... Schicksal ... konnte er nicht vermeiden). 4. Weil Herkules Treue und Tüchtigkeit gezeigt (geleistet) hatte, stand dem bewundernswerten Helden (Mann) der Zugang zum Himmel offen. 5. Dort steht (ist) er in großer Ehre und ist° den Unsterblichen ähnlich.

42 1. Alte Kunstwerke schmückten die Atrien reicher und mächtiger Römer. 2. Weise griechische Sklaven haben die Kinder reicher Römer erzogen. 3. Die klugen Lehrer wünschten, daß die Kinder die Gedichte der alten Dichter auswendig lernten (dem Gedächtnis anvertrauten). 4. Denn in den Liedern der Dichter stehen (sind) viele Beispiele standhafter und glücklicher Menschen. 5. Wer kann lärmende (schreiende) und lachende Kinder unterrichten?

43 1. Das von einem Diener getötete Tier wird einem Gott geopfert. 2. Teile des geopferten Tieres werden auf dem Altar verbrannt (entzündet). 3. Der vom Volk gewählte Priester fleht den Gott an: „Rette die von Not gequälten Menschen!" 4. Viele vom Unglück verwirrte Menschen umringen den Altar. 5. Der Gott schenkt (gewährt) der betenden Menge Gehör (die Ohren) und befreit die Gequälten vom Elend (Not).

44 1. Die Stadt Rom ist von Romulus erbaut worden. 2. Romulus hat seinen Bruder Remus getötet; er war nämlich von Remus mit heftigen Worten gereizt (erregt) worden. 3. Später wurde die Stadt von den wilden Galliern erobert. Viele Häuser wurden dabei° zerstört. 4. Auch das Kapitol wäre erobert und zerstört worden, wenn die Wächter nicht durch das Geschrei der Gänse *(ānser, -eris)* geweckt worden wären. 5. Als die Gallier besiegt (überwunden) worden waren, wurde die Stadt wiederum aufgebaut (erneuert).

45 1. An diesem Feiertag werde ich in meinem Landhaus sein; denn dieser Ort ist mir angenehm. 2. Ich liebe diese Felder, diese Täler, diese Berge, diese Wälder. Dies alles (Pl.) erfreut mich sehr. 3. In dieser Gegend widme ich mich nicht den Geschäften, sondern erzähle meinen Kindern alte Geschichten. 4. Oft habe ich von jenem König Alexander *(Alexander, -drī)* erzählt. Von den Truppen jenes jungen Mannes wurde fast ganz Klein°asien erobert. Sogar Indien griff er an. 5. Damals sahen die Griechen jenes wunderbare Land, jene herrlichen Bauwerke (Gebäude), jenen gewaltigen Strom.

46 1. Caesar überschritt *(superāre)* den Rhein, um° die Germanen anzugreifen (Part. Fut.). Diese aber eilten in die Wälder, um° sich zu retten (Part. Fut.). 2. Die römischen Autoren haben viel (Pl.) von den Germanen erzählt. Meistens loben sie deren Sitten. 3. Bei den Germanen war es ein großes Verbrechen, die Treue nicht zu halten (bewahren). 4. Groß war der Ruhm des Arminius *(Arminius, -ī)*; denn von ihm sind die Römer besiegt (überwunden) worden. In° Liedern (Abl.) feierten ihn die Germanen. 5. Nicht allen gefallen die nämlichen Geschichten.

47 1. Die Stadt Rom war mit acht Brücken ausgestattet. 2. Sieben Könige waren viele Jahre (Akk.) die Ersten der römischen Bürgerschaft. Romulus ist der erste König, Tarquinius Superbus der siebte König der Römer gewesen. 3. Später wählten die Bürger jährlich *(quotannīs)* je zwei Konsuln. 4. Schließlich wurde der Staat wieder einem einzigen Mann, dem Kaiser Augustus, anvertraut. 5. Wie viele Jahre leitete er den Staat (war er dem Staat vorgesetzt)?

48 1. Remus war tapfer, Romulus war tapferer. 2. Lange waren die Römer mächtiger als die übrigen Völker. 3. Aber oft war die Herrschaft zu grausam. 4. Das Glück wohnt auch unter den niedrigsten Dächern. 5. Auch der Gerechteste kann nicht in Frieden leben (sein), wenn der Nachbar allzu böse (ungerecht) ist; denn es ist schwer, Mangel zu ertragen, es ist schwerer, Haß zu ertragen, es ist am schwersten, Unrecht zu ertragen.

49 1. Oft vertrieben *(fugāre)* die größeren Völker die kleineren Stämme aus ihrer° Heimat und besetzten *(occupāre)* rechtswidrig (in ungerechter Weise) die besseren Felder. 2. Manchmal gehörte (war) den besten und reichsten Bürgern der beste Boden. 3. Den Armen wurden die schlechteren und kleineren Felder gegeben. 4. Die meisten Kriege zerstörten überall das Land; sie schadeten allen Bürgern viel, mehr den älteren Menschen, am meisten den Kranken. 5. Was ist schlechter als Krieg, was besser als Frieden?

50 1. Die Griechen haben Troja zehn Jahre (lang) tapfer angegriffen. 2. Aber die Trojaner *(Trōiānī, -ōrum)* haben die Feinde verwegen und standhaft von ihrer Heimat abgewehrt. 3. Da ermutigte (ermahnte) ein griechischer Führer seine Leute (die Seinen), daß sie mit höchster Kunstfertigkeit (Kunst) rasch ein hölzernes *(līgneus)* Pferd bauten. 4. Jene gehorchten ihm gern und erbauten es (das Pferd) in kurzer Zeit. 5. Die Trojaner *(Trōiānī)* aber stritten hitzig (heftig) untereinander (zwischen sich): den einen gefiel es, das Pferd unverzüglich ins Meer zu stürzen, den anderen, das Pferd möglichst schnell auf der Burg aufzustellen. 6. Durch die List des hölzernen *(līgneus)* Pferdes wurde Troja erobert.

GRAMMATIK UND WORTSCHATZ

1 Laut und Schrift
Wortarten
Beugung: Deklination

G a) Die Laute

Der Selbstlaut: der **Vokal**, die Selbstlaute: die **Vokale**
Der Mitlaut: der **Konsonant**, die Mitlaute: die **Konsonanten**

Ein langer Vokal wird durch einen Strich (ā) kenntlich gemacht. (Das Längezeichen wird aber nur im Wortschatz zur Erlernung der richtigen Aussprache angegeben.) Ein Vokal ohne Längezeichen gilt als kurz.

b) Die Aussprache

Von den Römern wurde *c* immer wie *k* gesprochen. Heute spricht man *c* vor den hellen Vokalen *e* und *i* (auch vor *ae* und *oe*) meist wie *z* (Beispiel: *circus*); *v* wird wie *w* gesprochen (Beispiel: *vīlla*).

c) Die Betonung

Ein zweisilbiges Wort hat den Ton (Akzent) auf der vorletzten Silbe (z. B. *glóbus*), die drei- und mehrsilbigen Wörter haben den Ton auf der vorletzten Silbe, wenn diese lang ist (z. B. *figū́ra*), sie haben ihn auf der drittletzten Silbe, wenn die vorletzte kurz ist (z. B. *fā́bula*).

d) Die Schreibung

Mit großen Anfangsbuchstaben schreibt man heute im Lateinischen nur die Eigennamen und das erste Wort eines Satzes.

e) Wortarten

Das Hauptwort: das **Substantiv**, die Hauptwörter: die **Substantive**
Das Geschlechtswort, der Begleiter: der **Artikel**

Im Lateinischen gibt es keine Artikel.
Jedes Hauptwort hat einen **Wortstock**, an den der **Ausgang** angefügt wird.
Beispiel: In *fīlia* und *fīlius* ist *fīli-* der Wortstock, *-a* bzw. *-us* der Ausgang.

f) Beugung

Hauptwörter kann man am Wortende beugen: **deklinieren.**

Die Beugung des Hauptworts: die **Deklination**

Im Lateinischen gibt es (wie im Deutschen auch) mehrere Deklinationsarten. Der Vokal *a* am Wortende ist der Kennlaut für die ā-Deklination, der Ausgang *-us* das Kennzeichen für die o-Deklination (*-us* entstand aus *-os*).

W

vīlla	die Villa, das Landhaus, Landgut	bēstia	das Tier
figūra	die Figur, Gestalt	epistula	der Brief *(Epistel)*
fōrma	die Form, Gestalt	summa	die Summe, Gesamtheit
statua	die Statue, das Standbild	deus	der Gott
flamma	die Flamme, das Feuer	dea	die Göttin
fābula	die Fabel, Geschichte, Erzählung, das Theaterstück	dominus	der Herr
īnsula	die Insel; der Wohnblock	domina	die Herrin
familia	die Familie, Hausgemeinschaft	fīlius	der Sohn
nātūra	die Natur	fīlia	die Tochter *(Filiale)*
		amīcus	der Freund
		amīca	die Freundin
		servus	der Sklave, Knecht
		serva	die Sklavin
		et	und
		Rōma	Rom

Englisch: village; figure; form; statue; fabulous; family; nature, natural; beast, sum.

2 Der Aussagesatz
Satzgegenstand und Satzaussage
Kongruenz

G a) Fīlia labōrat. — Die Tochter arbeitet.

Sätze, die eine Tätigkeit, ein Geschehen oder einen Zustand mitteilen, nennen wir **Aussagesätze**.
Zwei **Satzglieder** bilden den obigen Beispielsatz:
der Satzgegenstand (das **Subjekt**) und die Satzaussage (das **Prädikat**).
Das Subjekt bezeichnet die Person oder den Gegenstand, worüber im Satz eine Aussage gemacht wird.
Das Prädikat bezeichnet das, was über den Satzgegenstand ausgesagt wird.

Nach dem Prädikat fragt man: **was wird ausgesagt**?
Nach dem Subjekt fragt man: **wer**? oder **was**?

Das Prädikat ist hier ein Wort, das eine Tätigkeit angibt (ein Tätigkeitswort oder **Verb**; die Tätigkeitswörter: die **Verben**).
Das Subjekt ist hier ein Substantiv; es steht im **Nominativ** (1. Fall).

b) Fīlius (fīlia) labōrat — Der Sohn (die Tochter) arbeitet.
Fīliī (fīliae) labōrant. — Die Söhne (die Töchter) arbeiten.

Das Prädikat und das Subjekt können in der Einzahl (im **Singular**) oder in der Mehrzahl (im **Plural**) stehen.
Prädikat und Subjekt sind immer eng aufeinander bezogen.
Sie zeigen Übereinstimmung (**Kongruenz**), d. h. sie müssen in der gleichen Zahl (im gleichen **Numerus**) stehen.

c) Jedes Verb hat einen **Verbalstamm**, an den die **Endungen** für den Singular und Plural angefügt werden.

Singular			Plural	
es-t	er (sie, es)	is-t	su-nt	sie si-nd
labōra-t	er (sie, es)	arbeite-t	labōra-nt	sie arbeit-en

Die verschiedenen Personen (*er* arbeitet; *sie* arbeiten) erkennt man im Deutschen auch an den kleinen Wörtern, die *für* die Personen oder Sachen stehen (Fürwörter). Im Lateinischen erkennt man sie an den Endungen der Verben (labōra*t*, labōra*nt*).

d) Das Substantiv hat im Nominativ folgende Ausgänge:

Singular		Plural	
ā-Dekl.	o-Dekl.	ā-Dekl.	o-Dekl.
-a fīli-a die Tochter	**-us** fīli-us der Sohn	**-ae** fīli-ae die Töchter	**-ī** fīli-ī die Söhne

e) Die Aufgaben (**Funktionen**) der Satzglieder und Wörter im Satz können in einem Satzmodell (oder Satzbild) dargestellt werden:

Fīlia labōrat.	Die Tochter arbeitet.
Subjekt ——— Prädikat *(Subst. im Nom.) (Verb)*	*fīlia* ——— *labōrat*

f) Im Lateinischen ist das Subjekt oft in der Endung des Verbs mit enthalten. Die Stelle des Subjekts ist dann unbesetzt.

Labōrat.	Er (sie, es) arbeitet.
(Subjekt) —— Prädikat	——— *labōrat*

g) Amīcus nunc labōrat. — Der Freund arbeitet jetzt.
Nunc amīcus labōrat. — Jetzt arbeitet der Freund.

Das Prädikat steht im Lateinischen meist am Ende des Satzes. Will man ein Wort hervorheben, so steht es am Satzanfang.

W1 pater	der Vater[1]	intrat	er (sie, es) tritt ein, geht hinein, betritt
māter	die Mutter	rogat	er (sie, es) fragt, bittet
est	er (sie, es) ist	labōrat	er (sie, es) arbeitet
sunt	sie sind	cūr?	warum?
clāmat	er (sie, es) schreit, ruft laut	ubi?	wo?
próperat	er (sie, es) eilt, beeilt sich	nunc	nun, jetzt
		semper	immer, stets

W2 tábula	die Tafel[2]; das Gemälde	appropinquat	er (sie, es) naht, nähert sich
cessat	er (sie, es) zögert, säumt	iterum	wiederum
		iam	schon, bereits
spectat	er (sie, es) betrachtet, sieht, schaut (an)	tandem	endlich, schließlich
		súbitō	plötzlich
exspectat	er (sie, es) schaut aus, erwartet, wartet	hīc	hier
		tum	da, dann, darauf, damals

Englisch: to enter; lab(oratory), labour; table; to expect.

Merke: deī *oder* dī die Götter

3 Satzergänzung im Akkusativ

G a) Pater exspectat … — Der Vater erwartet …

Quem pater exspectat? — **Wen** erwartet der Vater?

Ein Verb als Prädikat erfordert oft eine Ergänzung (ein **Objekt**):

Pater fīlium exspectat. — Der Vater erwartet den Sohn.

Māter fīliam exspectat. — Die Mutter erwartet die Tochter.

Das Objekt gibt an, auf welche Person oder Sache sich die durch das Verb ausgedrückte Handlung richtet.

Das Substantiv, das hier das Objekt bildet, steht im **Akkusativ** (4. Fall).

Nach dem **Akkusativobjekt** fragt man: **wen** oder **was**?

b) Die Deklination der Substantive erfolgt dadurch, daß an den Wortstock die Ausgänge des jeweiligen Falles (**Kasus**) treten.

Der Akkusativ hat folgende Ausgänge:

Singular		Plural	
ā-Dekl.	o-Dekl.	ā-Dekl.	o-Dekl.
-am fīli-am die Tochter	**-um** fīli-um den Sohn	**-ās** fīli-ās die Töchter	**-ōs** fīli-ōs die Söhne

1) Wörter, die von Anfang an gemeinsam waren (Erbwörter), werden im Lateinischen und Deutschen gesperrt gedruckt. 2) Lehnwörter sind gesperrt gedruckt.

c) Das Satzmodell mit dem Akkusativobjekt

Mārcus amīcōs exspectat.	Markus erwartet die Freunde.
Subjekt ——— Prädikat \\ Objekt *(Subst.im Akk.)*	Mārcus ——— exspectat \\ *amīcōs*

Im Satzmodell kennzeichnet ein Schrägstrich nach rechts unten das Objekt. Das Satzmodell gibt nicht die Reihenfolge der Wörter im Satz an, sondern die „Abhängigkeit".

d) Mārcus **mē** exspectat.	Markus erwartet **mich**.
Cornēlia **tē** vocat.	Cornelia ruft **dich**.

Auch ein Fürwort (**Pronomen**) kann Objekt sein.

Mārcus mē exspectat.	Markus erwartet mich.
Subjekt ———Prädikat \\ Objekt *(Pron. im Akk.)*	Mārcus ——— exspectat \\ *mē*

e) Mē Mārcus exspectat.	Mich (nicht dich) erwartet Markus.

Will man das Objekt hervorheben, kann man es an den Satzanfang stellen.

W1

cēna	die Mahlzeit	parat	er (sie, es) bereitet (vor), erwirbt *(präparieren)*
aqua	das Wasser *(Aquarium)*	portat	er (sie, es) bringt, trägt *(Porto)*
cibus	die Speise, Nahrung	apportat	er (sie, es) bringt herbei
quem?	wen?	dēlectat	er (sie, es) erfreut, macht Freude
mē *(Akk.)*	mich	etiam	auch, sogar
tē *(Akk.)*	dich	ecce!	sieh da!
vocat	er (sie, es) ruft, nennt *(Vokal)*		
nārrat	er (sie, es) erzählt		

W2

cūra	die Sorge, Sorgfalt *(Kur)*	laudat	er (sie, es) lobt
causa	der Grund, die Ursache; der Prozeß	creat	er (sie, es) erschafft, verursacht, wählt *(Kreatur)*
campus	das Feld, die Ebene *(Camping)*	ignōrat	er (sie, es) weiß nicht, kennt nicht *(Ignorant)*
equus	das Pferd	vītat	er (sie, es) meidet, vermeidet
hortus	der Garten	nam	denn
cūrat	er (sie, es) sorgt, besorgt, versorgt, pflegt *(kurieren)*	sed	aber, sondern

Englisch: (to) repair, to prepare; porter, portable, (to) support; (to) cause; (to) camp, camping; to create, recreation.

4

Satzergänzung im Dativ
Die Verneinung

G a) Dominus et domina imperant. — Der Herr und die Herrin befehlen.
Cui imperant? — **Wem** befehlen sie?
Dominus serv**ō** imperat. — Der Herr befiehlt **dem** Sklaven.
Domina serv**ae** imperat. — Die Herrin befiehlt **der** Sklavin.
Domina et dominus serv**īs** imperant. — Die Herrin und der Herr befehlen **den** Sklaven (den Sklavinnen).

Manche Verben, die als Prädikat stehen, haben ein **Objekt** im **Dativ** (3. Fall) bei sich.

Das **Dativobjekt** gibt an, welcher Person oder Sache die Handlung des Prädikats gilt.

Nach dem Dativobjekt fragt man: **wem?**

b) Die Ausgänge des Dativs

Singular		Plural	
ā-Dekl.	o-Dekl.	ā-Dekl.	o-Dekl.
-ae serv-ae der Sklavin	**-ō** serv-ō dem Sklaven	**-īs** serv-īs den Sklavinnen	**-īs** serv-īs den Sklaven

c) Das Satzmodell mit dem Dativobjekt

Dominus vīllae appropinquat. — Der Herr nähert sich dem Landhaus.

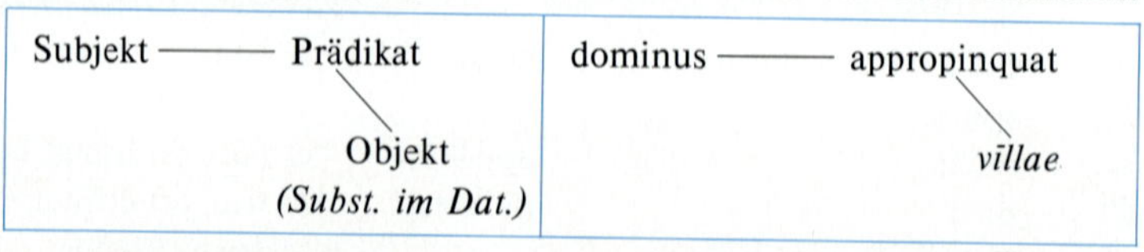

d) Dominus **tibi** et servō imperat. — Der Herr befiehlt **dir** und dem Sklaven.

Auch ein Pronomen kann Dativobjekt sein.

e) Servus equō cibum apportat. — Der Sklave bringt dem Pferd Futter.

Verben können auch mehrere Ergänzungen bei sich haben, z. B. ein Dativ- und ein Akkusativobjekt.

f) Das Satzmodell mit einem Dativ- und Akkusativobjekt

Servus equō cibum apportat. — Der Sklave bringt dem Pferd Futter.

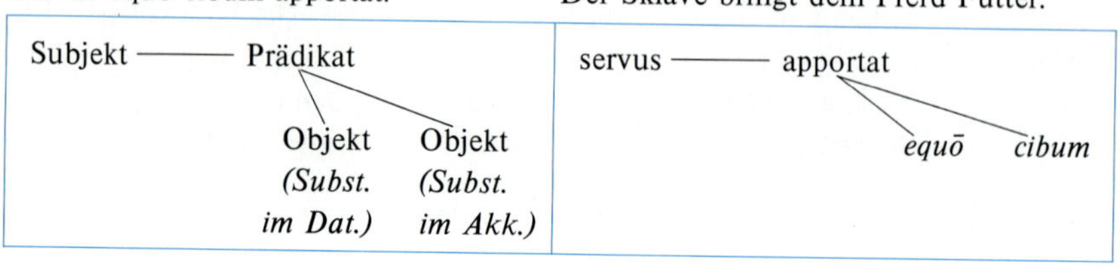

g) Amīcus nōn labōrat. — Der Freund arbeitet nicht.
Nōn amīcus labōrat, sed servus. — Nicht der Freund arbeitet, sondern der Sklave.

Das Verneinungswort (die **Negation**) *nōn* steht unmittelbar vor dem verneinten Wort.

W1

mēnsa	der Tisch *(Mensa)*	ōrnat	er (sie, es) stattet aus, schmückt *(Ornament)*
convīva	der Gast	nūntiat	er (sie, es) meldet, verkündet
cui?	wem?	mandat	er (sie, es) übergibt, vertraut an, trägt auf *(Mandat)*
mihi *(Dat.)*	mir	statim	sofort, sogleich
tibi *(Dat.)*	dir		
ímperat	er (sie, es) befiehlt, gebietet		
dat	er (sie, es) gibt		

W2

pecūnia	das Geld	nōn	nicht
patria *(pater)*	die Vaterstadt, das Vaterland, die Heimat	sōlum	nur
ḗducat	er (sie, es) erzieht	nōn sōlum... sed etiam	nicht nur...sondern auch
dōnat	er (sie, es) (be)schenkt	saepe	oft
vexat	er (sie, es) quält, sucht heim	ítaque	daher, deshalb
amat	er (sie, es) liebt *(Amateur)*	intérdum	manchmal, bisweilen
		Syria	Syrien
		Italia	Italien

Englisch: to pronounce; to educate, education.

Merke: Dēlia serva — die Sklavin Delia *(Stellung!)*

5 Attribut im Genitiv

G

a) Amīcus vīllam intrat. — Ein Freund betritt das Landhaus.
Cuius vīllam intrat? — **Wessen** Landhaus betritt er?
Amīcus vīllam dominī intrat. — Ein Freund betritt das Landhaus **des Herrn**.

Jedes Satzglied, das aus einem Substantiv besteht, kann durch eine Beifügung (**Attribut**) genauer gekennzeichnet werden, z. B. das Landhaus des Herrn (im Unterschied zu: das Landhaus des Freundes).
Substantive als **Attribute** stehen hier im **Genitiv** (2. Fall).

b) Die Ausgänge des Genitivs

Singular		Plural	
ā-Dekl.	o-Dekl.	ā-Dekl.	o-Dekl.
-ae convīv-ae des Gastes	**-ī** serv-ī des Sklaven	**-ārum** convīv-ārum der Gäste	**-ōrum** serv-ōrum der Sklaven

c) Das Satzmodell mit Attributen im Genitiv

Amīcus dominī vīllam intrat.	Der Freund des Herrn betritt das Landhaus.

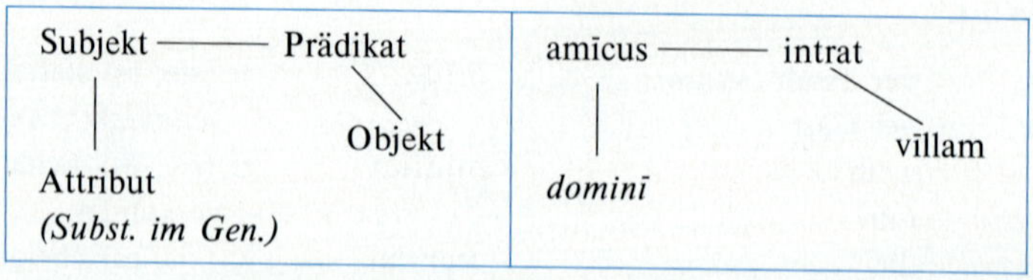

Amīcus vīllam dominī intrat.	Der Freund betritt das Landhaus des Herrn.

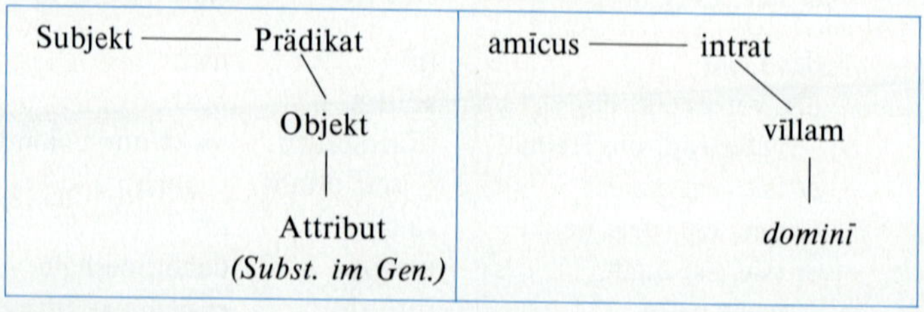

Im Satzmodell kennzeichnet ein senkrechter Strich das Attribut. Es steht eine „Etage“ tiefer als die Objekte.

W1

audācia	die Kühnheit, der Wagemut	pūgnat	er (sie, es) kämpft
victōria	der Sieg *(Viktor)*	dēsīderat	er (sie, es) ersehnt, vermißt
dīligentia	die Sorgfalt, Umsicht	temptat	er (sie, es) befühlt, versucht, greift an
lūdus	das Spiel, die Schule	vulnerat	er (sie, es) verwundet
animus	die Seele, der Geist, die Gesinnung, das Herz, der Mut	necat	er (sie, es) tötet
cuius?	wessen?	hodiē	heute

W2

grātia	die Gunst, der Dank	exsultat	er (sie, es) jubelt
cōpia	die Menge, Fülle, der Vorrat *(kopieren)*	excitat	er (sie, es) erregt, weckt, ermuntert
laetitia	die Freude	posteā	nachher, später
arēna	die Sandfläche, der Kampfplatz *(Arena)*	libenter	gern
pūgna	der Kampf	autem *(nachgestellt)*	aber
populus	das Volk *(populär)*	Rōmānī	die Römer
carrus	der Karren, Wagen	Āfrica	Afrika
elephantus	der Elefant	Germānia	Germanien

Englisch: victory; people; car; elephant; excited, exciting.

Merke:

cibus bēstiārum	die Nahrung der Tiere, die Tiernahrung
cōpia pecūniae	eine Menge von Geld, eine Menge Geld
cōpia equōrum	eine Menge Pferde

6

Leistungen des Verbs: Konjugation
Präsens der ā- und ē-Konjugation
Infinitiv

G a) Ein Verb drückt eine **Tätigkeit** oder Handlung, oft auch einen **Vorgang** oder einen **Zustand** aus.

b) Ein Verb kennzeichnet meist auch die **Person**, die eine Handlung ausführt.

Spricht jemand von sich selbst, gebraucht er die Form der 1. Person (ich).
Spricht er jemanden an, gebraucht er die Form der 2. Person (du).
Spricht er über einen Dritten, gebraucht er die Form der 3. Person (er, sie, es).
Wenn mehrere von sich sprechen, gebrauchen sie die Form der 1. Person Plural (wir).
Spricht man mehrere Personen an, gebraucht man die Form der 2. Person Plural (ihr).
Spricht man über Dritte, gebraucht man die Form der 3. Person Plural (sie).

Zur Kennzeichnung treten verschiedene **Personalendungen** an den **Stamm** des Verbs.
Verben kann man also beugen: **konjugieren**.
Die Beugung des Verbs heißt: **Konjugation**.
Je nach dem Endvokal des Stammes spricht man von ā- oder ē-Konjugation.

c) Ein Verb läßt auch die Zeit (das **Tempus**) einer Handlung erkennen.
Ein Verb informiert also über die Tätigkeit, über die Person, über die Zahl der Personen und über die Zeit des Geschehens.
Am einfachsten sind die Verbalformen für das **Präsens** (Gegenwart).

d) Die Konjugation des Verbs im Präsens

		ā-Konjugation		ē-Konjugation	
Sing.	1. Person	laud **-ō**	ich lobe	mone-**ō**	ich mahne
	2. Person	laudā-**s**	du lobst	monē-**s**	du mahnst
	3. Person	lauda-**t**	er (sie, es) lobt	mone-**t**	er (sie, es) mahnt
Plur.	1. Person	laudā-**mus**	wir loben	monē-**mus**	wir mahnen
	2. Person	laudā-**tis**	ihr lobt	monē-**tis**	ihr mahnt
	3. Person	lauda-**nt**	sie loben	mone-**nt**	sie mahnen

laudā- bzw. *monē-* ist der Verbalstamm, an den die Endungen treten.
laudō ist aus *lauda-ō* entstanden.

e) Die Nennform des Verbs im Präsens: der **Infinitiv Präsens**

Cēnā**re** dēlectat. — Essen (zu essen) erfreut.
Rīdē**re** licet. — Lachen (zu lachen) ist erlaubt.

Der Infinitiv eines Verbs drückt nur die Tätigkeit als solche aus.
Zur Kennzeichnung tritt die Infinitivendung **-re** an den Stamm des Verbs.

f) Der Infinitiv kann die Stelle eines Subjekts oder Objekts besetzen.

Cēna dēlectat.	Die Mahlzeit erfreut.
Cēnāre dēlectat.	Essen (zu essen) erfreut.

Subjekt ——— Prädikat *(Subst. im Nom.)*	*cēna* ——— dēlectat
Subjekt ——— Prädikat *(Inf.)*	*cēnāre* ——— dēlectat

Mārcus cēnam amat.	Markus liebt die Mahlzeit.
Mārcus cēnāre amat.	Markus liebt (es) zu essen.

Subjekt ——— Prädikat \\ Objekt *(Subst. im Akk.)*	Mārcus ——— amat \\ *cēnam*
Subjekt ——— Prädikat \\ Objekt *(Inf.)*	Mārcus ——— amat \\ *cēnāre*

W1

puella	das Mädchen	tacēre	schweigen
óculus	das Auge	timēre	(sich) fürchten
nōs *(Akk.)*	uns	terrēre	(er)schrecken *(Terror)*
vōs *(Akk.)*	euch	iuvat	es freut
captāre	fangen, fassen	licet	es ist erlaubt *(Lizenz)*
(ad)monēre	ermahnen, mahnen, erinnern *(monieren)*	vult	er (sie, es) will
		nōn iam	nicht mehr
rīdēre	lachen, verlachen	paene	beinahe, fast

W2

hōra	die Stunde	cēnāre (cēna)	speisen, essen
dolus	die List, Täuschung	vidēre	sehen *(Videogerät)*
errāre	irren, sich verirren	habēre	haben, halten
simulāre (símulō)	vorgeben, heucheln *(Simulator)*	adhibēre	anwenden, beiziehen
		flēre	weinen, beweinen
volāre	fliegen, eilen	tenēre	halten
advolāre (ádvolō)	herbeieilen	tamen	dennoch

Englisch: terrible; licence; hour.

Merke:

Mē iuvat cēnāre.	Es freut mich zu speisen.
Dolum adhibēre parō.	Ich habe vor (habe im Sinn), eine List anzuwenden.

7

Der Fragesatz
Das Fragefürwort (Interrogativpronomen)
esse als Vollverb und Hilfsverb

G

a) **Cūr** mē vocās? — **Warum** rufst du mich?

Eine Frage, die mit einem **Fragewort** eingeleitet wird, heißt **Wortfrage**. Man fragt hier nach einer Einzelheit, z. B. wer? wo? wann? warum?

Fragewörter beginnen im Deutschen meist mit dem Laut w.

b) Vocās-**ne** mē? — Rufst du mich?
Mē-**ne** vocās? — Mich rufst du?

Eine Frage **ohne** Fragewort heißt **Satzfrage**.
Im Lateinischen wird die Satzfrage gewöhnlich durch *-ne* gekennzeichnet; *-ne* ist an dasjenige Wort angehängt, das eigentlich die Frage enthält und deshalb am Anfang des Satzes steht.

c) Die vier Fälle der Fragefürwörter (**Interrogativpronomina**) *quis* und *quid*:

Nom.	quis		quid
Gen.		cuius	
Dat.		cui	
Akk.	quem		quid

d) Deus est. — Gott ist (existiert).
Cornēlia est domina. — Cornelia ist die Herrin.

Die Formen von *esse* (sein) werden nur selten als ‚Vollverb' verwendet. Meist bilden sie mit einem Substantiv zusammen die Einheit des Prädikats. Man sagt dann auch: *esse* wird als ‚Hilfsverb' gebraucht.

e) Das Präsens von *esse*

	Singular		Plural	
1. Pers.	sum	ich bin	sumus	wir sind
2. Pers.	es	du bist	estis	ihr seid
3. Pers.	est	er (sie, es) ist	sunt	sie sind
Infinitiv	esse	sein, zu sein		

Der Wortstamm lautet *es* oder *s*.

f) Auch das mit *esse* zusammengesetzte Prädikat stimmt im Numerus mit dem Subjekt überein (**Kongruenz**).

Subjekt	Prädikat	Subjekt	Prädikat
Syrus	serv**us** es**t**	Syrus et Davus	serv**i** sun**t**
↑	↗ ↗	↑	↑ ↗
Singular	Singular	Plural	Plural

W1

avunculus	der Onkel
tribūnus	der Tribun, Offizier
tū	du
quis?	wer?
quid?	was?
expūgnāre (pūgna)	erobern
nōn ignōrāre	genau/wohl wissen, gut kennen
igitur	also
ita (itaque)	so

W2

dext(e)ra	die rechte Hand, Rechte
prōvincia	die Provinz der Amtsbereich
legiōnārius	der Legionär
repudiāre	zurückweisen, verschmähen
(cōn)servāre	bewahren, retten
valēre	gesund sein, vermögen
solēre	gewohnt sein, pflegen
dēbēre	schulden, müssen
ibi	dort
postrēmō (posteā)	zuletzt, schließlich
quam	wie, als (beim Vergleich)

Englisch: conservation, conservative.

8 Der Begehrsatz: Imperativ
Anrede
Attribut als Apposition

G a) Nārrā mihi fābulam! — Erzähle mir eine Geschichte!

Ein Befehlssatz will ein bestimmtes Verhalten des Angesprochenen erreichen. Das Verb eines Befehlssatzes steht in der Befehlsform, im **Imperativ**. Der Imperativ steht gewöhnlich am Satzanfang.
Sätze, die einen Befehl ausdrücken, sind **Begehrsätze**.

b) Die Bildung des Imperativs

Endung	ā-Konjugation		ē-Konjugation		esse	
Sing. —	laudā!	lobe!	monē!	mahne!	es!	sei!
Plur. -te	laudā-te!	lobt!	monē-te!	mahnt!	es-te!	seid!

Beim Singular des Imperativs liegt der reine Stamm vor.

c) Das Satzmodell mit dem Imperativ

Nārrā mihi fābulam! — Erzähle mir eine Geschichte!

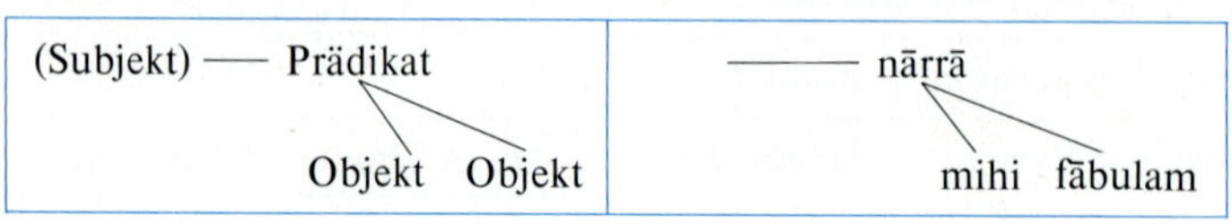

Beim Imperativ ist (wie im Deutschen) das Subjekt im Prädikat mit ausgedrückt. Die Stelle des Subjekts bleibt deshalb unbesetzt.

d) Nārrā fābulam, amīca (amīce)! — Erzähle eine Geschichte, Freundin (Freund)!

Mit der Anrede (dem **Vokativ**) spricht man eine Person an.
Die Anrede ist kein (vom Prädikat abhängiges) notwendiges Satzglied. Sie wird durch ein Komma vom eigentlichen Satz getrennt.

Der Vokativ hat die gleiche Form wie der Nominativ.
Nur die Wörter auf *-us* der o-Deklination haben für den Vokativ Singular den besonderen Ausgang **-e**: amīce (o, mein) Freund.

e) Pater Syriam, patriam servī, laudat. — Der Vater lobt Syrien, die Heimat des Sklaven.

Eine **Apposition** (Beifügung im gleichen Kasus) hat die Funktion eines Attributs. Sie gibt daher ebenfalls eine genauere Information zu einem Substantiv.

Das Satzmodell mit der Apposition

Pater Syriam, patriam servī, laudat. — Der Vater lobt Syrien, die Heimat des Sklaven.

Subjekt — Prädikat \ Objekt | Apposition *(Subst. im gleich. Kasus)*	pater — laudat \ Syriam | *patriam* servī

W1	glōria	der Ruhm, die Ehre	superāre (súperō)	übertreffen, überwinden
	bárbarus	der Barbar	pārēre	gehorchen *(parieren)*
	mūrus	die Mauer	retinēre (tenēre)	zurückhalten
	vigilāre (vígilō)	wachen, wach(sam) sein	sedēre	sitzen
			studēre	sich bemühen *(Studium)*
	putāre	glauben, meinen	ut	wie

W2	fuga	die Flucht	stāre (statim)	stehen
	sententia	der Sinnspruch, Satz; die Meinung *(Sentenz)*	oppūgnāre (pūgna)	bekämpfen, bestürmen, angreifen
	mundus	die Welt	ōrāre	beten, bitten
	nōbīs *(Dat.)*	uns	docēre	lehren, unterrichten *(Dozent)*
	vōbīs *(Dat.)*	euch		
	sē *(Akk.)*	sich	valdē (valēre)	sehr
	explicāre (éxplicō)	entfalten, erklären	Iuppiter	Jupiter (höchster römischer Gott)

Englisch: glory; (to) study, student; sentence.

Merke:

Lūdīs *(Dat.)* mē dō. — Ich gebe mich den Spielen hin, widme mich den Spielen.

Fugae mē dō. — Ich gebe mich der Flucht hin, ich fliehe.

9

Das Adverbiale
Angaben im Ablativ
Die ā- und o-Deklination (Überblick)

G a) 1. Mārcus equōs aqu**ā** et cīb**ō** cūrat. — Markus versorgt die Pferde **mit** Wasser und **mit** Futter.

2. Quis nōs cūr**īs** līberat? — Wer befreit uns **von** Sorgen?

Die im Verb ausgedrückte Tätigkeit kann (außer durch Objekte) auch durch eine zusätzliche Angabe (ein **Adverbiale**) erweitert werden.
Im 1. Beispiel bezeichnet das Adverbiale ein Mittel (oder Werkzeug), womit oder wodurch etwas geschieht.
Frage: **womit?** oder **wodurch?**.
Im 2. Beispiel gibt das Adverbiale an, wovon jemand befreit (oder getrennt) wird.
Frage: **wovon?**
Das Lateinische hat einen eigenen Kasus, mit dem Substantive auch als **Adverbialien** (adverbiale Angaben oder Bestimmungen) in den Satz eingebaut werden können: den **Ablativ**.
Je nach der Bedeutung, die sich aus dem Satzzusammenhang ergibt, spricht man vom Ablativ des Mittels oder vom Ablativ der Trennung.

b) Die Ausgänge des Ablativs

Singular		Plural	
ā-Dekl.	o-Dekl.	ā-Dekl.	o-Dekl.
-ā cūr-ā	**-ō** cīb-ō	**-īs** cūr-īs	**-īs** cīb-īs

In allen Deklinationen ist im Plural der Ablativ gleich dem Dativ.

c) Das Satzmodell mit einem Adverbiale

Mārcus equōs cibō cūrat. — Markus versorgt die Pferde mit Futter.

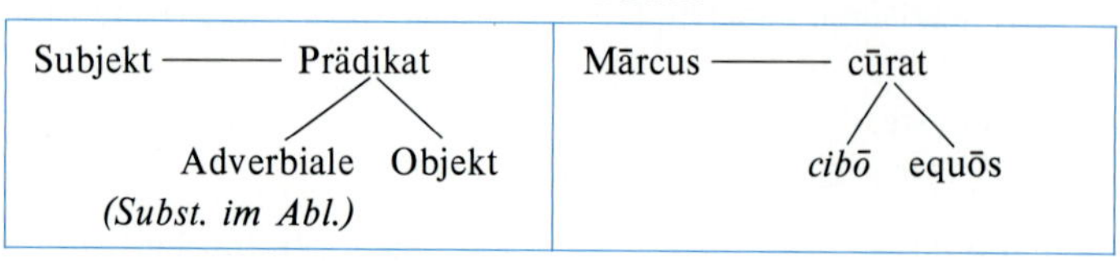

Adverbialien (adverbiale Angaben) werden in unserem Satzmodell mit einem Schrägstrich nach links unten gekennzeichnet.

d) Überblick über die ā- und o-Deklination

Kasus	Frage	ā-Deklination		o-Deklination	
		Sing.	Plural	Sing.	Plural
Nom.	wer oder was?	terr-**a**	terr-**ae**	hort-**us**	hort-**ī**
Gen.	wessen?	terr-**ae**	terr-**ā́rum**	hort-**ī**	hort-**ṓrum**
Dat.	wem?	terr-**ae**	terr-**īs**	hort-**ō**	hort-**īs**
Akk.	wen oder was?	terr-**am**	terr-**ās**	hort-**um**	hort-**ōs**
Abl.	womit? wodurch? wovon?	terr-**ā**	terr-**īs**	hort-**ō**	hort-**īs**

Die Substantive der o-Deklination haben im Singular einen eigenen Ausgang für den Vokativ (*-e-*): *amīce* o Freund (vgl. G 8d)

W1

sagitta	der Pfeil
rapīna	der Raub(zug)
fēmina	die Frau *(Femininum)*
praeda	die Beute
ruīna	der (Ein-)Sturz, Pl.: die Trümmer *(Ruine)*
gladius	das Schwert *(Gladiole)*
fluvius	der Fluß
rūsticus	der Bauer *(rustikal)*
nōs *(Nom.)*	wir
nihil	nichts *(Nihilist)*
nisi	wenn nicht
nihil nisi	nichts außer, nur (nichts wenn nicht)
raptāre (rapīna)	rauben, wegschleppen
onerāre (ónerō)	beladen, belasten
līberāre (lī́berō)	befreien *(liberal)*
dēlēre	zerstören, vernichten
vel (vult)	oder
Dānuvius	Donau
Rhēnus	Rhein

W2

īra	der Zorn
miseria	das Elend, Unglück, die Not *(miserabel)*
terra	die Erde, das Land *(Terrasse)*
captīvus (captāre)	der Gefangene
vīcus	das Wohngebiet, Dorf; die Gasse
complēre, implēre	(an)füllen, erfüllen *(komplett)*
arcēre	abhalten, abwehren
sērō	spät, zu spät
rārō	selten *(rar)*
iūre	mit Recht *(Jurist)*
sīc	so, auf diese Weise

Englisch: to liberate, liberation; miserable; (to) complete.

10

Substantive auf -um
Genus der Substantive
Das Adverb

G a) Templum Saturnī artificium est. Der Tempel des Saturn ist ein Kunstwerk.
Templa deōrum vidēmus. Wir sehen die Tempel der Götter.

Die Deklination der Substantive auf *-um*: *verbum* das Wort

	Singular		Plural	
Nom.	verb-**um**	das Wort	verb-**a**	die Wörter
Gen.	verb-**ī**	des Wortes	verb-**ōrum**	der Wörter
Dat.	verb-**ō**	dem Wort	verb-**īs**	den Wörtern
Akk.	verb-**um**	das Wort	verb-**a**	die Wörter
Abl.	verb-**ō**	durch das Wort	verb-**īs**	durch die Wörter

Bei den Substantiven auf *-um* lauten Nominativ und Akkusativ (und auch Vokativ) gleich.

b) Das Geschlecht: das **Genus**

Auch im Lateinischen gibt es bei den Substantiven drei Geschlechter (**Genera**):
das männliche Geschlecht: **Maskulinum**
das weibliche Geschlecht: **Femininum**
das sächliche Geschlecht: **Neutrum**

Die Substantive auf *-us* sind Maskulina,
die Substantive auf *-a* sind Feminina,
die Substantive auf *-um* sind Neutra.

c) Das Genus eines lateinischen Substantivs ist oft anders als das eines entsprechenden deutschen Substantivs, z. B.

dolus die List, pecunia das Geld, templum der Tempel

d) Dōna Mārcum **semper** dēlectant. Geschenke erfreuen Markus **immer**.

Ein Adverbiale kann auch durch ein **Adverb** (Umstandswort) ausgedrückt sein. **Adverbien** können nicht gebeugt werden. Es gibt z. B.

Adverbien der Zeit:	nunc, hodiē	(Frage: wann?)
Adverbien des Ortes:	hīc, ibi	(Frage: wo?)
Adverbien der Art und Weise:	sīc, adeō	(Frage: auf welche Weise?)
Adverbien des Grundes:	itaque	(Frage: warum?)

e) Das Satzmodell mit dem Adverb als Adverbiale

Tē hodiē exspectāmus. Wir erwarten dich heute.

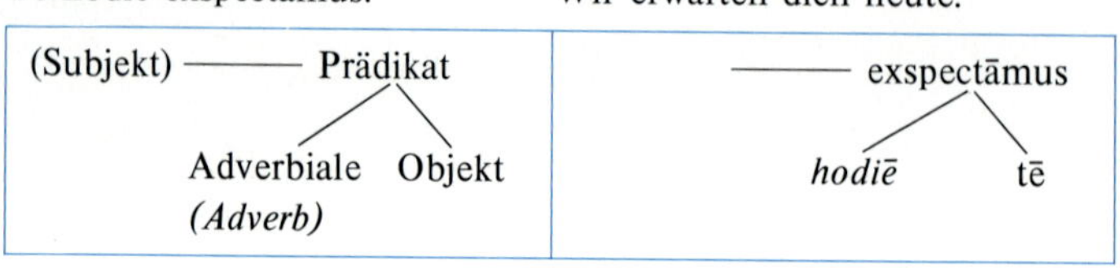

f) Überblick

Satzmodell mit allen Satzgliedern

Pater familiae interdum fīliō dōna dat. Der Vater der Familie gibt dem Sohn manchmal Geschenke.

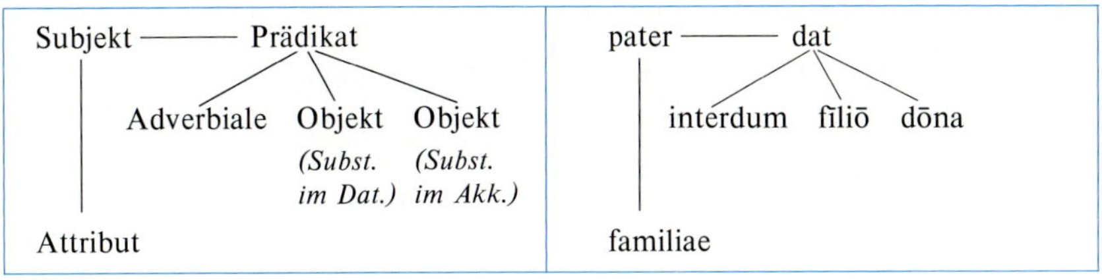

Bisher bekannte Füllungsmöglichkeiten der Stellen im Satz:

Prädikat:	ein Vollverb (G 2), ein Hilfsverb mit einem Substantiv (G 7)
Subjekt:	ein Substantiv (G 2), ein Infinitiv (G 6) (Oft ist das Subjekt in der Endung des Prädikats mit ausgedrückt.)
Objekt:	ein Substantiv (G 3,4), ein Pronomen (G 3,4), ein Infinitiv (G 6)
Adverbiale:	ein Substantiv im Ablativ (G 9), ein Adverb (G 10)
Attribut:	ein Substantiv im Genitiv (G 5), ein Substantiv als Apposition (G 8)

W1

concordia	die Eintracht	aedificāre (aedíficō)	(er)bauen
verbum	das Wort	implōrāre	anflehen, erflehen
forum	das Forum, der Marktplatz	placēre	gefallen
templum	der Tempel	continēre (tenēre)	zusammenhalten *(Kontinent)*
aedificium	das Gebäude	sī (nisi)	wenn
artificium	das Kunstwerk	velut (vel)	wie, zum Beispiel
ātrium	das Atrium, die Halle (im röm. Haus)		
tēctum	das Dach, Haus	Vesta	Vesta (Göttin des Herdes)
imperium (imperāre)	der Befehl, die Herrschaft, das Reich	Concordia	Concordia (Göttin der Eintracht)

W2

āra	der Altar	simulācrum	das Bild, Götterbild
potentia	die Macht, Gewalt	sacrificium	das Opfer
cōnsilium	die Ratsversammlung, der Rat(schlag), Plan	oppidum	die (Land-)Stadt, Festung
auxilium	die Hilfe	plācāre	versöhnen
bellum	der Krieg, Kampf	vel ... vel	entweder ... oder
dōnum (dōnāre)	das Geschenk, die Gabe	adeō	so sehr
		Sāturnus	Saturn (Gott der Saaten)

Englisch: verb, art; empire; to continue.

11 Das Adjektiv als Attribut und als Prädikatsnomen
Substantivierte Adjektive

G a) 1. Amīcus bonus vīllam intrat. — Ein guter Freund betritt das Landhaus.
2. Amīcus bonus est. — Der Freund ist gut.

Das Wort bonus ist ein Eigenschaftswort (ein **Adjektiv**).
Eigenschaftswörter (**Adjektive**) kennzeichnen eine Person oder Sache genauer.

Im 1. Satz ist das Adjektiv als **Attribut** verwendet (Frage: was für ein?).
Im 2. Satz bildet das Adjektiv zusammen mit *est* das **Prädikat**.

b) Substantiv und Adjektiv faßt man unter der Bezeichnung **Nomen** zusammen; beide Wörter sind **Nomina**. Ein Substantiv oder ein Adjektiv als Teil des Prädikats beim Hilfsverb *esse* heißt **Prädikatsnomen**.

c) Das Adjektiv als Attribut

hortus nov**us**	ein neu**er** Garten
vīlla nov**a**	eine neu**e** Villa
dōnum nov**um**	ein neu**es** Geschenk

Die lateinischen Adjektive der ā- bzw. o-Deklination haben für jedes der drei Genera eine eigene Endung: *-us, -a, um*.
Ein Adjektiv als Attribut richtet sich im **Kasus**, **Numerus** und **Genus** nach dem Substantiv, dem es beigefügt ist („KNG-Kongruenz").
Es steht häufig hinter dem Substantiv; vor ihm stehen gewöhnlich Zahl- und Mengenbegriffe wie *magnus* groß, *parvus* klein, *summus* der oberste, höchste, *multi* viele.

d) Das Adjektiv als Prädikatsnomen
Ein Adjektiv als Prädikatsnomen steht im **Numerus** und **Genus** in Kongruenz mit dem Subjekt. Im Deutschen ist es stets ohne Endung.

e) Deklination der Adjektive

Sing.	Maskulinum		Femininum		Neutrum	
Nom.	hort-**us**	nov-**us**	vīll-**a**	nov-**a**	dōn-**um**	nov-**um**
Gen.	hort-**ī**	nov-**ī**	vīll-**ae**	nov-**ae**	dōn-**ī**	nov-**ī**
Dat.	hort-**ō**	nov-**ō**	vīll-**ae**	nov-**ae**	dōn-**ō**	nov-**ō**
Akk.	hort-**um**	nov-**um**	vīll-**am**	nov-**am**	dōn-**um**	nov-**um**
Abl.	hort-**ō**	nov-**ō**	vīll-**ā**	nov-**ā**	dōn-**ō**	nov-**ō**

Der Vokativ ist gleich dem Nominativ, ausgenommen im Sing. des Maskulinums: *amīce bone*

Plur.	Maskulinum		Femininum		Neutrum	
Nom.	hort-**ī**	nov-**ī**	vīll-**ae**	nov-**ae**	dōn-**a**	nov-**a**
Gen.	hort-**ṓrum**	nov-**ṓrum**	vīll-**ā́rum**	nov-**ā́rum**	dōn-**ṓrum**	nov-**ṓrum**
Dat.	hort-**īs**	nov-**īs**	vīll-**īs**	nov-**īs**	dōn-**īs**	nov-**īs**
Akk.	hort-**ōs**	nov-**ōs**	vīll-**ās**	nov-**ās**	dōn-**a**	nov-**a**
Abl.	hort-**īs**	nov-**īs**	vīll-**īs**	nov-**īs**	dōn-**īs**	nov-**īs**

e) Das Satzmodell mit dem Adjektiv als Attribut

Amīcus bonus vīllam intrat.	Ein guter Freund betritt das Landhaus.

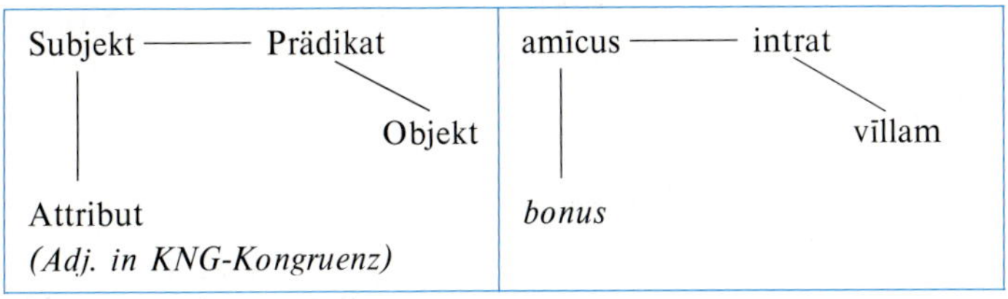

Amīcus bonus vīllam novam intrat.	Ein guter Freund betritt das neue Landhaus.

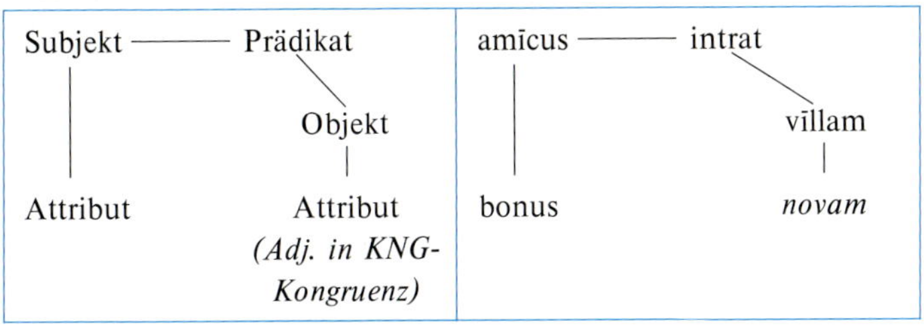

f) Das Satzmodell mit dem Adjektiv als Prädikatsnomen

Amīcus intrat.	Der Freund tritt ein.
Amīcus bonus est.	Der Freund ist tüchtig.

Subjekt ——— Prädikat *(Verb)*	amīcus ——— *intrat*
Subjekt ——— Prädikat *(Prädikatsnomen + Hilfsverb)*	amīcus ——— *bonus est*

g) Viele Adjektive werden (wie im Deutschen) auch als Substantive verwendet, sie sind dann substantiviert.

bonī, -ōrum	die Guten
bona, -ōrum	die Güter (die guten Dinge), das Gute
malī, -ōrum	die Schlechten
mala, -ōrum	die Übel, das Leid, die Leiden, das Schlechte

h) Das Satzmodell mit dem Adjektiv und dem Genitiv als Attributen

Amīcus bonus vīllam dominī intrat.	Ein guter Freund betritt das Landhaus des Herrn.

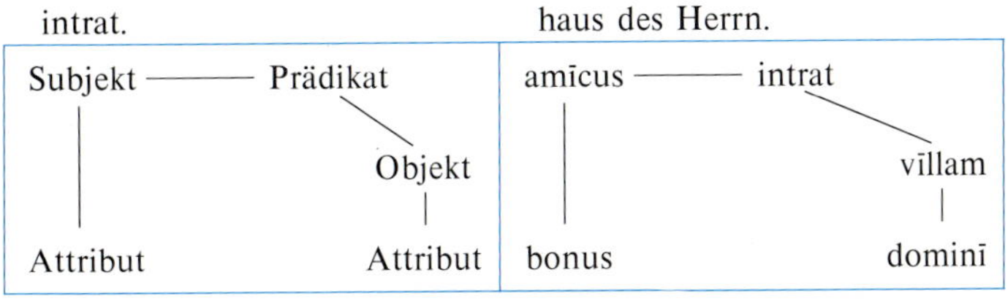

W1

rēgīna	die Königin
sapientia	die Weisheit, Einsicht
novus, a, um	neu, neuartig
clārus, a, um	hell, klar, berühmt
praeclārus, a, um	glänzend, herrlich, vortrefflich
firmus, a, um	fest, stark *(Firmung)*
altus, a, um	hoch, tief *(Altstimme)*
magnus, a, um	groß, bedeutend, wichtig
iūstus, a, um (iūre)	gerecht, richtig *(Justiz)*
superbus, a, um (superāre)	hochmütig, stolz, erhaben
bonus, a, um	gut, tüchtig *(Bonus)*
malus, a, um	schlecht, schlimm, böse
cūnctī, ae, a	alle
multī, ae, a	viele *(multiplizieren)*
summus, a, um	der oberste, höchste *(Summe)*
nōtus, a, um (ignōrāre)	bekannt *(Notiz, Notar)*
Rōmānus, a, um	römisch
Capitōlium	das Kapitol (Burgberg von Rom)
Iūnō	Juno (Gemahlin des Jupiter)
Minerva	Minerva (Göttin des Handwerks und der Künste)

W2

numerus	die (An-)Zahl *(numerieren)*
saxum	der Fels, Steinblock
factum	die Tat *(Faktum)*
studium (studēre)	der Eifer, die Beschäftigung *(Studium)*
mīrus, a, um	wunderbar, sonderbar *(Mirakel)*
parvus, a, um	klein, gering
ferus, a, um	wild, roh
fessus, a, um	ermüdet, müde, erschöpft
prīmus, a, um	der erste *(Prim-zahl)*
aeternus, a, um	ewig
aureus, a, um	golden
antīquus, a, um	alt, altertümlich *(antik)*
enim *(nachgestellt)* (nam)	nämlich
ōlim	einst
Gallī, -ōrum	die Gallier
Manlius	Manlius (röm. Anführer gegen die Gallier)

Englisch: firm; superb; note, (to) notice; number, numerous; fact; primary school.

12 Präpositionen

G a) Mārcus **ante cēnam in hortō** labōrat. Markus arbeitet **vor** dem Essen **im** Garten

Ein Substantiv im Akkusativ oder im Ablativ tritt oft in Verbindung mit einem Verhältniswort (einer **Präposition**).
Die Verbindung einer Präposition mit einem Substantiv nennt man **Präpositionalausdruck**.

b) Mārcus hīc labōrat. — Markus arbeitet hier.
Mārcus in campō labōrat. — Markus arbeitet auf dem Feld.

Ein Präpositionalausdruck dient meist (wie ein Adverb) als Adverbiale, z. B. zur Angabe des Ortes *(in campō).*

c) Ursprünglich verdeutlichten die Präpositionen vor einem Substantiv die Bedeutung eines Akkusativs oder Ablativs.

Der Akkusativ zeigte die **Richtung** an:	Der Ablativ zeigte die **Trennung** an:
Frage: **wohin?**	Frage: **woher?**
ad portam zu der Türe (hin)	**ā** portā von der Türe (weg)
per portam durch die Türe (hindurch)	**ē** portā aus der Türe (heraus)

d) Oft tritt die ursprüngliche Bedeutung des Kasus zurück, und die Präposition verbindet sich fest mit einem Kasus.

Den **Akkusativ** haben bei sich:

ad	zu (... hin), an, bei	ad vīcum	zum Dorf hin
		ad fluvium	beim (am) Fluß
ante	vor	ante vīllam	vor dem Landhaus (örtlich)
		ante cēnam	vor der Mahlzeit (zeitlich)
post	hinter, nach	post vīllam	hinter dem Landhaus (örtl.)
		post cēnam	nach der Mahlzeit (zeitlich)
iuxtā	neben	iuxtā mūrum	neben der Mauer
intrā	innerhalb	intrā mūrōs	innerhalb der Mauern
		intrā multās hōrās	innerhalb vieler Stunden (ztl.)
extrā	außerhalb	extrā mūrōs	außerhalb der Mauern
propter	wegen	propter glōriam	wegen des Ruhmes
per	durch, hindurch	per aquam	durch das Wasser
		per multās hōrās	viele Stunden hindurch

Den **Ablativ** haben bei sich:

ab, ā	von, von - her (vom Ort), von - an (von der Zeit)	ab Italiā ā puerīs	von Italien her von Kindheit an
ex, ē	aus, von - aus	ex aedificiō ē villā	aus dem Gebäude heraus, vom Gebäude aus aus dem Landhaus heraus
dē	von - herab, von, über	dē mūrō dē lūdō nārrāre	von der Mauer herab von einem (über ein) Spiel erzählen
sine	ohne	sine amīcīs	ohne (die) Freunde
cum	(zusammen) mit	cum amīcīs	mit (den) Freunden

ā und *ē* stehen nur, wenn das folgende Wort mit einen Konsonanten (außer h) beginnt.

e) Den Akkusativ **oder** Ablativ haben bei sich die Präpositionen **in** (in, an, auf) und **sub** (unter). Sie werden verbunden auf die Frage **wohin**? mit dem Akkusativ (zur Angabe der Richtung):

Properāmus	in vīllam in forum sub tēctum	wir eilen	in das Landhaus auf das Forum unter das Dach

auf die Frage **wo?** mit dem Ablativ (zur Angabe des Ortes):

Sumus	in vīllā in forō sub tēctō	wir sind	im Landhaus auf dem Forum unter dem Dach

W1

via	der Weg, die Straße
porta	das Tor, die Tür, Pforte *(Portal)*
tergum	der Rücken
frūmentum	das Getreide
monumentum (monēre)	das Denkmal, Grabmal *(Monument)*
alius, a, **ud**[1]	ein anderer
via Appia	die Appische Straße (von Rom nach Brundisium)

W2

mora	der Aufschub, die Verzögerung
lātus, a, um	breit, ausgedehnt
vīcīnus, a, um (vīcus)	benachbart, nahe; Subst.: Nachbar
remeāre	zurückkehren
advocāre (ádvocō)	herbeirufen *(Advokat)*
adesse	anwesend sein; beistehen, helfen
abesse	abwesend sein, entfernt sein
vix	kaum, mit Mühe
brevī	in Kürze, bald
via Flāmīnia	die Flaminische Straße (von Rom nach Rimini)
Arīminum	Rimini

Englisch: extra.

---

1) Im Singular unregelmäßige Deklination!

13 Substantive und Adjektive auf -er

G a) Fābula pu**e**rum dēlectat. — Die Geschichte erfreut das Kind.
Itaque pu**er** tacet. — Daher schweigt das Kind.
Vīta multōrum servōrum mis**er**a est. — Das Leben vieler Sklaven ist elend.

Bei einigen Substantiven und Adjektiven der o-Deklination endet der Wortstock auf *-er*. Diese haben im Nominativ und Vokativ Singular die Ausgänge *-us* bzw. *-e* verloren; die übrigen Kasus werden mit den regelmäßigen Ausgängen gebildet.

		Substantive	Adjektive		
			mask.	femin.	neutr.
Sing.	Nom.	puer	miser	misera	miserum
	Gen.	puerī	miserī	miserae	miserī
	usw.	*usw.*	*usw.*	*usw.*	*usw.*
Plural	Nom.	puerī	miserī	miserae	misera
	Gen.	puerōrum	miserōrum	miserārum	miserōrum
	usw.	*usw.*	*usw.*	*usw.*	*usw.*

b) Ag**er** bonus est. — Der Acker ist gut.
Servī ag**r**um cūrant. — Die Sklaven pflegen den Acker.
Fīlius aeg**er** mē dēsīderat. — Der kranke Sohn vermißt mich.
Fīlium aeg**r**um cūrō. — Ich pflege den kranken Sohn.

Bei den Substantiven und Adjektiven dieser Gruppe gehört das *-e-* nicht zum Wortstock. Nur im Nominativ und Vokativ Singular des Maskulinums dient es zur leichteren Aussprache.

		Substantive	Adjektive		
			mask.	femin.	neutr.
Sing.	Nom.	ager	pulcher	pulchra	pulchrum
	Gen.	agrī	pulchrī	pulchrae	pulchrī
	usw.	*usw.*	*usw.*	*usw.*	*usw.*
Plural	Nom.	agrī	pulchrī	pulchrae	pulchra
	Gen.	agrōrum	pulchrōrum	pulchrārum	pulchrōrum
	usw.	*usw.*	*usw.*	*usw.*	*usw.*

c) Substantive auf *-er* sowie *vir* sind Maskulina:

puer bon**us** ein tüchtiges Kind — vir nōt**us** ein bekannter Mann

Treffen Nomina mit verschiedenen Ausgängen im Nominativ (u. Vokativ) Singular des Maskulinums aufeinander, so klingen die Ausgänge nicht mehr gleich: populus līber, serve miser, ager novus; aber: puella tenera, dōnum pulchrum.

W1

fortūna	das Schicksal, Glück	miser, misera, miserum	elend, unglücklich *(miserabel)*
vīta	das Leben *(Vitamin)*	tener, tenera, tenerum	zart, jung
ōra	die Küste	asper, aspera, asperum	rauh, schroff
annus	das Jahr	līber, lībera, līberum	frei *(liberal)*
puer, puerī (puella)	der Knabe, das Kind	numquam	nie(mals)
līberī, līberōrum *(nur im Plural!)*	die Kinder	imprīmīs (prīmus)	vor allem, besonders
vir, virī	der Mann		
laetus, a, um	froh, fröhlich		

W2

lacrima	die Träne	crēber, crēbra, crēbrum	zahlreich, häufig
vinculum	das Band, die Fessel	aeger, aegra, aegrum	krank
perīculum	die Gefahr	pulcher, pulchra, pulchrum	schön
liber, librī	das Buch	íntеger, íntegra, íntegrum	unberührt, rein, untadelig
faber, fabrī	der Handwerker, Arbeiter *(Fabrik)*	dexter, dext(e)ra, dext(e)rum	recht(s)
ager, agrī	der Acker, das Feld	sinister, sinistra, sinistrum	link(s)
magister, magistrī	der Lehrer, Leiter *(Meister)*	circúmdare (dare)	umgeben
minister, ministrī	der Diener, Helfer *(Minister)*		
ūnus, a, um	ein(er), ein einziger		
aliēnus, a, um	fremd, abgeneigt		

Englisch: fortune, fortunate; liberal, liberty; library; fabrication; agriculture; master; minister.

14

Besitzangabe: Possessivpronomen, Dativ des Besitzers
Natürliches und grammatisches Genus
Pluralwörter

G a) Liber **meus** magnus est. — Mein Buch ist groß.
Tabula **tua** parva est. — Deine Tafel ist klein.

Ein Fürwort, das einen Besitzer angibt, heißt **Possessivpronomen**. **Possessivpronomina** sind im Satz meist als Attribute verwendet. Sie stehen gewöhnlich nach dem Substantiv, zur Hervorhebung vor dem Substantiv.

	Singular		Plural	
1. Pers.	meus, a, um	mein	noster, nostra, nostrum	unser
2. Pers.	tuus, a, um	dein	vester, vestra, vestrum	euer
3. Pers.	suus, a, um	sein, ihr	suus, a, um	ihr

b) Māter mē laudat. — **Meine** Mutter lobt mich.

Possessivpronomina stehen im Deutschen häufiger als im Lateinischen.

c) Ein Possessivpronomen kann auch als Substantiv verwendet werden:

meī *(Mask. Plur.)*	die Meinen, meine Angehörigen
mea *(Neutr. Plur.)*	das Meine, mein Hab und Gut

d) **Mihi** vīlla pulchra **est**. — Mir gehört ein schönes Landhaus; ich habe ein schönes Landhaus.

Der Dativ bei *esse* gibt den Besitzer an **(Dativ des Besitzers)**.

e) Poēt**a** nōt**us** fābulās nārrat. — Ein bekannter Dichter erzählt Geschichten.
Convīv**ās** laet**ōs** exspectāmus. — Wir erwarten frohe Gäste.

Alle Substantive, die eine männliche Person bezeichnen, sind Maskulina ohne Rücksicht auf ihren Ausgang. Sie haben das **natürliche Genus**.
Bei den Substantiven, die nicht eine männliche oder weibliche Person bezeichnen, erkennt man das Genus im Lateinischen am Ausgang (im Deutschen am Artikel). Sie haben das **grammatische Genus**.

f) Castr**a** Rōmān**a** magn**a** **sunt**. — Das römische Lager **ist** groß.

Manche Wörter kommen im Lateinischen nur in der Mehrzahl vor. Sie sind **Pluralwörter** (Mehrzahlwörter). Vergleiche im Deutschen ‚Leute'.
Wenn ein Pluralwort Subjekt ist, steht auch das Prädikat im Plural.

Einige Wörter haben im Plural eine andere Bedeutung als im Singular:

cōpia	der Vorrat, die Menge	cōpiae, cōpiārum	die Vorräte, die Truppen
littera	der Buchstabe	litterae, litterārum	die Buchstaben, der Brief, die Literatur, die Wissenschaft(en)

W1

nauta	der Schiffer, Seemann	(ad)iuvāre *(m. Akk.)* (ádiuvō)	unterstützen, helfen
poēta	der Dichter *(Poesie)*	nōnnumquam	manchmal, bisweilen
vīnum	der Wein	-que	und
nēmō	niemand	Graecus, a, um,	griechisch
cantāre	singen *(Kantate)*	Germānī, -ōrum	die Germanen
obstāre (stāre)	im Wege stehen, hindern		

W2

avāritia	die Habgier, der Geiz	arma, -ōrum	die Waffen *(Armee)*
īnsidiae, -ārum	der Hinterhalt, Überfall, Anschlag	castra, -ōrum	das (Feld-)Lager *(Kastell)*
dīvitiae, -ārum	der Reichtum, die Schätze	falsus, a, um	irrig, falsch
ōtium	die Muße, Freizeit, Ruhe	sibi *(Dat.)*	sich
negōtium	das Geschäft, die Aufgabe	pācāre	befrieden, unterwerfen
		magis	mehr
		magis ... quam	mehr ... als

Englisch: letter; poet, poem; castle; false.

Merke:

virī fēmináeque = virī et fēminae (*-que* wird an das folgende Wort angehängt.)
adiuvō **tē** (Akk.!) — ich unterstütze **dich**, ich helfe **dir** (Dat.!)
in animō habeō — ich habe im Sinn, habe vor

15

Funktion und Bedeutung des Pronomens
Personalpronomina
Reflexivpronomina

G a) Pater amīcō et mihi pecūniam dat. — Vater gibt dem Freund und mir Geld.

Ein Wort, das für eine Person (oder eine Sache) steht, heißt persönliches Fürwort (**Personalpronomen**, Mehrzahl: **Personalpronomina**).
Am häufigsten übernimmt es im Satz die Funktion eines Objekts.

b) Die Formen des Personalpronomens

	Singular				Plural			
	1. Pers.		2. Pers.		1. Pers.		2. Pers.	
Nom.	ego	ich	tū	du	nōs	wir	vōs	ihr
Gen.	meī	meiner	tuī	deiner	nostrī	unser	vestrī	euer
Dat.	mihi	mir	tibi	dir	nōbīs	uns	vōbīs	euch
Akk.	mē	mich	tē	dich	nōs	uns	vōs	euch
Abl.	ā mē	von mir	ā tē	von dir	ā nōbīs	von uns	ā vōbīs	von euch
	mēcum	mit mir	tēcum	mit dir	nōbīscum	mit uns	vōbīscum	mit euch

c) Ego puer sum, tū vir es. — Ich bin ein Kind, du bist ein Mann.

Die Nominative der Personalpronomina *(ego, tū, nōs, vōs)* dienen fast nur zur Hervorhebung.

d) Magister puerum laudat. — Der Lehrer lobt das Kind.

Die Tätigkeit des Subjekts richtet sich hier auf jemand anderen *(puerum)*.

Vir superbus **sē** tantum laudat. — Ein stolzer Mann lobt nur **sich** (selbst).

Die Tätigkeit richtet sich hier auf das Subjekt selbst.

Ein Fürwort, das sich im gleichen Satz auf das Subjekt bezieht, heißt rückbezügliches Fürwort (**Reflexivpronomen**, Mehrzahl: **Reflexivpronomina**).

e) Nōnnūllī **sē** tantum laudant. — Manche loben nur **sich** (selbst).

Beim Reflexivpronomen sind die Formen im Singular und Plural gleich.

f) Die Formen des Reflexivpronomens

Nom.	–	–
Gen.	suī	seiner, ihrer
Dat.	sibi	sich
Akk.	sē	sich
Abl.	ā sē	von sich
	sēcum	mit sich

W

industria	die Betriebsamkeit, der Fleiß *(Industrie)*	postulāre (póstulō)	fordern
memoria	das Gedächtnis, Andenken *(Memory-Spiel)*	tantum	nur, bloß
socius	der Gefährte, Bundesgenosse *(sozial)*	tam *(bei Adjektiven)*	so
odium	der Haß	tam ... quam	so ... wie
dubius, a, um	zweifelhaft, unsicher	quam	wie (beim Ausruf)
negāre	verneinen, leugnen *(Negation)*		
cōgitāre (cṓgitō)	(be)denken	Graecī, -ōrum	die Griechen
		Graeculus	Griechlein (Spottwort)
		Graecia	Griechenland
spērāre	hoffen, erwarten	Cratīnus	Kratinos (griech. Name)

Englisch: industry, industrial; memory; social.

16 Zeitstufen in Sätzen: Bedeutung und Bildung des Imperfekts

G a) Wie die deutsche Sprache, so kennt auch das Lateinische drei Zeitstufen:

die Gegenwart – die Vergangenheit – die Zukunft

Innerhalb der Zeitstufen Vergangenheit und Zukunft unterscheidet man mehrere Zeiten (**Tempora**).

b) Ein Tempus zum Ausdruck einer Vergangenheit ist das **Imperfekt**.

Ego tē vocā-ba-m,	Ich rief dich (immer wieder),
sed tū tacē-bā-s.	aber du schwiegst (lange Zeit).

Das Imperfekt bezeichnet im Lateinischen eine wiederholte Handlung oder einen länger dauernden Zustand in der Vergangenheit.

c) Die Formen des Imperfekts der ā- und ē-Konjugation

		ā-Konjugation		ē-Konjugation	
Sing.	1. Pers.	laudā-**ba-m**	ich lobte	monē-**ba-m**	ich mahnte
	2. Pers.	laudā-**bā-s**	du lobtest	monē-**bā-s**	du mahntest
	3. Pers.	laudā-**ba-t**	er lobte	monē-**ba-t**	er mahnte
Plur.	1. Pers.	laudā-**bā́-mus**	wir lobten	monē-**bā́-mus**	wir mahnten
	2. Pers.	laudā-**bā́-tis**	ihr lobtet	monē-**bā́-tis**	ihr mahntet
	3. Pers.	laudā-**ba-nt**	sie lobten	monē-**ba-nt**	sie mahnten

Im Imperfekt wird zwischen Präsensstamm (z. B. *laudā-, monē-*) und Personalendung das Tempuszeichen **-ba-** eingeschoben.

Die Endung der 1. Person Singular ist **-m** (vgl. *sum*). Alle anderen Endungen lauten wie im Präsens.

d) Die Imperfektformen von *esse*

	Singular		Plural	
1. Pers.	er-**a-m**	ich war	er-**á-mus**	wir waren
2. Pers.	er-**ā-s**	du warst	er-**á-tis**	ihr wart
3. Pers.	er-**a-t**	er (sie, es) war	er-**a-nt**	sie waren

Der Stamm ist *es,* das Imperfekt lautete ursprünglich *es-a-m.*
Zwischen zwei Vokalen wurde *s* zu *r* (Rhotazismus).

W1

opera	die Arbeit, Mühe *(operieren)*	pius, a, um	pflichtbewußt, fromm, rechtschaffen
officium	der Dienst, die Pflicht *(Offizier)*	grātus, a, um (grātia)	angenehm, dankbar
ignāvus, a, um	untätig, träg, feig	deesse	fehlen, mangeln
necessārius, a, um	notwendig	interesse	teilnehmen *(Interesse)*
certus, a, um	sicher, gewiß, zuverlässig	neque (-que), nec	und nicht, auch nicht
fīdus, a, um	treu, zuverlässig	neque (nec)... neque (nec)	weder... noch

W2

amīcus, a, um	befreundet	persevērāre	fortfahren (etwas zu tun)
ímpius, a, um	gottlos, frevelhaft	nocēre (necāre)	schaden
tūtus, a, um	sicher, geschützt	paulum	ein wenig
beātus, a, um	glücklich *(Beate)*	Syphax	Syphax (Eigenname)
cēterī, ae, a	die übrigen		

Englisch: office; certain; interesting, interested.

Merke:

Cornēlius bellō *(Dat.)* interest. — Cornelius nimmt am Krieg teil.
Nēmō ab īnsidiīs tūtus est. — Niemand ist vor einem Anschlag sicher.

17 Zeitstufen in Sätzen: Bedeutung und Bildung des Futurs — Wortableitung

G a) Crās Marcellum exspectā**b**ō. — Morgen **werde** ich Marcellus erwarten.
Mox dominum vidē**b**ō. — Bald **werde** ich den Herrn sehen.

Das **Futur** bezeichnet Handlungen oder Zustände, die (vom Sprecher aus gesehen) erst in der Zukunft eintreten werden.

b) Die Formen des Futurs der ā- und ē-Konjugation

	ā-Konjugation		ē-Konjugation	
Sing. 1. Pers.	laudā-**b-ō**	ich werde loben	monē-**b-ō**	ich werde mahnen
2. Pers.	laudā-**bi-s**	du wirst loben	monē-**bi-s**	du wirst mahnen
3. Pers.	laudā-**bi-t**	er (sie, es) wird loben	monē-**bi-t**	er (sie, es) wird mahnen
Plur. 1. Pers.	laudā́-**bi-mus**	wir werden loben	monḗ-**bi-mus**	wir werden mahnen
2. Pers.	laudā́-**bi-tis**	ihr werdet loben	monḗ-**bi-tis**	ihr werdet mahnen
3. Pers.	laudā-**bu-nt**	sie werden loben	monē-**bu-nt**	sie werden mahnen

Das Tempuszeichen des Futurs lautet **-b-** bzw. **-bi-** und **-bu-**.

c) Die Formen des Futurs von *esse*

	Singular		Plural	
1. Pers.	er-**ō**	ich werde sein	ér-**i-mus**	wir werden sein
2. Pers.	er-**i-s**	du wirst sein	ér-**i-tis**	ihr werdet sein
3. Pers.	er-**i-t**	er (sie, es) wird sein	er-**u-nt**	sie werden sein

Der Stamm lautet *es;* das Futur hieß ursprünglich *es-ō*. Zwischen zwei Vokalen wurde *s* zu *r*.

d) Crās dominum exspectābō. Morgen erwarte ich den Herrn.

Das lateinische Futur wird im Deutschen meistens mit dem Präsens wiedergegeben, wenn ein Wort des Satzes bereits in die Zukunft weist.

e) Überblick über die Tempusbildung vom Präsensstamm aus:

Präsens	Imperfekt	Futur
lauda-t	laudā-ba-t	laudā-bi-t
mone-t	monē-ba-t	monē-bi-t
es-t	er- a-t	er- i-t

f) miser arm — miser-ia die Notlage
laet-us fröhlich — laet-itia die Fröhlichkeit

Wenn an einen Wortstock bestimmte Silben angefügt werden, können neue Wörter abgeleitet werden (**Wortableitung**).
Ein solches hinzugefügtes Lautgebilde nennt man **Suffix** („Anhängsel").
Suffixe geben den abgeleiteten Wörtern bestimmte neue Bedeutungen.
So bezeichnen Substantive mit den Suffixen **-ia** oder **-itia** einen Zustand oder ein Verhalten.

W

stipendium	der Sold *(Stipendium)*	prohibēre (habēre)	abhalten, hindern
sevērus, a, um	streng, ernst	in *(Präp. mit Akkusativ)*	gegen (im freundlichen und feindlichen Sinn)
dūrus, a, um	hart, hartherzig *(Dur)*	mox	bald
avārus, a, um (avāritia)	habsüchtig, geizig	crās	morgen
iniūstus, a, um (iūstus)	ungerecht	unde?	woher?
appellāre	ansprechen, nennen *(Appell)*	iussū	auf Befehl
impetrāre (impetrō)	erreichen, durchsetzen	quoque *(nachgestellt)*	auch
merēre	verdienen	Germānicus, a, um	germanisch

Englisch: severe; unjust; injustice.

Merke:

stipendia merēre	Kriegsdienst leisten (eigtl.: Sold verdienen)
bonō animō *(Abl.)* sum	ich bin guten Mutes, bin zuversichtlich
ego quoque	auch ich

18 Satzglied und Gliedsatz
Bindewörter
Wortzusammensetzung

G a) Māter rīdet; laetī sumus. — Die Mutter lacht; wir sind fröhlich.

Die Sätze können in beiden Sprachen unverbunden nebeneinander stehen. Beide Sätze sind Hauptsätze; sie bilden eine **Satzreihe**.

Māter rīdet; **nam** laetī sumus. — Die Mutter lacht; **denn** wir sind fröhlich.

Die Sätze können auch miteinander verbunden werden.

Wörter, die zwei Sätze verbinden, heißen Bindewörter (**Konjunktionen**).

Hauptsatz — Bindewort — Hauptsatz

b) Māter rīdet, **quia** laetī sumus. — Mutter lacht, **weil** wir fröhlich sind.

Der mit der Konjunktion *quia* eingeleitete Satz ist vom Hauptsatz abhängig. Er kann nicht für sich alleine stehen. Zusammen mit dem Hauptsatz bildet er ein **Satzgefüge**.

Hauptsatz — Bindewort \ abhängiger Satz

Ein abhängiger Satz steht anstelle eines Satzgliedes. Er heißt deswegen auch **Gliedsatz**. Im Deutschen steht das Verb eines Gliedsatzes am Schluß.

c) Die Satzmodelle mit dem Satzglied bzw. mit dem Gliedsatz

Māter rīdet propter laetitiam nostram. — Mutter lacht wegen unserer Fröhlichkeit.

Subjekt ——— Prädikat	māter ——— rīdet
Adverbiale *(Präpositionalausdruck)*	*propter laetitiam nostram*

Māter rīdet, quia laetī sumus. — Mutter lacht, weil wir fröhlich sind.

Subjekt ——— Prädikat	māter ——— rīdet
Adverbiale *(Gliedsatz)*	*quia laetī sumus*

d) Die Konjunktionen zeigen das gedankliche Verhältnis des Gliedsatzes zum Hauptsatz:

quia und **quod** (weil)	geben einen Grund an,
si (wenn) und **nisi** (wenn nicht)	nennen eine Bedingung (angenommener Grund),
ubi (wo)	führt eine Ortsangabe ein,
cum (immer dann, wenn)	markiert (als Konjunktion) Zeitpunkte,
quamquam (obwohl)	bringt einen (wirkungslosen) Gegengrund zum Gedanken des Hauptsatzes.

e) vocāre rufen — ad-vocāre herbei-rufen

Eine Präposition bildet oft das **Präfix** (die Vorsilbe) eines zusammengesetzten Verbs. Ein solches Verb bezeichnet man als **Kompositum** (Plural: **Komposita**).

W

nuptiae, -ārum	die Hochzeitsfeierlichkeiten, Hochzeit
inopia (cōpia)	die Not, der Mangel
discordia (concordia)	die Zwietracht, Uneinigkeit
auspicium	die Vogelschau, das Vorzeichen
vōtum	das Gelübde, Gebet *(Votivtafel)*
propinquus, a, um	benachbart, nahe, verwandt
parātus, a, um	bereit, entschlossen
celebrāre (célebrō)	besuchen, feiern *(zelebrieren)*
convocāre (cónvocō)	zusammenrufen
inter *(Präp. mit Akkusativ)*	zwischen, während
quia, quod	weil
cum	(immer) wenn
quamquam	obwohl
quandō?	wann?
māne	in der Frühe, morgens

Englisch: (to) vote; to celebrate; international.

Merke:

memoriā *(Abl.)* tenēre — im Gedächtnis behalten

19 Aussageweisen des Prädikats: Indikativ und Konjunktiv Konjunktiv Präsens

G a) Beātus **es**. — Du **bist** glücklich.

Der Inhalt dieser Aussage wird als wirklich hingestellt.
Diese Aussageweise (**Modus**) nennt man **Indikativ** (‚Wirklichkeitsform').

(Utinam) beātus **sis**! — **Mögest** du (**möchtest** du **doch**) glücklich sein! **Hoffentlich** bist du glücklich.

Der Inhalt dieses Satzes wird als wünschenswert hingestellt, als etwas, was möglich ist.
Diesen Modus nennt man **Konjunktiv** (‚Möglichkeitsform').

Der Wunsch wird durch *utinam* verstärkt; dieses Wort wird im Deutschen meist nicht wiedergegeben.

b) Der Konjunktiv Präsens von *esse*

	Singular		Plural	
1. Pers.	s-**ī-m**	ich sei	s-**ī-mus**	wir seien
2. Pers.	s-**ī-s**	du seiest	s-**ī-tis**	ihr seiet
3. Pers.	s-**i-t**	er sei	s-**i-nt**	sie seien

c) Der Konjunktiv Präsens der ā- und ē-Konjugation

	ā-Konjugation		ē-Konjugation	
Sing. 1. Pers.	laude-**m**	(ich möge loben)	móne-**a-m**	(ich möge mahnen)
2. Pers.	laudē-**s**	*usw.*	mone-**ā-s**	*usw.*
3. Pers.	laude-**t**		mone-**a-t**	
Plur. 1. Pers.	laudḗ-**mus**		mone-**ā́-mus**	
2. Pers.	laudḗ-**tis**		mone-**ā́-tis**	
3. Pers.	laude-**nt**		móne-**a-nt**	

Die angegebenen deutschen Formen sind nur ‚Hilfsübersetzungen'.
Die jeweils treffende deutsche Übersetzung muß man aus dem Satzinhalt erschließen (vgl. d).

Das **Moduszeichen** für den Konj. Präs. ist in der ā-Konjugation **-e-** (statt des Stammauslautes).
Das **Moduszeichen** für den Konj. Präs. ist in der ē-Konjugation **-a-** (zwischen Stamm und Personalendung).

d) Bedeutung des Konjunktivs Präsens im **Hauptsatz**

1. Utinam puerī laetī sint! — Mögen die Kinder (möchten ... doch) fröhlich sein! Hoffentlich sind die Kinder fröhlich!

Der Konjunktiv Präsens drückt im Hauptsatz einen **Wunsch** aus.

2. Laetī sīmus! — Seien wir fröhlich! Laßt uns fröhlich sein!
Cēnēmus et rīdeāmus! — Laßt uns essen und lachen! Wollen wir essen und lachen!

Der Konjunktiv Präsens der 1. Person Plural drückt im Hauptsatz eine **Aufforderung** aus, die sich an den oder die Sprecher selbst richtet.

3. **Nē** avārī sītis! — Möget ihr (möchtet ihr doch) **nicht** geizig sein! Seid doch nicht geizig!

> Im Hauptsatz dient der Konjunktiv Präsens zum Ausdruck eines Wunsches oder einer Aufforderung. Die Verneinung lautet **nē**.

Sätze, die einen Wunsch oder eine Aufforderung ausdrücken, nennt man **Begehrsätze**.

e) Entwicklung der Verwendung des Konjunktivs im **Gliedsatz**

1. Pūblius optat laetitiam convīvārum.	Publius wünscht die Fröhlichkeit der Gäste.
2. Pūblius optat: Convīvae laetī sint!	Publius wünscht: Mögen die Gäste fröhlich sein!
3. Pūblius optat, **ut** convīvae laetī **sint**.	Publius wünscht, daß die Gäste fröhlich sind.
4. Pūblius optat, **nē** convīvae sērō **adsint**.	Publius wünscht, daß die Gäste nicht zu spät da sind.

Ein Gliedsatz in einem Satzgefüge kann dieselbe Rolle übernehmen wie ein Satzglied im Hauptsatz.

f) Satzmodelle mit dem Satzglied bzw. dem Gliedsatz

Pūblius laetitiam convīvārum optat. — Publius wünscht die Fröhlichkeit der Gäste.

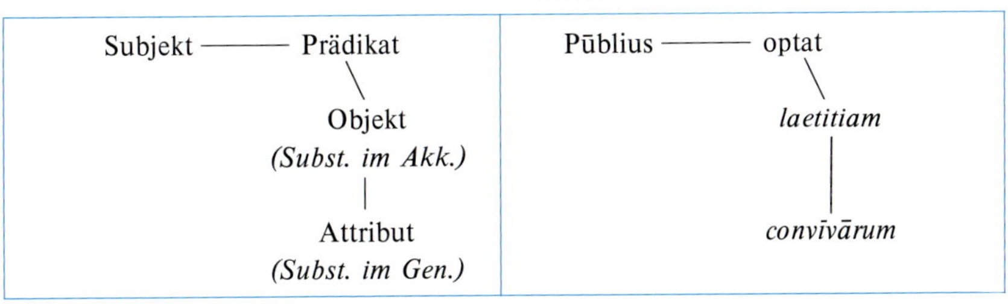

Pūblius optat, ut convīvae laetī sint. — Publius wünscht, daß die Gäste fröhlich sind.

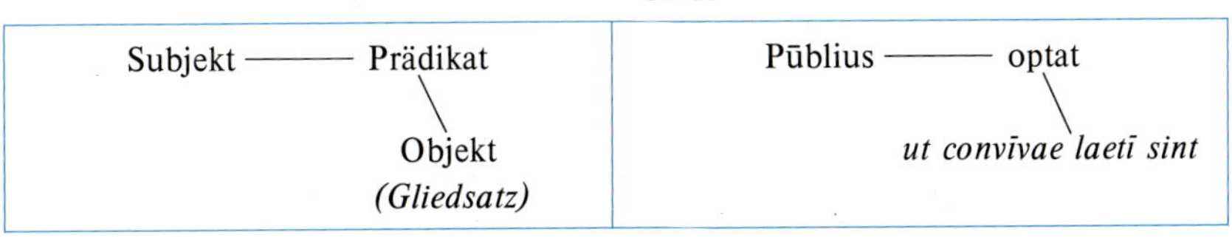

g) Ōrō, ut fīdī sītis. — Ich bitte, daß ihr zuverlässig seid.
Ich bitte euch, zuverlässig zu sein.

Ōrō, nē ignāvī sītis. — Ich bitte, daß ihr nicht untätig seid.
Ich bitte euch, nicht untätig zu sein.

Der Konjunktiv Präsens dient im Gliedsatz nach **ut daß** oder **nē daß nicht** zum Ausdruck eines **Begehrens**.
Ein solcher Gliedsatz vertritt ein **Objekt**.

Līberī sub tēctum properant, ut tūtī sint. — Die Kinder eilen unter das Dach, damit sie geschützt sind, um geschützt zu sein.

Der Konjunktiv Präsens dient im Gliedsatz nach **ut damit** oder **nē damit nicht** auch zum Ausdruck einer **Absicht**.
Ein solcher Gliedsatz vertritt ein **Adverbiale**.

> Gliedsätze mit den Konjunktionen *ut* bzw. *nē* und dem Konjunktiv dienen zum Ausdruck eines Begehrens oder einer Absicht.

h) Den Konjunktiv Präsens im Gliedsatz bildet man bei der Übersetzung ins Deutsche meist nicht nach. Eine Übersetzung mit dem Indikativ oder dem Infinitiv (bzw. mit ‚um ... zu') ist gebräuchlicher.

W

toga	die Toga, das Gewand	optāre	wünschen
morbus	die Krankheit	utinam	(daß) doch (in Wunschsätzen)
futūrus, a, um	(zu)künftig *(Futur)*	ut *(mit Konj.)*	daß, damit
mūtāre	ändern, wechseln, (ver)tauschen	nē	1. nicht (in Begehrsätzen) 2. daß nicht, damit nicht
numerāre (numerus)	zählen *(numerieren)*	deinde (*sprich:* de-inde)	dann, danach

Englisch: future; numerable, numeration.

20 Realität und Irrealität
Konjunktiv Imperfekt
Füllungen der Stellen im Satz (Überblick)

G

a) Sī nunc in Italiā **es-se-m**,
multa templa **spectā-re-m**
et artificia clāra **vidē-re-m**.

Wenn **ich** jetzt in Italien **wäre**,
würde ich viele Tempel **betrachten**
und berühmte Kunstwerke **sehen**.

Der Gliedsatz mit *sī* ‚wenn' und dem Konjunktiv Imperfekt beschreibt eine Bedingung, die als nicht wirklich (als **irreal**) hingestellt wird.
Der Hauptsatz mit dem Konjunktiv Imperfekt stellt die Aussage ebenfalls als nicht wirklich hin.

b) Utinam officiīs līber essem! Wäre ich doch von Pflichten frei!

Der Konjunktiv Imperfekt bezeichnet hier einen Wunsch, der als unerfüllbar gedacht ist.

c) Der Konjunktiv Imperfekt der ā- und ē-Konjugation

	ā-Konjugation		ē-Konjugation	
Sing. 1. Pers.	laudā-**re-m**	ich würde loben	monē-**re-m**	ich würde mahnen
2. Pers.	laudā-**rē-s**	du würdest l.	monē-**rē-s**	du würdest m.
3. Pers.	laudā-**re-t**	er würde l.	monē-**re-t**	er würde m.
Plur. 1. Pers.	laudā-**rḗ-mus**	wir würden l.	monē-**rḗ-mus**	wir würden m.
2. Pers.	laudā-**rḗ-tis**	ihr würdet l.	monē-**rḗ-tis**	ihr würdet m.
3. Pers.	laudā-**re-nt**	sie würden l.	monē-**re-nt**	sie würden m.

Das Moduszeichen für den Konjunktiv Imperfekt ist eigentlich *-se-* (vgl. unten d). Da aber *s* zwischen zwei Vokalen zu *r* wird, lautet es *-re-*.

Die Umschreibung mit ‚würde' wird im deutschen Hauptsatz verwendet.
Im Gliedsatz empfiehlt es sich, die Übersetzungen ‚ich lobte ..., ich mahnte ...' zu verwenden; bei ‚schwachen Verben' gleichen diese dem Indikativ.

d) Der Konjunktiv Imperfekt von *esse*

	Singular		Plural	
1. Pers.	es-**se-m**	ich wäre, würde sein	es-**sḗ-mus**	wir wären, würden sein
2. Pers.	es-**sē-s**	du wärest, würdest sein	es-**sḗ-tis**	ihr wäret, würdet sein
3. Pers.	es-**se-t**	er wäre, würde sein	es-**se-nt**	sie wären, würden sein

e) Beispiele für bisher bekannte Füllungen der Stellen im Satz

Subjekt	
Līberī	labōrant.
Meī	labōrant.
Bonī	labōrant.
Labōrāre	placet.

Prädikat	
Pater	labōrat.
Pater	rūsticus est.
Pater	fessus est.

Objekt	
Līberōs	amō.
Meōs	amō.
Aegrōs	cūrō.
Cēnāre	amō.
Ut valeās,	ōrō.

Adverbiale		
Legiōnārius	saepe	pūgnat.
Legiōnārius	gladiō	pūgnat.
Legiōnārius	in Germaniā	pūgnat.
Legiōnārius,	ut tūtus sit,	pūgnat.

Attribut		
Servus	Pūbliī	labōrat.
Syrus,	servus Pūbliī,	labōrat.
Servus	bonus	labōrat.

f) Optābam, ut officiīs līber essem. — Ich wünschte, daß ich von Pflichten frei sei. Ich wünschte, von Pflichten frei zu sein.

In diesem Satz besteht zwischen dem Ereignis im Hauptsatz und dem des Gliedsatzes kein zeitlicher Unterschied. Wenn in einem solchen Fall das Verb des lateinischen Hauptsatzes in der Vergangenheit steht, dann **muß** im abhängigen Gliedsatz der Konjunktiv Imperfekt folgen.
Im Deutschen setzt man aber den Konjunktiv Präsens bzw. den Infinitiv.

W

taberna	die Bude, der Laden, das Wirtshaus	manēre	bleiben
proelium	das Gefecht, die Schlacht	praeesse *(mit Dativ)*	vorgesetzt sein, leiten, kommandieren
contentus, a, um	zufrieden	diū	lange, lange Zeit
vacuus, a, um	leer, frei *(Vakuum)*	Italia	Italien
iūcundus, a, um (iuvāre)	erfreulich, angenehm	Marius	Marius (röm. Feldherr und Politiker, 158–86 v. Chr.)
ambulāre	spazierengehen *(ambulant)*	hem!	hm!

Englisch: content; vacuum, vacation; ambulance.

Merke:

legiōnāriīs *(Dat.)* praeesse — die Legionäre kommandieren (den Legionären vorgesetzt sein)

in Graeciam nāvigāre — nach Griechenland fahren (segeln)

21 Die ē-Deklination
Zeitangaben

G a) Hodiē di**ēs** fēst**us** est. — Heute ist ein Festtag.
Prīma hōra di**ēī** est. — Es ist die erste Stunde des Tages.

Der Stammauslaut der Substantive der ē-Deklination ist **ē**.

Deklinationsbeispiel:

	Singular		Plural	
Nom.	di-**ēs**	fēstus	di-**ēs**	fēstī
Gen.	di-**ēī**	fēstī	di-**ērum**	fēstōrum
Dat.	di-**ēī**	fēstō	di-**ēbus**	fēstīs
Akk.	di-**em**	fēstum	di-**ēs**	fēstōs
Abl.	di-**ē**	fēstō	di-**ēbus**	fēstīs

diēs, diēī der Tag und *merīdiēs, merīdiēī* der Mittag sind Maskulina.
Alle übrigen Substantive der ē-Deklination sind **Feminina**.

b) Rēs nov**ae** dēlectant. — Neue Dinge (Neuigkeiten) erfreuen.
Rērum nātūram saepe ignōrāmus. — Oft kennen wir die Natur der Dinge nicht.

Deklinationsbeispiel:

	Singular		Plural	
Nom.	rēs	nova	rēs	novae
Gen.	rĕī	novae	rērum	novārum
Dat.	rĕī	novae	rēbus	novīs
Akk.	rem	novam	rēs	novās
Abl.	rē	novā	rēbus	novīs

Genitiv und Dativ Singular haben -*ē*, wenn ein *i* vorausgeht, sonst -*ĕ*.

c) Diēbus fēstīs nōn labōrāmus. — An Festtagen arbeiten wir nicht.

Bei Zeitangaben steht im Lateinischen auf die Frage **‚wann?'** der Ablativ (**Ablativ der Zeit**): diēbus fēstīs — an (den) Festtagen

Werden Zustände angegeben, steht *in* mit dem Ablativ:
in rēbus secundīs — im Glück
in bellō — im Krieg

W1

diēs, diēī m.	der Tag
merīdiēs, merīdiēī m.	der Mittag, Süden *(Meridian)*
aciēs, aciēī	die Schärfe; Kampflinie, Schlacht
perniciēs, perniciēī	das Verderben, der Untergang
spēs, spĕī (spērāre)	die Hoffnung
rēs, rĕī	die Sache, das Ding, die Angelegenheit *(real)*
fidēs, fidĕī (fidus)	die Treue, der Glaube
fēstus, a, um	festlich, feierlich
ignōtus, a, um (nōtus)	unbekannt
īnstāre (stāre)	bevorstehen, drohen, zusetzen
dum	1. während 2. solange (als)
Vergilius, -ī	Vergil (röm. Dichter, 70–19 v. Chr.)

W2

iūstitia (iūstus)	die Gerechtigkeit *(Justiz)*
pūblicus, a, um	öffentlich, staatlich *(Publikum)*
rēs pūblica	der Staat *(Republik)*
adversus, a, um	widrig, ungünstig
rēs adversae	die ungünstigen Dinge, das Unglück
secundus, a, um	der zweite; günstig
rēs secundae	die günstigen Dinge, das Glück
rēs Rōmānae	der römische Staat, die römische Geschichte
rēs futūrae	die zukünftigen Dinge, die Zukunft
optimus, a, um	der beste, sehr gut *(Optimist)*
maximus, a, um (magnus)	der größte, sehr groß *(maximal)*
sacrificāre (sacrificium)	opfern
atque; ac *(vor Konsonanten)*	und (dazu)
et ... et ...	sowohl ... als auch ...
bene *(Adverb)*	gut
Colossēum	Kolosseum (Amphitheater in Rom)

Englisch: a. m. (aus *ante merīdiem*), p. m. (aus *post merīdiem*); real; justice; public, republic.

22 Die u-Deklination (I)
Gliedsatzarten

G a) Magna erat glōria senāt**ūs**. — Groß war der Ruhm des Senats.
Senāt**uī** populus pārēbat. — Dem Senat gehorchte das Volk.

Der Stammauslaut der Substantive in der u-Deklination ist **u**.

Deklinationsbeispiel:

	Singular		Plural	
Nom.	cās-**us**	malus	cās-**ūs**	malī
Gen.	cās-**ūs**	malī	cās-**uum**	malōrum
Dat.	cās-**uī**	malō	cās-**ibus**	malīs
Akk.	cās-**um**	malum	cās-**ūs**	malōs
Abl.	cās-**ū**	malō	cās-**ibus**	malīs

Die meisten Substantive der u-Deklination sind **Maskulina**.

b) Weitere Gliedsätze mit dem Konjunktiv (vgl. G19g)

Laetus eram, cum amīcum vidērem. — Ich war froh, als ich den Freund sah.

1. **cum ‚als, nachdem'** leitet Gliedsätze ein, die eine **Zeit** angeben.
2. **cum ‚da, weil'** leitet Gliedsätze ein, die eine **Begründung** angeben.

W1

rīpa	das Ufer
lingua	die Zunge, Sprache
senātus, -ūs	der Senat (Ältestenrat)
magistrātus, -ūs (magister)	der Beamte, das Amt
exercitus, -ūs	das Heer *(exerzieren)*
ímpetus, -ūs	der Ansturm, Angriff, Drang
metus, -ūs	die Furcht
tumultus, -ūs	der Aufruhr, die Unruhe *(Tumult)*
ūsus, -ūs	der Gebrauch, Nutzen, die Übung
plērī́que, plēraéque, plēráque	die meisten
administrāre (minister)	verwalten, verrichten *(Administration)*
cum *(mit Konjunktiv)*	1. als, nachdem 2. da, weil
ferē *(nachgestellt)*	beinahe, fast; ungefähr
Asia	Asia (röm. Provinz), Kleinasien
Britannia	Britannien
Latīnus, a, um	lateinisch

W2

beneficium (bene)	die Wohltat, Vergünstigung
gaudium	die Freude
cāsus, -ūs	der Fall, Zufall *(Kasus)*
cultus, -ūs	die Pflege, Verehrung; die Lebensweise *(Kultur)*
vīctus, -ūs (vīta)	der Lebensunterhalt, die Lebensweise
versus, -ūs	der Vers
cōnspectus, -ūs (spectāre)	der Anblick
vērus, a, um	wahr(haft)
nūllus, a, um	kein *(Null)*
conciliāre	gewinnen
(per)turbāre	verwirren, stören
Hispānī, -ōrum	die Spanier

Englisch: language; to use, useful; verse; case; culture.

23

Die u-Deklination (II)
Das Verb posse
Die Deklination der Vokalstämme (Überblick)

G a) Dom**us** parv**a** est. — Das Haus ist klein.

Feminina sind in der u-Deklination:

domus, -ūs	das Haus *(Dom)*	domus ampla	das stattliche Haus
manus, -ūs	die Hand, die Schar	manus dextra	die rechte Hand
porticus, -ūs	die Säulenhalle	porticus alta	die hohe Säulenhalle

b) Numerus dom**ōrum** (domuum) novārum magnus est. — Die Zahl der neuen Häuser ist groß.

Das Substantiv *domus* bildet den Ablativ Singular, den Akkusativ Plural und oft auch den Genitiv Plural nach der o-Deklination:
in domō novā; domōs novās vidēmus; numerus domōrum (domuum).

c) Māne **domō**, merīdiē **domum** properāmus. — Morgens eilen wir von zu Hause (fort), mittags nach Hause.
Māter nōs **domī** exspectat. — Die Mutter erwartet uns zu Hause.

Merke: domō — von zu Hause
domum — nach Hause
domī — zu Hause, daheim

d) corn**ū**, corn**ūs** n. — das Horn, der Flügel (des Heeres)

Dieses Neutrum hat im Nominativ und Akkusativ Singular den Ausgang **-ū**.
Im Dativ Singular ist die Endung *-i* meist geschwunden: corn**ū** (vgl. unten f).

e) das Verb *posse* ‚können, imstande sein, vermögen'

Präsens	Ind. Konj. Inf.	possum possim posse	potes possīs	potest possit	póssumus possīmus	potestis possītis	possunt possint
Imperf.	Ind. Konj.	póteram possem	poterās *usw.* possēs *usw.*				
Futur I		póterō	poteris *usw.*				

Die Formen werden aus der Zusammensetzung von *pote* ‚mächtig, imstande' mit den Formen von *esse* gebildet. Folgt eine Form, die mit *e-* beginnt, steht *pot-*, sonst gleicht sich das *t* von *pot* an das folgende *s* an: *pot-sum* → *possum* (Assimilation).

f) Überblick über die bisher behandelten Deklinationen

		ā-Deklination	o-Deklination			
Deklinationsbeispiele		terra Land, Erde	amīcus Freund	puer Knabe	ager Acker	verbum Wort
Singular	Nom.	terra	amīcus	puer	ager	verbum
	Gen.	terrae	amīcī	puerī	agrī	verbī
	Dat.	terrae	amīcō	puerō	agrō	verbō
	Akk.	terram	amīcum	puerum	agrum	verbum
	Abl.	in terrā	ab amīcō	ā puerō	in agrō	verbō
Plural	Nom.	terrae	amīcī	puerī	agrī	verba
	Gen.	terrārum	amīcōrum	puerōrum	agrōrum	verbōrum
	Dat.	terrīs	amīcīs	puerīs	agrīs	verbīs
	Akk.	terrās	amīcōs	puerōs	agrōs	verba
	Abl.	in terrīs	ab amīcīs	ā puerīs	in agrīs	verbīs

		ē-Deklination		u-Deklination			
Deklinationsbeispiele		rēs Sache	diēs Tag	cāsus Fall	manus Hand	domus Haus	cornū Horn
Singular	Nom.	rēs	diēs	cāsus	manus	domus	cornū
	Gen.	reī	diēī	cāsūs	manūs	domūs	cornūs
	Dat.	reī	diēī	cāsuī	manuī	domuī	cornū
	Akk.	rem	diem	cāsum	manum	domum	cornū
	Abl.	rē	diē	cāsū	manū	domō	cornū
Plural	Nom.	rēs	diēs	cāsūs	manūs	domūs	cornua
	Gen.	rērum	diērum	cāsuum	manuum	domōrum	cornuum
	Dat.	rēbus	diēbus	cāsibus	manibus	domibus	cornibus
	Akk.	rēs	diēs	cāsūs	manūs	domōs	cornua
	Abl.	rēbus	diēbus	cāsibus	manibus	domibus	cornibus

W

cornū, -ūs	das Horn, der Flügel (des Heeres)
aestus, -ūs	die Hitze, Brandung
lacus, -ūs	der See, das Wasserbecken
taurus, -ī	der Stier *(Torero)*
exemplum	das Beispiel, Vorbild *(Exempel)*
amplus, a, um	weit, geräumig, bedeutend
prīvātus, a, um	persönlich, privat
longus, a, um	lang
habitāre (habēre)	wohnen, bewohnen
prō *(Präp. mit Ablativ)*	vor, für, an Stelle
ubīque (ubi, -que)	überall

Englisch: possible, impossible; lake; example; private.

24 Zeitstufen in Sätzen: Bedeutung und Bildung des Perfekts

G a) Rōmānī diū Germāniam expūgnāre studēbant. — Die Römer versuchten (bemühten sich) lange, Germanien zu erobern.

Postrēmō Germānī Rōmānōs superāvērunt. — Schließlich überwanden die Germanen die Römer (oder: haben . . . überwunden).

Bei Handlungen, die sich öfter wiederholten, oder bei der Schilderung von Zuständen in der Vergangenheit verwendet man im Lateinischen das Imperfekt (*tempus imperfectum* ‚un-vollendete Zeit'; vgl. G16).
Zur Darstellung vergangener einmaliger Ereignisse wird das **Perfekt** verwendet (*tempus perfectum* ‚vollendete Zeit'), im Deutschen aber das Imperfekt.

b) Perfektformen der ā-Konjugation

	Singular		Plural
1. Pers.	laudā-**v-ī**	ich habe gelobt	laudā́-**v-imus**
2. Pers.	laudā-**v-ístī**	*usw.*	laudā-**v-ístis**
3. Pers.	laudā-**v-it**		laudā-**v-ḗrunt**

Der Präsensstamm *laudā-* wird erweitert um *-v-* zum **Perfektstamm** *laudāv-*. An ihn treten die Personalendungen des Perfekts.

c) Perfektformen der ē-Konjugation

	Singular		Plural
1. Pers.	complē-**v-ī**	ich habe gefüllt	complḗ-**v-imus**
2. Pers.	complē-**v-ístī**	*usw.*	complē-**v-ístis**
3. Pers.	complē-**v-it**		complē-**v-ḗrunt**

Auch *dēlēre, flēre* und *implēre* bilden ein **v-Perfekt**.

d) ‚Ich habe gelobt' ist im Deutschen eine zusammengesetzte Form. Bei Verben der Bewegung ist diese mit dem Hilfsverb ‚sein' gebildet: ich bin geflogen.

e) Errā**visse** hūmānum est. — Geirrt **zu haben** ist menschlich.

Der **Infinitiv Perfekt** hat die Endung **-isse**.

laudā-**v-isse**	gelobt zu haben
complē-**v-isse**	angefüllt zu haben

W silva	der Wald	renovāre (rénovō)	erneuern *(renovieren)*
theātrum	das Theater	dēnique	schließlich, endlich
amphitheātrum	das Amphitheater (Rundtheater)	anteā (ante)	vorher, früher
arcus, -ūs	der Bogen	ūsque ad *(mit Akkusativ)*	bis zu
portus, -ūs	der Hafen	C. Iūlius Caesar	Caesar (röm. Feldherr und Staatsmann, 100–44 v. Chr.)
paucī, ae, a	wenige	Drūsus	Stiefsohn des Augustus
hūmānus, a, um	menschlich, gebildet *(human)*	Germānicus	Sohn des Drusus
migrāre	(aus)wandern *(Emigrant)*	Augustus	Augustus (erster römischer Kaiser, 63 v. Chr.–14 n. Chr.)
collocāre (cóllocō)	aufstellen, errichten		

Englisch: theatre; arc; port; human; to emigrate; to renovate.

25

u-Perfekt
Perfekt von esse
Ablativ als Objekt

G a) Cum magister fābulam nārrāret, tac-**u**-imus. — Als der Lehrer die Geschichte erzählte, waren wir still (schwiegen wir).

Die meisten Verba der ē-Konjugation bilden den Perfektstamm auf **-u**.

monēre[1]	(er)mahnen, erinnern	moneō	mon**uī**
pārēre	gehorchen	pāreō	pār**uī**
studēre	sich bemühen	studeō	stud**uī**
terrēre	(er)schrecken (jemanden)	terreō	terr**uī**
perterrēre	erschrecken, einschüchtern	perterreō	perterr**uī**
timēre	fürchten	timeō	tim**uī**
valēre	gesund sein, vermögen	valeō	val**uī**
habēre	haben, halten	habeō	hab**uī**
adhibēre	anwenden, beiziehen	adhibeō	adhib**uī**
prohibēre	abhalten, hindern	prohibeō	prohib**uī**
dēbēre	schulden, müssen	dēbeō	dēb**uī**
tenēre	halten	teneō	ten**uī**
retinēre	zurückhalten	retineō	retin**uī**
continēre	zusammenhalten	contineō	contin**uī**
abstinēre	sich fernhalten, sich enthalten	abstineō	abstin**uī** *(Abstinenz)*
sustinēre	aushalten	sustineō	sustin**uī**
carēre	entbehren, nicht haben	careō	car**uī**
egēre	bedürfen, Mangel haben	egeō	eg**uī**
docēre	lehren, unterrichten	doceō	doc**uī**
tacēre	schweigen	taceō	tac**uī**

1) Bereits gelernte Verben sind in Kleindruck angegeben.

placēre	gefallen	placeō	plac**uī**	
arcēre	abhalten, abwehren	arceō	arc**uī**	
exercēre	üben, (sich) plagen	exerceō	exerc**uī**	*(exerzieren)*
coercēre	zügeln, maßregeln	coerceō	coerc**uī**	
nocēre	schaden	noceō	noc**uī**	
licet	es ist erlaubt	-	lic**uit**	

b) In fābulīs nōn rārō bēstia parva bēstiam fīrmam dolō dom**uit**. — In den Fabeln hat nicht selten ein kleines Tier ein starkes Tier mit einer List besiegt (gebändigt).

Auch einige Verben der ā-Konjugation bilden den Perfektstamm auf **-u**:

domāre	zähmen, bändigen	domō	dom**uī**	*(Dompteur)*
secāre	(ab)schneiden	secō	sec**uī**	*(Insekt)*
increpāre	erschallen, schelten	íncrepō	increp**uī**	
vetāre	verbieten	vetō	vet**uī**	*(Veto)*

c) Lupus iniūstus **fu-it**. — Der Wolf war ungerecht.

Der Perfektstamm von *esse* lautet **fu**.

	Singular		Plural	
1. Pers.	fu-ī	ich bin gewesen	fú-imus	wir sind gewesen
2. Pers.	fu-ístī	du bist gewesen	fu-ístis	ihr seid gewesen
3. Pers.	fu-it	er (sie, es) ist gewesen	fu-ḗrunt	sie sind gewesen
Infinitiv	fu-isse	gewesen zu sein		

d) Das Perfekt zu *posse* lautet **potu-ī, potu-istī** *usw.*

e) *carēre* entbehren, *egēre* bedürfen und *abstinēre* sich enthalten geben an, daß man von etwas getrennt ist. Sie haben daher das Objekt im Ablativ bei sich:

carēre spē	die Hoffnung entbehren, keine H. haben
egēre auxiliō	der Hilfe bedürfen
abstinēre vīnō	sich des Weines enthalten

Satzmodell mit dem Ablativ als Objekt

Captīvus patriā caret. — Der Gefangene entbehrt die Heimat.

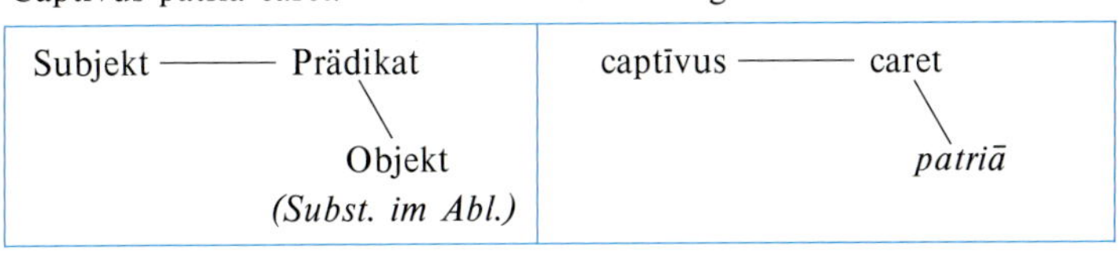

f) Nē perīculum īnstet! — Möge keine Gefahr drohen!
Timeō. — Ich fürchte es.
Timeō, **nē** perīculum īnstet. — Ich fürchte, daß Gefahr droht.

timēre ‚fürchten' drückt aus, daß etwas n i c h t geschehen möge. Ein von *timēre* abhängiger Gliedsatz wird daher immer mit **nē** eingeleitet, dem als deutsche Übersetzung **‚daß'** entspricht (nicht: ‚daß nicht').

W1

iniūria (iūstus)	das Unrecht, die Beleidigung
poena	die Strafe
lupus, -ī	der Wolf
autumnus, -ī	der Herbst
modus, -ī	das Maß; die Art und Weise
proximus, a, um (propinquus)	der nächste, letzte
dīgnus, a, um *(mit Ablativ)*	würdig, wert
mānāre	fließen
accūsāre	anklagen, beschuldigen *(Akkusativ)*
violāre	mißhandeln, verletzen
inquit *(in die wörtliche Rede eingeschoben)*	er, sie, es sagt / er, sie, es hat gesagt

W2

tantus, a, um	so groß
inimīcus, a, um (amīcus)	feindlich, Subst.: Feind
nātus, a, um	geboren
nōndum	noch nicht
quondam	einst, einmal

Englisch: (to) exercise; injury, to injure; to accuse.

Merke:

Poenā dīgnus es.	Du verdienst Strafe (bist der Strafe würdig).
Vetō **tē** clāmāre.	Ich verbiete **dir** zu schreien.
iniūriā *(Abl. der Art und Weise)*	zu Unrecht

26 Unabhängige und abhängige Fragesätze
Konjunktiv Perfekt
Weitere Perfektstämme

G a) Unabhängige und abhängige Fragesätze:

Pater sententiam fīliī rogat.	Der Vater fragt nach der Meinung des Sohnes.
Pater rogat: Quid fīlius cōgitat?	Der Vater fragt: Was denkt der Sohn?
Pater rogat, quid fīlius cōgitet.	Der Vater fragt, was der Sohn denkt (denke).

Der Fragesatz im 3. Beispiel ist (als Vertreter des Akkusativobjekts) von *rogat* **abhängig**. Zur Bezeichnung der Abhängigkeit eines Fragesatzes steht im Lateinischen der **Konjunktiv**, im Deutschen der Indikativ oder Konjunktiv.

Satzmodell zum 1. und 3. Beispiel

Pater sententiam fīliī rogat. Der Vater fragt nach der Meinung des Sohnes.

Subjekt ——— Prädikat \ Objekt *(Subst. im Akk.)* | Attribut *(Subst. im Gen.)*	pater ——— rogat \ *sententiam* | *fīliī*

Pater rogat, quid fīlius cōgitet. Der Vater fragt, was der Sohn denkt.

Subjekt ——— Prädikat \ Objekt *(Gliedsatz)*	pater ——— rogat \ *quid fīlius cōgitet.*

b) Pater rogat, Der Vater fragt,

quid fīlius	cōgitā**verit**,	was der Sohn gedacht habe (hat),
cūr nōn	par**uerit**,	warum er nicht gehorcht habe (hat),
ubi	fu**erit**.	wo er gewesen sei (ist).

Der Inhalt der Gliedsätze (abhängigen Fragesätze) hat sich früher ereignet als die Aussage des Hauptsatzes. Der Inhalt der Gliedsätze ist also **vorzeitig** zur Aussage des Hauptsatzes.

c) Die Formen des Konjunktivs Perfekt

	Singular		Plural	
1. Pers.	fú-**erim**	ich sei gewesen	fu-**érimus**	wir seien gewesen
2. Pers.	fu-**eris**	du seist gewesen	fu-**éritis**	ihr seiet gewesen
3. Pers.	fu-**erit**	er sei gewesen	fú-**erint**	sie seien gewesen
1. Pers.	laudā́v-**erim**	ich habe gelobt	laudāv-**érimus**	
2. Pers.	laudāv-**eris**	du habest gelobt	laudāv-**éritis**	
3. Pers.	laudāv-**erit**	*usw.*	laudā́v-**erint**	
1. Pers.	monú-**erim**	ich habe ermahnt	monu-**érimus**	
2. Pers.	monu-**eris**	du habest ermahnt	monu-**éritis**	
3. Pers.	monu-**erit**	*usw.*	monú-**erint**	

Der Konjunktiv Perfekt im Gliedsatz kann im Deutschen mit dem Indikativ oder dem Konjunktiv wiedergegeben werden.

d) Weitere Perfektstämme

1. Convīva mihi librum **dedit**. — Der Gast hat mir ein Buch gegeben.
   Perfekt zu *dare*: *dedī, dedistī* ... (Perfektstamm: *ded-*)

circúmdare	umgeben	circúmdō	circúmdedī

2. Amīcī in rīpā **stetērunt**. — Die Freunde standen am Ufer.
   Perfekt zu *stāre*: *stetī, stetistī* ... (Perfektstamm: *stet-*)

īnstāre	bevorstehen, drohen	īnstō	īnstitī
obstāre	im Wege stehen, hindern	obstō	obstitī
praestāre	voranstehen, leisten	praestō	praestitī
restāre	übrigbleiben	restō	restitī

3. Bonum est miserōs **iūvisse**. — Es ist gut, Unglückliche unterstützt zu haben.
   Perfekt zu *iuvāre*: *iūvī, iūvistī*... (Perfektstamm: *iūv-*)

e) Die Endungen des Perfekts treten immer an den Perfektstamm:

Indikativ: dedī, dedistī ...; stetī, stetistī ...; iūvī, iūvistī ...
Konjunktiv: dederim, dederis ...; steterim, steteris ...; iūverim, iūveris ...

f) 1. Daedalus cūnctīs ingeniō praestitit. — Dädalus übertraf alle an Begabung.

2. Daedalus dominō suō multa officia praestitit. — Dädalus erwies (leistete) seinem Herrn viele Dienste.

praestāre kann als Objekt einen Dativ oder einen Akkusativ bei sich haben. Die Bedeutung des Verbs ist dabei jeweils verschieden.

3. Praestat laudāre quam increpāre. — Es ist besser zu loben als zu schelten.

Bei einem Vergleich wird das Verb *praestāre* nur unpersönlich verwendet: *praestat* es ist besser.

W1

ingenium	die Anlage, Begabung *(Ingenieur)*	praestāre *(mit Akk.)*	leisten, erweisen
mōnstrum	das Ungeheuer	praestat	es ist besser
praemium	der Lohn, die Belohnung *(Prämie)*	quot? *(unveränderlich)*	wie viele?
quantus, a, um (quam)	wie groß *(Quantität)*	profectō (factum)	wirklich, in der Tat
foedus, a, um	häßlich, schändlich	herī	gestern
geminus, a, um	doppelt, Subst.: Zwilling	Crēta	Kreta (griech. Insel)
praestāre *(mit Dat.)*	voranstehen, übertreffen	Mīnōs	Minos (König von Kreta)
		Mīnōtaurus	Minotaurus (Ungeheuer auf Kreta)

W2

unda	die Welle, Woge	restāre	übrigbleiben *(Rest)*
caelum	der Himmel, das Klima	levāre	erleichtern, lindern, heben
servitium (servus)	die Knechtschaft, Sklaverei	patēre, patuī	offenstehen
		etsī, etiamsī	wenn auch, obgleich
reditus, -ūs	die Rückkehr	at	jedoch, dagegen
mortuus, a, um	gestorben, tot	cēterum	übrigens, doch

Englisch: monster; service; to please, pleasure.

Merke:

Senātuī placet. — Dem Senat gefällt es, der Senat beschließt.

27 Die Mischdeklination: Konsonantenstämme
Wortableitungen auf -tor

G Die Substantive der Mischdeklination zerfallen in 3 Gruppen:

1. in Wörter mit einem Konsonanten als Stammauslaut (G 27–31, 33, 34),
2. in Wörter mit *-i-* als Stammauslaut (G 40),
3. in Wörter einer aus 1 und 2 gemischten Gruppe (G 39, 40).

Die Unterschiede in den Ausgängen sind geringfügig.

a) Die Ausgänge für die **Konsonantenstämme**

Kasus	Singular			Plural		
	Mask.	Fem.	Neutr.	Mask.	Fem.	Neutr.
Nom.	**s-** *oder keine Endung*			**-ēs**	**-ēs**	**-a**
Gen.	**-is**	**-is**	**-is**	**-um**	**-um**	**-um**
Dat.	**-ī**	**-ī**	**-ī**	**-ibus**	**-ibus**	**-ibus**
Akk.	**-em**	**-em**	*wie Nom.*	**-ēs**	**-ēs**	**-a**
Abl.	**-e**	**-e**	**-e**	**-ibus**	**-ibus**	**-ibus**

b) *ōrā-re* (Grundbezeichnung: reden) *ōrā-tor* der Redner

Das Suffix **-tor** bezeichnet eine tätige Person.

c) Deklinationsbeispiel:

	Singular		Plural	
Nom.	ōrātor	der Redner	ōrātōr-ēs	die Redner
Gen.	ōrātōr-is	des Redners	ōrātōr-um	der Redner
Dat.	ōrātōr-ī	dem Redner	ōrātōr-ibus	den Rednern
Akk.	ōrātōr-em	den Redner	ōrātōr-ēs	die Redner
Abl.	cum ōrātōr-e	mit dem Redner	cum ōrātōr-ibus	mit den Rednern

d) Auch die Substantive auf *-ōs, -ōris*, auf *-er, -(e)ris* sowie auf *-l, -lis* werden so dekliniert. Sie sind Maskulina.

e) Feminina sind *mulier* und *māter* (nach dem natürlichen Genus):
mulier bona die gute Frau, māter fīda die treue Mutter

Neutra sind *aequor* und *ōs*:
aequor vāstum das weite Meer
ōs hūmānum das menschliche Gesicht

f) Viele Substantive auf *-er* der Mischdeklination bezeichnen einen Verwandtschaftsgrad: frāter fīdus der treue Bruder

Sing.	Nom. Gen. *usw.*	frāter fīdus frātr-is fīdī *usw.*	Plur.	Nom. Gen. *usw.*	frātr-ēs fīdī frātr-um fīdōrum *usw.*

W1

turba	der Trubel, die Menge	clāmor, -ōris (clāmāre)	des Geschrei
cūria	die Kurie (Versammlungsort des Senats)	mōs, mōris	die Sitte, der Brauch *(Moral)*
reus, -ī	der Angeklagte	mōrēs, -um	die Sitten, der Charakter
iūdicium	das Urteil, Gericht	honōs, -ōris	die Ehre, das Ehrenamt
cōnsul, cōnsulis (cōnsilium)	der Konsul	ōs, ōris n.	der Mund, das Gesicht
sōl, sōlis	die Sonne	circumstāre, circúmstetī	herumstehen, umringen
praetor, -ōris	der Prätor	certāre	streiten, wetteifern
ōrātor, -ōris (ōrāre)	der Redner	iūdicāre (iū́dicō)	urteilen, beurteilen
lictor, -ōris	der Liktor	satis	genug

W2

mulier, -ĕris	die Frau	terror, -ōris (terrēre)	der Schrecken
māter, mātris	die Mutter	labor, -ōris (labōrāre)	die Arbeit, Anstrengung, Mühe
pater, patris	der Vater; Pl.: Patrizier, Senatoren	māiōrēs, -um *(Mehrzahlwort)*	die Vorfahren
frāter, frātris	der Bruder	aequor, -ŏris n.	die Meeresfläche, das Meer
imperātor, -ōris (imperāre)	der Feldherr, Kaiser	vāstus, a, um	weit; wüst, öde
victor, -ōris (victōria)	der Sieger	nāvigāre (nā́vigō)	zu Schiff fahren, segeln *(Navigation)*
senātor, -ōris (senātus)	der Senator	apud *(Präp. mit Akkusativ)*	bei (nur bei Personen)
auctor, -ōris	der Urheber, Begründer, Autor	Sallustius, -ī	Sallust (röm. Historiker, 86–34 v. Chr.)
timor, -ōris (timēre)	die Furcht		

Englisch: honour; concert; navigation, to navigate; victory; author.

Merke:

cōnsulum est — es ist Aufgabe (Sache, Pflicht) der Konsuln

28 Konsonantenstämme: n-Stämme
Ableitung von n-Stämmen

G a) *ōrāre* (Grundbedeutung: reden) *ōrātiō* die Rede

Das Suffix **-tiō** bezeichnet eine Tätigkeit.

b) *alt-us* hoch, tief — *alt-i-tūdō* die Höhe, Tiefe

Das Suffix **-tūdō** bezeichnet eine Eigenschaft oder einen Zustand.

c) Deklinationsbeispiele: ōrātiō clāra — eine berühmte Rede
imāgō pulchra — ein schönes Bild

Die Substantive auf **-ō**, **-ōnis** und auf **-ō**, **-inis** sind **Feminina**.

Sing.	Nom. Gen. *usw.*	ōrātiō clāra ōrātiōn-is clārae *usw.*	imāgō pulchra imāgin-is pulchrae *usw.*
Plur.	Nom. Gen. *usw.*	ōrātiōn-ēs clārae ōrātiōn-um clārā**rum**	imāgin-ēs pulchrae imāgin-um pulchrārum *usw.*

d) Maskulina sind *homō, sermō, leō, ordō*:

homō bonus	ein guter Mensch	ordō prīmus	der erste Stand (die erste Reihe)
sermō Latīnus	die lateinische Sprache	leō firmus	ein starker Löwe

W1

collum	der Hals	ōrdō, -inis m.	die Reihe, Ordnung; der Stand
mercātor, -ōris m.	der Kaufmann	homō, -inis m. (hūmānus)	der Mensch
ratiō, -ōnis	die Berechnung, Vernunft, der Grund, die Art und Weise *(rational)*	rēctus, a, um	gerade, recht, richtig
legiō, -ōnis	die Legion	tolerāre (tólerō)	ertragen, erdulden *(Toleranz)*
nātiō, -ōnis	der Volksstamm, das Volk *(Nation)*	probāre	prüfen, billigen *(Probe)*
imāgō, -inis	das Bild	quōmodo (modus)	wie, auf welche Weise
multitūdō, -inis (multī)	die Menge		

W2

condiciō, -ōnis	die Bedingung, Lage *(Kondition)*	opīniō, -ōnis	die Meinung, Vermutung
regiō, -ōnis	die Richtung, Gegend *(Region)*	sermō, -ōnis m.	das Gespräch, die Sprache
religiō, -ōnis	die Ehrfurcht, Götterverehrung, Religion	leō, -ōnis m.	der Löwe
		incertus, a, um	ungewiß, unsicher
		nōnnūllī, ae, a (nōn, nūllus)	einige
dominātiō, -ōnis (dominus)	die (Allein-)Herrschaft	contrā *(Präp. mit Akkusativ)*	gegen (im feindlichen Sinn)
ōrātiō, -ōnis (ōrātor)	die Rede	Plīnius, -ī	Plinius (röm. Autor, ca. 61–113 n. Chr.)
sēditiō, -ōnis	der Aufstand		

Englisch: image, imaginable; probably; nation, national, nationality; condition; religion; opinion.

29

Konsonantenstämme: t-Stämme
Zeitangaben
Gleiches Subjekt im Hauptsatz und Gliedsatz

G a) līber — frei — līber-tās — die Freiheit
servus — der Knecht — serv-i-tūs — die Knechtschaft

Die Suffixe **-tās** und **-tūs** bezeichnen eine Eigenschaft oder einen Zustand.

b) Deklinationsbeispiele: cīvitās lībera — der freie Staat
virtūs magna — eine große Tüchtigkeit

Die Substantive auf **-ās, -ātis** und **-ūs, -ūtis** sind **Feminina**.

Sing.	Nom. Gen. *usw.*	cīvitās lībera cīvitāt-is līberae *usw.*	virtūs magna virtūt-is magnae *usw.*
Plur.	Nom. Gen. *usw.*	cīvitāt-ēs līberae cīvitāt-um līberārum *usw.*	virtūt-ēs magnae virtūt-um magnārum *usw.*

c) Zeitangaben:

Diē fēstō tē vidēbō. — Am Festtag werde ich dich sehen.
Multōs diēs nōs vidēbimus. — Wir werden uns viele Tage (lang) sehen.

diē fēstō — am Festtag — Ablativ auf die Frage: **wann?** (vgl. G 21c)
multōs diēs — viele Tage (lang) — Akkusativ auf die Frage: **wie lange?**

d) Senātōrēs, quia dē salūte dēsperābant, domī manēbant. — Weil **die Senatoren** an der Rettung verzweifelten, blieben **sie** zu Hause.

Steht der Gliedsatz vor dem Hauptsatz und hat er das gleiche Subjekt wie der Hauptsatz, so steht das gemeinsame Subjekt im Lateinischen voran. Im Deutschen wird es am besten in den Gliedsatz hineingezogen.

W1

locus, -ī (Pl.: loca, -ōrum) — der Ort, Platz *(Lokal)*
cōnsultum — der Beschluß
aditus, -ūs — der Zugang
aestās, -ātis (aestus) — der Sommer
aetās, -ātis (aeternus) — das Lebensalter, Zeitalter, die Zeit
cīvitās, -ātis — die Bürgerschaft, der Staat *(zivil)*
dīgnitās, -ātis (dīgnus) — die Würde
auctōritās, -ātis (auctor) — das Ansehen, der Einfluß *(Autorität)*
potestās, -ātis (posse) — die Macht, (Amts-)Gewalt
molestus, a, um — lästig, beschwerlich
sōlus, a, um (sōlum) — allein, einsam *(Solo)*
patricius, a, um (pater) — patrizisch; Subst.: der Patrizier
plēbēius, a, um — plebejisch; Subst.: der Plebejer
senātōrius, a, um — senatorisch
aut — oder
aut … aut — entweder … oder

W2

calamitās, -ātis	das Unglück, Mißgeschick	salūs, -ūtis	das Wohlergehen, Heil, die Rettung
pietās, -ātis (pius)	das Pflichtbewußtsein, die Frömmigkeit, Ehrfurcht *(Pietät)*	virtūs, -ūtis (vir)	die Tüchtigkeit, Tugend, Tapferkeit, Leistung, der Vorzug
lībertās, -ātis (līber)	die Freiheit, Freiheitsliebe	dēmōnstrāre	zeigen, beweisen *(demonstrieren)*
sérvitūs, -ūtis (servus)	die Knechtschaft, Sklaverei	dēspērāre (spērāre)	verzweifeln
iuventūs, -ūtis	die Jugend	plērumque (plērīque)	meistens
senectūs, -ūtis (senātus)	das (Greisen-)Alter	prīmō (prīmus)	anfangs, zuerst

Englisch: local; city; liberty.

Merke:

dē salūte dēspērāre — an der Rettung verzweifeln
summa imperiī — die höchste Macht, der Oberbefehl

30

Konsonantenstämme: t (d)-Stämme

G a) Deklinationsbeispiele: comes fīdus — der treue Begleiter
custōs firmus — ein starker Wächter

Sing.	Nom.	comes	fīdus	custōs	firmus
	Gen.	comit-is	fīdī	custōd-is	firmī
	usw.	*usw.*		*usw.*	
Plur.	Nom.	comit-ēs	fīdī	custōd-ēs	firmī
	Gen.	comit-um	fīdōrum	custōd-um	firmōrum
	usw.	*usw.*		*usw.*	

b) Fast alle Wörter dieser Gruppe sind nach dem natürlichen Genus **Maskulina**: *hospes, comes, mīles, pedes, eques* und *custōs.*
Maskulinum ist auch *pēs*: *pēs dexter* der rechte Fuß

c) Feminina sind *laus, quiēs, mercēs*:

laus iūsta — ein gerechtes Lob
quiēs grāta — die willkommene Ruhe
mercēs magna — ein großer Lohn

W1

ventus, -ī	der Wind *(Ventil)*	pedes, -itis m.	der Soldat (zu Fuß)
spīritus, -ūs	der Hauch, Atem	mīles, -itis m.	der Soldat *(Militär)*
hospes, -itis m.	der Gast(freund), Gastgeber *(Hospital)*	comes, -itis m.	der Gefährte, Begleiter
		quiēs, -ētis f.	die Ruhe, Erholung
eques, -itis m. (equus)	der Reiter, Ritter	mercēs, -ēdis f. (mercātor)	der Lohn, Sold

▷

pēs, pedis m. (pedes)	der Fuß *(Pedal)*	dubitāre (dubius)	zweifeln, zögern
custōs, -ōdis m.	der Wächter, Hüter *(Küster)*	comparāre (cómparō)	vergleichen *(Komparativ)*
		herc(u)le	beim Herkules!

W2 bracchium	der Arm *(Brachialgewalt)*	abundāre *(mit Abl.)* (unda)	überfließen, Überfluß haben, reich sein
arbor, arbŏris f.	der Baum	septem	sieben
cupiditās, -ātis f.	die Begierde, Leidenschaft	dōnec	solange (als)
laus, laudis f.	das Lob, der Ruhm	Mārs, Mārtis	Mars (Kriegsgott und Schutzgott des Viehs)
sanguis, -inis m.	das Blut	India	Indien
tōtus, a, um	ganz *(total)*	Plautus, -ī	Plautus (röm. Komödiendichter um 200 v. Chr.)
pulsāre	klopfen, schlagen *(Puls)*		

Englisch: hospital; quiet; comparison, to compare.

Merke:

Italia vīnō abundat. — Italien ist reich an Wein.

Litterīs *(Dat.)* operam dō. — Ich gebe mir Mühe mit den Wissenschaften, beschäftige mich mit den Wissenschaften, ich widme mich den Wissenschaften.

31 Konsonantenstämme: c (g)-Stämme Ablativ der Beschaffenheit

G a) Deklinationsbeispiel: lēx bona ein gutes Gesetz

	Singular		Plural	
Nom.	lēx	bona	lēg-ēs	bonae
Gen.	lēg-is	bonae	lēg-um	bonārum
usw.	*usw.*		*usw.*	

Der Stamm heißt *lēg-*. Die Endung des Nominativs Singular ist *-s*. Die Lautverbindungen *cs* und *gs* werden als *x* geschrieben.

Die Substantive auf **-s** mit vorhergehendem Konsonanten sind **Feminina**.

b) Maskulina sind nach dem natürlichen Genus *rēx, iūdex* und *senex*:

rēx bonus	der gute König
iūdex iūstus	der gerechte Richter
senex aeger	der kranke Greis

c) Mehrzahlwörter sind *precēs* die Bitten und *frūgēs* die (Feld-)Früchte.

precēs piae — fromme Bitten — multae frūgēs — viele Früchte

d) Utinam semper bonā valētūdine sītis! Möget ihr immer bei guter Gesundheit sein!

Der Ablativ *bonā valētūdine* bildet hier zusammen mit der Form von *esse* das Prädikat. Er drückt eine Beschaffenheit aus.

W1	patrōnus, -ī (pater)	der Patron, Anwalt	rēx, rēgis m. (rēgīna)	der König
	pāx, pācis	der Friede	iūdex, iūdicis m. (iūdicium)	der Richter
	lēx, lēgis	das Gesetz *(legal)*	senex, senis m. (senātus)	der Greis, alte Mann *(senil)*
	lūx, lūcis	das Licht, Tageslicht		
	vōx, vōcis (vocāre)	die Stimme, das Wort *(Vokal)*		
	nex, necis (necāre)	der (gewaltsame) Tod, Mord	Cerēs, Céreris	Ceres (Göttin des Ackerbaus)
W2	medicus, -ī	der Arzt *(Medizin)*	frūgēs, frūgum (frūmentum)	die (Feld-)Früchte
	venēnum	das Gift	incitāre (excitāre)	antreiben, aufregen, reizen
	speciēs, -ēī (spectāre)	das Aussehen, die Gestalt; der Schein	damnāre	verurteilen
	valētūdō, -inis f. (valēre)	das Befinden, die Gesundheit	rē vērā	in Wahrheit
	precēs, precum	die Bitten	praetereā	außerdem

Englisch: legal; voice; judge; special; to pray.

32 Zeitstufen in Sätzen: Bedeutung und Bildung des Plusquamperfekts

G a) Cūnctī iūdicium probāvērunt. — Alle billigten das Urteil.
Iūdex bene iūdicā**verat**. — Der Richter **hatte** gut entschieden.
Multitūdō tac**uerat**. — Die Menge **hatte** geschwiegen.
Causa iūsta **fuerat**. — Die Sache **war** gerecht **gewesen**.

Das **Plusquamperfekt** bezeichnet eine Handlung, die in der Vergangenheit bereits abgeschlossen war, als eine andere eintrat.

b) Multī iūdicem laudāvērunt, quod iūdicium iūstum fuerat. — Viele lobten den Richter, weil das Urteil gerecht gewesen war.

Der Vorgang des Gliedsatzes war hier bereits abgeschlossen; dann erst trat die Handlung des Hauptsatzes ein. Der Vorgang des Gliedsatzes ist also vorzeitig zur Handlung des Hauptsatzes. Im Satzgefüge zeigt das Plusquamperfekt die **Vorzeitigkeit** der Handlung des Gliedsatzes an.

c) Das Plusquamperfekt wird vom Perfektstamm aus gebildet.
Die Formen des Indikativs Plusquamperfekt

	Singular		Plural	
1. Pers.	laudā́v-**eram**	ich hatte gelobt	laudāv-**erā́mus**	wir hatten gelobt
2. Pers.	laudāv-**erās**	du hattest gelobt	laudāv-**erā́tis**	ihr hattet gelobt
3. Pers.	laudāv-**erat**	er hatte gelobt	laudā́v-**erant**	sie hatten gelobt
1. Pers.	monú-**eram**	ich hatte ermahnt	monu-**erā́mus**	wir hatten ermahnt
2. Pers.	monu-**erās**	du hattest ermahnt	monu-**erā́tis**	ihr hattet ermahnt
3. Pers.	monu-**erat**	er hatte ermahnt	monú-**erant**	sie hatten ermahnt
1. Pers.	fú-**eram**	ich war gewesen	fu-**erā́mus**	wir waren gewesen
2. Pers.	fu-**erās**	du warst gewesen	fu-**erā́tis**	ihr wart gewesen
3. Pers.	fu-**erat**	er war gewesen	fú-**erant**	sie waren gewesen

Beachte jeweils den Perfektstamm:
properāv-erant, dēlēv-erant, parú-erant, potú-erant, déd-erant, stét-erant.

d) Multitūdō clāmā**visset** neque tac**uisset**, nisi iūdicium iūstum **fuisset**.

Die Menge **hätte** geschrien und nicht geschwiegen, wenn das Urteil nicht gerecht **gewesen wäre**.

Der Konjunktiv des Plusquamperfekts signalisiert in vielen Sätzen, daß ein Geschehen oder ein Zustand in der Vergangenheit nicht wirklich (d. h. **irreal**) war (vgl. G 20).

	Singular		Plural	
1. Pers.	laudāv-**íssem**	ich hätte gelobt	laudāv-**íssḗmus**	wir hätten gelobt
2. Pers.	laudāv-**íssēs**	du hättest gelobt	laudāv-**íssḗtis**	ihr hättet gelobt
3. Pers.	laudāv-**ísset**	er hätte gelobt	laudāv-**íssent**	sie hätten gelobt
1. Pers.	monu-**íssem**	ich hätte ermahnt	monu-**íssḗmus**	wir hätten ermahnt
2. Pers.	monu-**íssēs**	du hättest ermahnt	monu-**íssḗtis**	ihr hättet ermahnt
3. Pers.	monu-**ísset**	er hätte ermahnt	monu-**íssent**	sie hätten ermahnt
1. Pers.	fu-**íssem**	ich wäre gewesen	fu-**íssḗmus**	wir wären gewesen
2. Pers.	fu-**íssēs**	du wärest gewesen	fu-**íssḗtis**	ihr wäret gewesen
3. Pers.	fu-**ísset**	er wäre gewesen	fu-**íssent**	sie wären gewesen

Beachte jeweils den Perfektstamm:
parāv-ísset, complēv-ísset, paru-ísset, potu-ísset, ded-ísset, stet-ísset.

e) **Cum** iūdex causam iūdicā**visset**, multitūdō tacuit.

Als der Richter die Sache entschieden hatte, schwieg die Menge.

Cum ‚als, weil' verlangt den Konjunktiv (vgl. G 22b). Auch der Konjunktiv des Plusquamperfekts signalisiert die Vorzeitigkeit der Handlung des Gliedsatzes zur Handlung des Hauptsatzes. Im deutschen Gliedsatz steht hier jedoch der Indikativ.

W

inimīcitiae, -ārum *(Mehrzahlwort)*	die Feindschaft	plēnus, a, um (implēre)	voll (Plenum)
tēlum	das Geschoß	sacer, sacra, sacrum (sacrificium)	heilig, geweiht *(Sakrament)*
remedium (medicus)	das Heilmittel, Mittel	iactāre	(hin und her)werfen, schleudern
testimōnium	das Zeugnis, der Beweis *(Testament)*	respondēre	antworten *(Korrespondenz)*
frūctus, -ūs (frūgēs)	die Frucht, der Ertrag, Nutzen	torquēre	drehen, foltern *(Torte, Tortur)*
uxor, -ōris f.	die Ehefrau, Gattin		

Englisch: plenty; to respond.

Merke:
speī (Gen.) plēnus — voll der Hoffnung, voll(er) Vertrauen

33 Konsonantenstämme: Neutra auf -us

G a) Deklinationsbeispiele: sīdus clārum — das helle Gestirn
tempus miserum — die schlimme Zeit

Sing.	Nom./Akk. Gen. *usw.*	sīdus sīder-is	clārum clārī *usw.*	tempus tempor-is	miserum miserī *usw.*
Plur.	Nom./Akk. Gen. *usw.*	sīder-a sīder-um	clāra clārōrum *usw.*	tempor-a tempor-um	misera miserōrum *usw.*

b) Die Substantive auf **-us, -eris** und auf **-us, -oris** sind **Neutra**.

Wie bei allen Neutra gelten auch hier die zwei bekannten Regeln:
1. Nominativ und Akkusativ sind im Singular und Plural jeweils gleich.
2. Im Plural haben Nominativ und Akkusativ den Ausgang **-a**.

c) Ā cūnctīs lateribus clāmor. — Von allen Seiten (ist) Geschrei (zu hören).

Eine Aussage kann durch bestimmte sprachliche Mittel (Stilfiguren) besonders betont werden. Als **Ellipse** bezeichnet man die Auslassung von Satzgliedern, die nicht unbedingt nötig sind.

W1

amīcitia (amīcus)	die Freundschaft
sacerdōs, -ōtis m. (sacer)	der Priester
dux, ducis m.	der (An-)Führer
sīdus, -eris (dēsīderāre)	das Sternbild, Gestirn
mūnus, -eris	die Aufgabe, das Amt; das Geschenk
onus, -eris (onerāre)	die Last, Ladung
foedus, -eris	das Bündnis, der Vertrag *(Föderalismus)*
disputāre (dísputō)	erörtern, diskutieren
firmāre (firmus)	(be)stärken, (be)kräftigen *(Firmung)*
Quadī, -ōrum	Quaden (german. Volk nördlich der Donau)

W2

latus, -eris	die Seite, Flanke
scelus, -eris	das Verbrechen
genus, -eris	das Geschlecht *(Generation)*; die Gattung, Art
lītus, -oris	die Küste, der Strand *(Lido)*
tempus, -oris	die Zeit, Lage *(Tempo)*
pectus, -oris	die Brust, das Innere
item	ebenso
Iuppiter (Iovis, Iovī, Iovem, ā Iove)	Jupiter

Englisch: federal; to affirm; to generate, generation.

Merke:

Germānī aestū molestō labōrābant. — Die Germanen litten unter (an) der beschwerlichen Hitze.

34

Konsonantenstämme: Neutra auf -men
Beiordnung und Unterordnung
Die Konsonantenstämme (Überblick)

G a) Deklinationsbeispiel: carmen pulchrum das schöne Gedicht

	Singular	Plural
Nom.	carmen pulchrum	carmin-a pulchra
Gen.	carmin-is pulchrī	carmin-um pulchrōrum
usw.	*usw.*	*usw.*

Die Substantive auf **-men, -minis** sind **Neutra**.

b) 1. Dominus et servī labōrant. Tum ōtiō sē dant **aut** cēnant.

2. **Nōn sōlum** fīlius, **sed etiam** fīlia labōrat. **Nam** hortum cūrāre dēbent. **Sed** mox hōra cēnae erit. **Itaque** cūnctī labōrāre cessant.

Hauptsätze können miteinander durch Konjunktionen zu einer Satzreihe verbunden werden (vgl. G18a). Eine solche **Beiordnung** heißt auch Parataxe. Nach dem Verhältnis der verknüpften Sätze zueinander unterscheidet man:

anreihende Konjunktionen	*(et, etiam, atque, ac, -que, neque, quoque)*
entgegensetzende "	(*sed, tamen, at, autem*)
ausschließende "	(*aut*)
begründende "	(*nam, enim*)
folgernde "	(*itaque, igitur*)

c) Multī Rōmānī in forum properant, **ut** agmen captīvōrum **videant.**

Haupt- und Gliedsätze werden durch Konjunktionen zu einem Satzgefüge verbunden (vgl. G 18 b). Der Gliedsatz ist dem Hauptsatz untergeordnet. Eine solche **Unterordnung** heißt auch Hypotaxe. Die Kennzeichnung erfolgt durch unterordnende Konjunktionen (auch Subjunktionen genannt).
Diese drücken das gedankliche Verhältnis des Gliedsatzes zum Hauptsatz aus.

d) Überblick über die Konsonantenstämme

	Maskulina		Neutra	
	r-Stämme		-us	-men
Sing. Nom. Gen.	ōrātor ōrātōr-is *usw.*	frāter frātr-is *usw.*	sīdus sīder-is *usw.*	carmen carmin-is *usw.*
Plur. Nom. Gen.	ōrātōr-ēs ōrātōr-um *usw.*	frātr-ēs frātr-um *usw.*	sīder-a sīder-um *usw.*	carmin-a carmin-um *usw.*
ebenso die Subst. auf *-ōs, -ōris* und *-l, -lis*			ebenso die Subst. auf *-us, -oris*	

	Feminina			
	n-Stämme		t(d)-Stämme	c(g)-Stämme
Sing. Nom. Gen.	ōrātiō ōrātiōn-is *usw.*	imāgō imāgin-is *usw.*	cīvitās cīvitāt-is *usw.*	lēx lēg-is *usw.*
Plur. Nom. Gen.	ōrātiōn-ēs ōrātiōn-um *usw.*	imāgin-ēs imāgin-um *usw.*	cīvitāt-ēs cīvitāt-um *usw.*	lēg-ēs lēg-um *usw.*

W1

aurum (aureus) — das Gold
argentum — das Silber, Geld *(Argentinien)*
pecus, pécoris n. (pecūnia) — das Vieh, die (Schaf-)Herde
lūmen, lūminis (lūx) — das Licht, Augenlicht
agmen, agminis — der (Heeres-)Zug, die Schar
flūmen, flūminis (fluvius) — der Fluß, die Strömung
nōmen, nōminis — der Name
aliī ... aliī — die einen ... die anderen
nōmināre (nōmen) — (er)nennen, benennen
adhūc (ad) — bis jetzt, immer noch
Gallicus, a, um — gallisch

W2

triumphus, -ī — der Triumph(zug)
currus, -ūs — der Wagen
admīrātiō, -ōnis f. (mīrus) — die Bewunderung
carmen, carminis — das Lied, Gedicht
certāmen, certāminis — der (Wett-)Kampf
albus, a, um — weiß *(Album)*
captīvus, a, um — (kriegs)gefangen
úndique (unde) — von überall her, von allen Seiten

Englisch: admiration; charm.

35 Zeitstufen im Satzgefüge: Futur II

G a) Sī rūsticus labōrāverit, frūctūs habēbit.
Wenn der Bauer gearbeitet hat (arbeitet), wird er Erträge haben.

Von der Gegenwart aus gesehen, liegen beide Handlungen in der Zukunft. Aber die Handlung des Gliedsatzes muß abgeschlossen sein, bevor die Handlung des Hauptsatzes eintritt. Das Futur II drückt also die **Vorzeitigkeit** der Handlung des Gliedsatzes vor der im Futur I stehenden Handlung des Hauptsatzes aus.

Ein ‚Zeitstrahl' soll das verdeutlichen:

Gegenwart — Futur II — Futur I →

Feststellung: Wenn der Bauer gearbeitet hat, wird er Erträge haben.

Da die deutsche Sprache dieses Zeitverhältnis weniger genau darstellt als die lateinische, gebraucht man in einem solchen Fall im deutschen Gliedsatz gewöhnlich das Perfekt oder das Präsens.

b) Die Formen des Futur II

Sing.	1. Pers.	laudā́v-**erō** (ich werde gelobt haben)	monú-**erō**	fú-**erō**
	2. Pers.	laudāv-**eris**	monu-**eris**	fu-**eris**
	3. Pers.	laudāv-**erit**	monu-**erit**	fu-**erit**
Plur.	1. Pers.	laudāv-**érimus**	monu-**érimus**	fu-**érimus**
	2. Pers.	laudāv-**éritis**	monu-**éritis**	fu-**éritis**
	3. Pers.	laudā́v-**erint**	monú-**erint**	fú-**erint**

Beachte jeweils den Perfektstamm: sanāv-erō, dēlēv-erō, arcú-erō, déd-erō

W

iūs, iūris n. (iūre)	das Recht
vēr, vēris n.	der Frühling
caput, cápitis n.	das Haupt, die Hauptsache, die Hauptstadt *(Kapitel)*
vās, vāsis n. Pl.: vāsa, vāsōrum	das Gefäß *(Vase)* die Gefäße, Geräte
lac, lactis n.	die Milch
os, ossis n.	der Knochen; Pl.: die Gebeine
cor, cordis n. (concordia)	das Herz
pecus, pécudis f. (pecus, -oris)	das (Stück) Vieh, das Schaf
agitāre (agmen) (ágitō)	(be)treiben, verhandeln, *(Agitation)*
īnflammāre (flamma)	entflammen, entzünden, anfeuern
circum, circā *(Präp. m. Akk.)*	um (... herum) *(circa)*
Iānus, -ī	Janus (Gott des Anfangs)
Cerēs, Céreris	Ceres (Göttin des Ackerbaus)

Englisch: capital; (to) record; agitation.

Merke:

grātiam habēre — dankbar sein, danken

36 Präsens Passiv

G a) 1. Philosophī hominēs ēduca**nt** et mone**nt**. — Die Philosophen erziehen und ermahnen die Menschen.

2. Hominēs (ā philosophīs) ēduca**ntur** et mone**ntur**. — Die Menschen werden (von den Philosophen) erzogen und ermahnt.

In Satz 1 führt das Subjekt die Handlung aus;
diese richtet sich auf ein Objekt.
In Satz 2 ist das Subjekt von der Handlung betroffen;
es „erleidet" die Handlung. Der „Täter" kann ungenannt bleiben.
In Satz 1 steht das Verb im **Aktiv** (Tatform), in Satz 2 im **Passiv** (Leideform).

b) Die Satzmodelle mit dem Aktiv und dem Passiv

Magistrī līberōs docent. — Die Lehrer unterrichten die Kinder.

Subjekt —— Prädikat *(Verb im Aktiv)* \ Objekt *(Subst. im Akk.)*	magistrī —— *docent* \ *līberōs*

Līberī ā magistrīs docentur. — Die Kinder werden von den Lehrern unterrichtet.

Subjekt —— Prädikat *(Verb im Passiv)* / Adverbiale *(Subst. im Abl. mit Präp. ā)*	līberī —— *docentur* / *ā magistrīs*

c) Līberī **ā patre** laudantur. — Die Kinder werden vom Vater gelobt.
Līberī **dōnō** dēlectantur. — Die Kinder werden durch das Geschenk erfreut.

Der im Passiv stehende Satz hat kein Akkusativobjekt. Personen (manchmal auch Personengruppen, z. B. *populus, legiō*), von denen etwas getan wird, stehen in diesem Satz mit der Präposition *ab(ā)* im Ablativ. Frage: **von wem?** Sachen (und Begriffe), durch die etwas geschieht, werden durch den Ablativ des Mittels angegeben. Frage: **wodurch? womit?**

d) Im Präsensstamm lauten die Endungen für das Passiv:

	Singular	Plural
1. Pers. 2. Pers. 3. Pers.	**-or** oder **-r** **-ris** **-tur**	**-mur** **minī** **ntur**
Infinitiv	**-rī**	

e) Das Präsens im Passiv

Indikativ			
laud-**or**	ich werde gelobt	mone-**or**	ich werde ermahnt
laudā-**ris**	du wirst gelobt	monē-**ris**	du wirst ermahnt
laudā-**tur**	er wird gelobt	monē-**tur**	er wird ermahnt
laudā-**mur**	wir werden gelobt	monē-**mur**	wir werden ermahnt
laudā-**minī**	ihr werdet gelobt	monē-**minī**	ihr werdet ermahnt
lauda-**ntur**	sie werden gelobt	mone-**ntur**	sie werden ermahnt

laudor ist aus *laudā-or* entstanden.

Konjunktiv			
laude-**r**	(ich möge gelobt werden)	mone-**a-r**	(ich möge erm. werden)
laudē-**ris**		mone-**ā-ris**	
laudē-**tur**		mone-**ā-tur**	
laudē-**mur**		mone-**ā-mur**	
laudē-**minī**		mone-**ā-minī**	
laude-**ntur**		mone-**a-ntur**	

Die deutsche Übersetzung des Konjunktivs ergibt sich aus dem Textzusammenhang.

Infinitiv			
laudā-**rī**	gelobt (zu) werden	monē-**rī**	ermahnt (zu) werden

f) Unterscheide im Deutschen das Präsens Passiv vom Futur Aktiv:

er wird loben	(Futur Aktiv)	*laudābit*
er wird gelobt	(Präsens Passiv)	*laudātur*

W

philosophia	die Philosophie
philosophus, -ī	der Philosoph
voluptās, -ātis f.	das Vergnügen, die Lust
voluntās, -ātis f. (vult)	der Wille, die Absicht
imber, imbris m.	der Regen(guß)
vigēre, viguī (vigilāre)	frisch, kräftig sein *(Vegetation)*
āiō, āis, āit	ich sage, du sagst, er (sie, es) sagt
Cicerō, -ōnis	Cicero (Politiker u. Schriftsteller, 106–43 v. Chr.)

37

Imperfekt Passiv
Futur Passiv
Informationsgehalt der Verbformen

G a) Oppida ōlim mūris circumdā**bantur**, ut impetūs arcē**rentur**.

Städte wurden einst mit Mauern umgeben, damit Angriffe abgewehrt wurden.

Der Indikativ und Konjunktiv Imperfekt im Passiv

Indikativ			
laudā-**ba-r**	ich wurde gelobt	monē-**ba-r**	ich wurde ermahnt
laudā-**bā-ris**	du wurdest gelobt	monē-**bā-ris**	du wurdest ermahnt
laudā-**bā-tur**	er wurde gelobt	monē-**bā-tur**	er wurde ermahnt
laudā-**bā-mur**	wir wurden gelobt	monē-**bā-mur**	wir wurden ermahnt
laudā-**bā-minī**	ihr wurdet gelobt	monē-**bā-minī**	ihr wurdet ermahnt
laudā-**ba-ntur**	sie wurden gelobt	monē-**ba-ntur**	sie wurden ermahnt
Konjunktiv			
laudā-**re-r**	ich würde gelobt	monē-**re-r**	ich würde ermahnt
laudā-**rē-ris**	(werden) *usw.*	monē-**rē-ris**	(werden) *usw.*
laudā-**rē-tur**		monē-**rē-tur**	
laudā-**rē-mur**		monē-**rē-mur**	
laudā-**rē-minī**		monē-**rē-minī**	
laudā-**re-ntur**		monē-**re-ntur**	

Die Übersetzung mit ‚würde' wird im Hauptsatz bei irrealen Aussagen verwendet. Bei anderen Gliedsätzen wird im Deutschen meist der Indikativ gesetzt.

b) Diē fēstō dōnā**bimur**, nōn monē**bimur**. Cūnctī dōnā**buntur**.

Am Festtag werden wir beschenkt, nicht gemahnt werden. Alle werden beschenkt werden.

Das Futur im Passiv

laudā-**b-or**	ich werde gelobt	monē-**b-or**	ich werde ermahnt
laudā́-**be-ris**	werden	monḗ-**be-ris**	werden
laudā́-**bi-tur**	*usw.*	monḗ-**bi-tur**	*usw.*
laudā́-**bi-mur**		monḗ-**bi-mur**	
laudā-**bí-minī**		monē-**bí-minī**	
laudā-**bú-ntur**		monē-**bú-ntur**	

Das Tempuszeichen des Futurs ist **-b-** bzw. **be, bi, bu**.

c) Unterscheide:

Medicus mulierem aegram cūrābit. — Der Arzt wird die kranke Frau pflegen. (Futur Aktiv)

Mulier aegra ā medicō cūrātur. — Die kranke Frau wird vom Arzt gepflegt. (Präsens Passiv)

Mulier aegra ā medicō cūrābitur. — Die kranke Frau wird vom Arzt gepflegt werden. (Futur Passiv)

d) Überblick

Die Verbform gibt fünf Informationen. Sie sagt aus,
wer eine Handlung ausführt **(Person)**,
wieviele Personen die Handlung ausführen **(Numerus)**,
wie sie dargestellt wird: als wirklich, möglich oder nicht wirklich **(Modus)**,
wann die Handlung stattfindet **(Tempus)**,
ob das Subjekt selbst handelt **(Aktiv)**
oder ob es von der Handlung betroffen wird **(Passiv)**.

W

luxuria	die Üppigkeit, Genußsucht *(Luxus)*	lavāre Perf.: lāvī	waschen
superbia (superbus)	der Hochmut, Stolz	fōrmāre (fōrma)	formen, gestalten, bilden
sīgnum (secāre)	das Zeichen, Feldzeichen; das Bildnis	praebēre, praebuī (habēre)	darreichen, gewähren
praeceptum	die Vorschrift, Lehre	quīn etiam	ja sogar
convīvium	das Gastmahl, Gelage	intereā (inter)	unterdessen, inzwischen
apparātus, -ūs (parāre)	der Aufwand, Prunk; das Werkzeug *(Apparat)*		

Englisch: sign; signal; information.

38 Mischdeklination: i-Stämme auf -is und -ēs

G a) Zwei Gruppen von Nomina entnehmen die Ausgänge zum Teil der konsonantischen Deklination (vgl. G27), zum Teil den reinen i-Stämmen (vgl. G39). Man spricht daher auch von einer ‚gemischten' Deklination.

Magna nāvis in aequore nāvigat. Ein großes Schiff fährt auf dem Meer.

Die 1. Gruppe der gemischten Deklination umfaßt Substantive, die im Nominativ und Genitiv Singular die gleiche Silbenzahl haben. Sie sind **i-Stämme** (keine Konsonantenstämme) und **Feminina**.

b) Deklinationsbeispiel: nāvis magna das große Schiff

	Singular		Plural	
Nom.	nāvis	magna	nāvēs	magnae
Gen.	nāvīs	magnae	nāv**ium**	magnārum
Dat.	nāvī	magnae	nāvibus	magnīs
Akk.	nāvem	magnam	nāvēs	magnās
Abl.	nāve	magnā	nāvibus	magnīs

Die gemischte Deklination unterscheidet sich (abgesehen vom Nom. Sing.) nur im Genitiv Plural von der konsonantischen.

Hinweis: Der Genitiv Plural von *canis, iuvenis, sēdēs* lautet: *canum, iuvenum, sēdum.*

c) Natürliches Genus haben *cīvis, hostis, iúvenis*:

cīvis bonus	ein tüchtiger Bürger
hostis superbus	ein stolzer Feind (Landesfeind)
iúvenis firmus	ein kräftiger junger Mann

Maskulina sind auch *amnis, ignis, canis, fīnis*:

amnis lātus	ein breiter Strom	ignis magnus	ein großes Feuer
canis fīdus	ein treuer Hund	fīnis certus	eine bestimmte Grenze

W1

solum	der Boden, Erdboden	auris, -is	das Ohr
nūbēs, -is	die Wolke	cīvis, -is m. (cīvitās)	der Bürger, Mitbürger *(zivil)*
sēdēs, -is	der (Wohn-)Sitz	amnis, -is m.	der Strom
nāvis, -is (nāvigāre)	das Schiff	prope *(m. Akk.)* (propinquus)	nahe bei
classis, -is	die Flotte *(Klasse)*	Sículus, a, um	sizilisch
vallis, -is	das Tal	Rhodius, a, um	rhodisch
vestis, -is	das Kleid, die Kleidung		

W2

ferrum	das Eisen, die Waffe	iúvenis, -is m. (iuventūs)	der junge Mann
dolor, -ōris m.	der Schmerz, Kummer	hostis, -is m.	der (Landes-)Feind
clādēs, -is (calamitās)	die Niederlage, der Schaden	varius, a, um	mannigfach, bunt; wankelmütig *(Varieté)*
ignis, -is m.	das Feuer	dolēre, doluī	Schmerz empfinden, leiden
fīnis, -is m.	das Ende, die Grenze *(Finale)*	appāret	es zeigt sich, es ist klar
fines, -ium m.	die Grenzen, das Gebiet	Horātius, -ī	Horaz (röm. Dichter, 65–8 v. Chr.)
canis, -is m.	der Hund		

39

Mischdeklination: Reine i-Stämme
Übersicht über die Mischdeklination
Übersicht über die Ausnahmen zu den Genusregeln

G

a) Cohortēs nostrae arcem circumdedērunt. — Unsere Kohorten haben die Burg umzingelt.

Zur 2. Gruppe der gemischten Deklination gehören Wörter, deren Wortstock auf mehr als einen Konsonanten endet. Sie sind **Feminina**.

Maskulina sind *dēns, fōns, mōns* und *pōns*:

dēns albus	ein weißer Zahn	fōns clārus	eine klare Quelle
mōns altus	ein hoher Berg	pōns antīquus	eine alte Brücke

b) Multa sunt genera animāl**ium**. — Zahlreich sind die Arten von Lebewesen.
Etiam in mar**ī** multa animāl**ia** sunt. — Auch im Meer sind viele Lebewesen.

Die Neutra *mare, maris* ‚das Meer' und *animal, animālis* ‚das Lebewesen, das Tier' sind **reine i-Stämme**, ferner das Mehrzahlwort *moenia, moenium* ‚die Stadtmauer(n)'. Sie bewahren das *i* in fast allen Kasus.

c) Turrim altam vidēmus. — Wir sehen einen hohen Turm.
Dē turrī altā regiōnem spectēmus! — Laßt uns vom hohen Turm aus die Gegend anschauen.

Die Wörter *turris* f. der Turm, *sitis* f. der Durst und *Tiberis* m. der Tiber sind **reine i-Stämme**. Sie bewahren dieses *i* in fast allen Kasus (also *turrim, turrī, turrium*). Im Nominativ und Akkusativ Plural findet man turrēs und turrīs.
Hierher gehört auch *vīs* f. die Kraft, Gewalt; die Menge
Im Singular gibt es nur: *vīs* (Nom.), *vim* (Akk.), *vī* (Abl.);
der Plural lautet: *vīrēs, vīrium, vīribus, vīrēs, vīribus.*

Zu den reinen i-Stämmen gehören nur sehr wenige Substantive.

d) Deklinationsbeispiele

	urbs f. die Stadt		mare n. das Meer		turris f. der Turm	
Kasus	Sing.	Plur.	Sing.	Plur.	Sing.	Plur.
Nom.	urb-s	urb-ēs	mar-e	mar-ia	turr-is	turr-ēs
Gen.	urb-is	urb-ium	mar-is	mar-ium	turr-is	turr-ium
Dat.	urb-ī	urb-ibus	mar-ī	mar-ibus	turr-ī	turr-ibus
Akk.	urb-em	urb-ēs	mar-e	mar-ia	turr-im	turr-ēs (īs)
Abl.	in urb-e	in urb-ibus	mar-ī	mar-ibus	turr-ī	turr-ibus

W1

adventus, ūs	die Ankunft *(Advent)*
cohors, cohortis	die Schar, Kohorte (10 Kohorten = 1 Legion)
arx, arcis (arcēre)	die Burg
ars, artis (artificium)	die Kunst, Fertigkeit *(Artist)*
urbs, urbis	die Stadt *(urban)*
nox, noctis	die Nacht
animal, animālis n. (animus)	das Lebewesen, Tier
mare, maris n.	das Meer
moenia, moenium n.	die Stadtmauer(n)
marítimus, a, um (mare)	am Meer gelegen, See-
caecus, a, um	blind, unsichtbar
priusquam	ehe, bevor
vērō (vērus)	aber

W2

reliquiae, -ārum	die (Über-)Reste, der Rest *(Reliquien)*
sors, sortis	das Los, Schicksal *(Sorte)*
pars, partis	der Teil, Seite *(Partei)*
gēns, gentis (genus)	das Geschlecht, der Stamm, das Volk
dēns, dentis m.	der Zahn *(Dentist)*
fōns, fontis m.	die Quelle *(Fontäne)*
mōns, montis m.	der Berg

pōns, pontis m.	die Brücke	haerēre	hängen, stecken(bleiben)
sitis, sitis f.	der Durst		
turris, turris f.	der Turm		
vīs (vim, vī) f. (violāre)	die Kraft, Gewalt; die Menge	Rōmulus, -ī	Romulus (Gründer und erster König von Rom)
vīrēs, -ium f.	die Kräfte, Streitkräfte	Corinthus, -ī f.	Korinth (griech. Stadt)
opportūnus, a, um (aus *ob portum*: zum Hafen hin)	günstig, geeignet *(Opportunist)*	Ancus, -ī	Ancus (vierter röm. König)
		Tiberis, -is m.	Tiber (Fluß in Rom)

Englisch: art, artificial; suburb; animal; part, partner, party.

Merke:

vī et armīs	mit Waffengewalt
terrā marīque	zu Wasser und zu Land

Übersicht über die Substantive der Mischdeklination

Konsonantenstämme

I. Maskulina sind		
1. die **l-Stämme**:	sōl clārus	die helle Sonne
2. die **r-Stämme**:		
Substantive auf *-or, -ōris*:	labor dūrus	die harte Arbeit
Substantive auf *-er, -(e)ris*:	frāter fīdus	der treue Bruder
3. die **Substantive auf -ōs, -ōris**:	mōs bonus	die gute Sitte
II. Feminina sind		
1. die **n-Stämme**:		
Substantive auf *-ō, -ōnis*:	regiō aspera	die rauhe Gegend
Substantive auf *-ō, -inis*:	imāgō mīra	das wunderbare Bild
2. die **t-Stämme**:		
Substantive auf *-ās, -ātis*:	cīvitās lībera	der freie Staat
Substantive auf *-ūs, -ūtis*:	salūs pūblica	das öffentliche Wohl
Substantive auf *-ēs, -ētis*:	quiēs iūcunda	die angenehme Ruhe
(-ēs, -ēdis):	mercēs iūsta	der gerechte Lohn
3. die **c(g)-Stämme**:	lēx bona	das gute Gesetz
III. Neutra sind		
1. die Substantive auf *-us, -ŏris*:	tempus miserum	die schlimme Zeit
2. die Substantive auf *-us, -ĕris*:	sīdus clārum	das helle Sternbild
3. die Substantive auf *-men, -minis*:	carmen pulchrum	das schöne Lied
4. die *Sondergruppe*:	vēr iūcundum (iūs, caput, vās, lac, os, cor)	der angenehme Frühling

i-Stämme

I. Feminina sind

1. die **gleichsilbigen** Substantive auf **-ēs** und **-is**:

	nūbēs alba	die weiße Wolke
	nāvis parva	das kleine Schiff

2. die Substantive, deren **Wortstock** auf **zwei** oder **mehr Konsonanten** endigt:

	urbs clāra	die berühmte Stadt

3. die **reinen i-Stämme** wie **turris, sitis, vis**:

	turris alta	der hohe Turm

II. Neutra sind

die **reinen i-Stämme** auf -e und **-al**:	mare vāstum	das weite Meer

Übersicht über die Ausnahmen zu den Genusregeln

1. Ausnahmen zu den Maskulina:

Feminina sind nach dem natürlichen Geschlecht alle Bezeichnungen für Frauen.

Beachte außerdem:

Substantive auf *-or, -ōris*:		arbor alt**a**	der hohe Baum
		aequor vāst**um**	das weite Meer
	sowie:	ōs hūmān**um**	das menschliche Gesicht

2. Ausnahmen zu den Feminina:

Maskulina sind nach dem natürlichen Geschlecht alle Bezeichnungen für Männer (z. B. *rēx, rēgis* und *comes, comitis*).

Beachte außerdem:

Substantive auf *-ō, -ōnis*:		sermō Latīn**us**	die lateinische Sprache
		leō firm**us**	der starke Löwe
Substantive auf *-ō, -inis*:		ōrdō prīm**us**	die erste Reihe
Substantive auf *-ēs, -edis*:		pēs lāt**us**	der breite Fuß
	sowie:	sanguis hūmān**us**	das Menschenblut
Gleichsilbige Substantive:		amnis lāt**us**	der breite Strom
Substantive auf *-nis*:		īgnis clār**us**	das helle Feuer
		fīnis cert**us**	die bestimmte Grenze
		canis fid**us**	der treue Hund
Substantive, deren Wortstock auf zwei oder mehr Konsonanten endet:		dēns alb**us**	der weiße Zahn
		fōns clār**us**	die klare Quelle
		mōns alt**us**	der hohe Berg
		pōns antīqu**us**	die alte Brücke

40 Adjektive der Mischdeklination (I)

G a) Rōma est loc**us** cele**ber**, urb**s** celebr**is**, nōm**en** celebr**e**.

Rom ist ein belebter Ort, eine vielbesuchte Stadt, ein gefeierter Name.

Dreiendige Adjektive haben im Nominativ Singular für jedes der drei Genera einen eigenen Ausgang: *-(e)r, -is, -e*

locus cele**ber**	ein belebter Ort
urbs celebr**is**	eine vielbesuchte Stadt
nōmen celebr**e**	ein gefeierter Name

b) Lab**or** brev**is** sit, inop**ia** brev**is** sit, mal**um** breve sit!

Die Mühe sei kurz, die Not sei kurz, das Übel sei kurz!

Zweiendige Adjektive haben im Nominativ Singular den Ausgang *-is* für das Maskulinum und Femininum, *-e* für das Neutrum:

labor brev**is**	eine kurze Mühe
inopia brev**is**	eine kurze Not
malum brev**e**	ein kurzes Übel

c) In urbe celebr**ī** multa templa vidēmus; aedificia mīrābil**ia** spectāmus.

In der belebten Stadt sehen wir viele Tempel; wir betrachten die bewundernswerten Bauten.

Die meisten Adjektive der Mischdeklination sind **i-Stämme**.

Sie haben *-ī* im Ablativ Singular
-ia im Nominativ und Akkusativ Neutrum Plural
-ium im Genitiv Plural

d) Deklinationsbeispiele: ācer, ācris, ācre scharf
brevis, brevis, breve kurz

Kasus	Singular				
	m.	f.	n.	m./f.	n.
Nom.	ācer	ācris	ācre	brevis	breve
Gen.	ācris	ācris	ācris	brevis	brevis
Dat.	ācrī	ācrī	ācrī	brevī	brevī
Akk.	ācrem	ācrem	ācre	brevem	breve
Abl.	ācrī	ācrī	ācrī	brevī	brevī
	Plural				
Nom.	ācrēs	ācrēs	ācria	brevēs	brevia
Gen.	ācrium	ācrium	ācrium	brevium	brevium
Dat.	ācribus	ācribus	ācribus	brevibus	brevibus
Akk.	ācrēs	ācrēs	ācria	brevēs	brevia
Abl.	ācribus	ācribus	ācribus	brevibus	brevibus

Verschieden sind die Ausgänge für die Genera nur im Nominativ und Akkusativ. Bei den zweiendigen Adjektiven sind die Formen für das Maskulinum und Femininum gleich.

W1

niger, nigra, nigrum	schwarz, dunkel *(Neger)*
céleber, célebris, célebre (celebrāre)	belebt, vielbesucht gefeiert
pedester, pedestris, pedestre (pedes)	zu Fuß, zu Land
equester, equestris, equestre (eques)	Reiter-, Ritter-
ācer, ācris, ācre (aciēs)	scharf, heftig, spitzig, feurig
celer, celeris, celere	schnell, rasch
brevis, breve (brevī)	kurz *(Brief)*
omnis, -e	jeder, ganz Pl.: alle *(Omnibus)*
mīrābilis, -e (mīrus)	bewundernswert, erstaunlich
singulāris, -e	einzeln, einzigartig *(Singular)*
Neāpolis, -is	Neapel
Campus Mārtius	das Marsfeld
Mārtiālis, -is	Martial (röm. Dichter, etwa 40–104 n. Chr.)

W2

thermae, -ārum *(Mehrzahlwort)*	die warmen Bäder, Thermen *(Thermometer)*
virgō, -inis f.	das Mädchen
fortis, -e	kräftig, tapfer *(forte)*
familiāris, -e (familia)	vertraut, freundschaftlich *(familiär)*
turpis, -e	schimpflich, häßlich, schändlich
incolumis, -e (calamitās)	unverletzt, heil
trīstis, -e	traurig *(trist)*
facilis, -e (factum)	leicht (zu tun)
nōbilis, -e	berühmt; vornehm, adelig *(nobel)*
īnsīgnis, -e (sīgnum)	ausgezeichnet, kenntlich
mortālis, -e (mortuus)	sterblich, irdisch
immortālis, -e	unsterblich
praecipitāre (caput)	(sich) herabstürzen, (sich) stürzen

Englisch: pedestrian; brief; bus; noble.

41 Adjektive der Mischdeklination (II)
Füllungen der Prädikatsstelle: Prädikativum

G

a) Omnia praeclāra rāra sunt. — Alles Vortreffliche ist selten.
Nōnnūllī medicī similia similibus cūrant. — Manche Ärzte kurieren Gleiches mit Gleichem.

Adjektive können in allen Satzgliedstellen stehen.

b) 1. Urbs Rōma aeterna appellātur. — Die Stadt Rom wird ewig genannt.
2. Senātōrēs patrēs nōminābantur. — Die Senatoren wurden Väter genannt.

Das Adjektiv *aeterna* und das Substantiv *patrēs* vervollständigen hier das aus einem Vollverb bestehende Prädikat. Als nicht herauslösbare, d. h. für den Sinn notwendige Teile des Prädikats heißen sie **Prädikatsnomina** (s. G11b).

c) 1. Mīles laetus domum properāvit. — Der Soldat eilte froh nach Hause.
2. Captīvī trīstēs in forō stant. — Die Gefangenen stehen traurig auf dem Markt.

In diesen Sätzen bezeichnet das Adjektiv jeweils einen Zustand des Substantivs (zum Zeitpunkt der Handlung); es steht deshalb in Kongruenz mit diesem. Weil es aber (wie ein Adverb!) auch die Satzaussage näher bestimmt, nennt man es **Prädikativum**. Ein solches Prädikativum ist vom Prädikat abspaltbar, ohne daß der Satz dadurch sinnlos wird.

d) 1. Rem pūblicam administrāre magistrātuum erat. — Den Staat zu verwalten war Aufgabe der Beamten.
2. Pater bonā valētūdine est. — Der Vater ist bei guter Gesundheit.

Genitive oder Ablative bei *esse* werden auch als Prädikatsnomina aufgefaßt.

e) Bisher behandelte Füllungsmöglichkeiten der Prädikatstelle

Prädikat kann sein

ein Verb (Vollverb):	Magistrātus rem pūblicam *administrābant.*
ein Verb mit Prädikatsnomen:	Nerō *crūdēlis appellābātur.*
	Cicerō *pater patriae vocābātur.*
esse mit Prädikatsnomen:	Ōrātor *bonus est.*
	Cicerō *ōrātor et philosophus erat.*
	Exercitibus praeesse *cōnsulum erat.*
	Cōnsul *magnā auctōritāte erat.*

W1

fāma (fābula)	das Gerücht, der (gute oder schlechte) Ruf	similis, -e (simulāre)	ähnlich
incendium	der Brand	quālis, -e (quam)	wie beschaffen, was für ein, welch *(Qualität)*
orbis, orbis m.	der Kreis, die Scheibe	tālis, -e (tam)	so beschaffen, solch
orbis terrārum	der Erdkreis		
commūnis, -e (mūnus)	gemeinsam, allgemein *(Kommunismus)*	Nerō, -ōnis	Nero (röm. Kaiser von 54–68 n. Chr.)
ūtilis, -e (ūsus)	nützlich, brauchbar		
gravis, -e (gravitās)	schwer, gewichtig; ernst *(gravitätisch)*		

▷

W2

furor, -ōris m.	die Raserei, Tollheit	cīvīlis, -e (cīvis)	bürgerlich, öffentlich, politisch *(Zivilist)*
prīnceps, prīncipis m.	der Erste, der Fürst *(Prinz)*	rēs cīvīlēs	die Politik
īnscius, a, um *(mit Gen.)*	unwissend (in)	mīlitāris, -e (mīles)	soldatisch, kriegerisch, Kriegs- *(militärisch)*
alter, altera, alterum (alius)	der eine (von zweien), der andere (von zweien)	rēs mīlitāris	das Kriegswesen
		crūdēlis, -e	roh, grausam
humilis, -e	niedrig, gering *(Humus)*	Trōia	Troja (Stadt Kleinasiens)
lĕvis, -e (levāre)	leicht, leichtsinnig	Herculēs, -is	Herkules, gr.: Herakles

Englisch: famous; common; grave; similar; civil.

Merke: Inscius rērum cīvīlium est. — Er ist unwissend in der Politik. Er versteht nichts von der Politik.

42 Adjektive der Mischdeklination (III)
Partizip Präsens Aktiv

G a) Imperātor Rōmānus pot**ēns** erat. — Der römische Kaiser war mächtig.
Lēx imperātōris pot**ēns** erat. — Das Gesetz des Kaisers war mächtig.
Verbum imperātōris pot**ēns** erat. — Das Wort des Kaisers war mächtig.

Einendig heißen Adjektive, die im Nominativ Singular für alle drei Geschlechter die gleiche Form haben.

Deklinationsbeispiel: potēns mächtig

	Singular		Plural	
	Mask./Fem.	Neutr.	Mask./Fem.	Neutr.
Nom.	potēns	potēns	potent**ēs**	potent**ia**
Gen.	potentis	potentis	potentium	potentium
Dat.	potentī	potentī	potentibus	potentibus
Akk.	potent**em**	pot**ēns**	potent**ēs**	potent**ia**
Abl.	potent**ī**	potent**ī**	potentibus	potentibus

b) Einige einendige Adjektive sind Konsonantenstämme:

dīves, dīvitis	reich	vetus, veteris	alt
pauper, pauperis	arm	prīnceps, prīncipis	erstrangig; der Erste

	Singular		Plural	
	Mask./Fem.	Neutr.	Mask./Fem.	Neutr.
Nom.	vetus	vetus	veterēs	veter**a**
Gen.	veteris	veteris	veter**um**	veter**um**
Dat.	veterī	veterī	veteribus	veteribus
Akk.	veterem	vetus	veterēs	veter**a**
Abl.	veter**e**	veter**e**	veteribus	veteribus

c) Perīculum īnstāns omnēs terruit. Virī clāmantēs et mulierēs flentēs per viās errābant.

Die drohende Gefahr erschreckte alle. Schreiende Männer und weinende Frauen irrten durch die Straßen.

Die Formen *īnstāns* und *imminēns* sind von Verbstämmen gebildet, werden aber wie einendige Adjektive dekliniert.
Eine Verbform, die an der Deklination teilhat, heißt **Partizip** (vgl. *pars, partis* Teil).
Das **Partizip Präsens** gibt an, daß sich ein Vorgang **gleichzeitig** mit dem des Prädikats ereignet (Partizip der **Gleichzeitigkeit**).

d) Die **Partizipien** des Präsens werden wie einendige Adjektive dekliniert, nur haben sie im Ablativ Singular den Ausgang **-e** (in adjektivischer Verwendung *-ī*).

	Singular		Plural	
	Mask./Fem.	Neutr.	Mask./Fem.	Neutr.
Nom.	laudāns	laudāns	laudantēs	laudantia
Gen.	laudantis	laudantis	laudantium	laudantium
Dat.	laudantī	laudantī	laudantibus	laudantibus
Akk.	laudantem	laudāns	laudantēs	laudantia
Abl.	laudante	laudante	laudantibus	laudantibus
Nom.	monēns	monēns	monentēs	monentia
Gen.	monentis	monentis	monentium	monentium
Dat.	monentī	monentī	monentibus	monentibus
Akk.	monentem	monēns	monentēs	monentia
Abl.	monente	monente	monentibus	monentibus

An den Präsensstamm tritt *-nt-*, das ergibt *lauda-nt-* bzw. *mone-nt-*. Der Nom. Sing. hat die Endung *-s*; aus *lauda-nt-s* bzw. *mone-nt-s* wird *laudā-ns* bzw. *monē-ns*; vgl. lobe-nd, mahne-nd

e) Das Partizip als Attribut und Prädikativum

1. Līberī rīdentēs laetī sunt. — Lachende Kinder sind fröhlich.
2. Līberī rīdentēs appropinquant. — Die Kinder nähern sich lachend.

Im 1. Beispiel gehört das Partizip sinngemäß zum Subjekt. Es steht als Attribut. (Diese Verwendung ist selten.)

Im 2. Beispiel gehört das Partizip sinngemäß zum Prädikat. Es steht als Prädikativum. Das Prädikativum ist Teil des Prädikats, steht aber in Kongruenz mit dem Subjekt (vgl. G 41c).

f) Magister **clāmantēs** monet. — Der Lehrer mahnt die **Schreier** (Schreienden).

Das Partizip kann wie ein Adjektiv substantiviert werden und jede Stelle im Satz besetzen.

W1	fātum	das Schicksal, Verhängnis		prūdēns, prūdentis	klug, erfahren
	mūnicipium (mūnus)	die Landstadt		sapiēns, sapientis (sapientia)	weise, verständig
	mōtus, -ūs	die Bewegung, Erregung *(Motor)*		vehemēns, vehementis	heftig, nachdrücklich *(vehement)*
	cursus, -ūs	der Lauf, Kurs		Pompēī, Pompēiōrum	Pompeji (Stadt am Fuße des Vesuvs)
	fēlix, fēlīcis	glücklich, erfolgreich		Campānia	Kampanien (Landschaft Italiens)
	potēns, potentis (potentia)	mächtig			
W2	ingēns, ingentis	ungeheuer, gewaltig, riesig		pauper, paupĕris	arm
	cōnstāns, cōnstantis (stāre)	beständig, standhaft		vetus, vetĕris	alt
	audāx, audācis (audācia)	verwegen, kühn		prīnceps, prīncipis	erstrangig (vgl. W 41)
	dīves, dīvitis (dīvitiae)	reich		memor, memŏris *(mit Genitiv)*	eingedenk, sich erinnernd *(Memory-Spiel)*
				iacēre, iacuī	liegen
				valē! (valēre)	leb wohl!

Englisch: course; poor; memory.

Merke:

magnā ex parte	zum großen Teil, großenteils
Amicōrum memor sum.	Ich bin der Freunde eingedenk. Ich erinnere mich an die Freunde. Ich denke an die Freunde.

43 Partizip Perfekt Passiv

G a) Homō servātus deīs grātiam habet. — Der gerettete Mensch ist den Göttern dankbar.

Urbs dēlēta renovābitur. — Die zerstörte Stadt wird erneuert werden.

In diesen Sätzen sind jeweils zwei Vorgänge enthalten. Dabei gibt das **Partizip Perfekt** an, daß sich ein Vorgang **vorzeitig** zu dem des Prädikats ereignet hat (Partizip der **Vorzeitigkeit**).

Das Partizip Perfekt hat immer **passive** Bedeutung.

b) Beim Partizip Perfekt Passiv (PPP) tritt das Suffix *-tus, -ta, -tum* an den Stamm des Verbs. Das PPP wird wie ein Adjektiv der o/ā-Deklination gebeugt.

servā-**tus**		dēlē-**tus**	
servā-**ta**	gerettet	dēlē-**ta**	zerstört
servā-**tum**		dēlē-**tum**	

c) Das Partizip Perfekt Passiv bei Verben der ē-Konjugation
In der ē-Konjugation tritt *-tus, -ta, -tum* nur bei den Verben an den unveränderten Stamm, die ein v-Perfekt bilden, z. B.

dēlētus, a, um   zerstört   complē-tus, a, um   angefüllt

Bei den Verben, die ein u-Perfekt bilden, wird bei der Bildung des PPP der Stammauslaut zu *-i-* abgeschwächt.

Präsens		Perfekt	PPP
monēre	(er)mahnen, erinnern	monuī	móni-tus
terrēre	erschrecken	terruī	térri-tus
habēre	haben	habuī	hábi-tus
adhibēre	anwenden, beiziehen	adhíbuī	adhíbi-tus
prohibēre	abhalten, (ver)hindern	prohíbuī	prohíbi-tus
praebēre	darreichen, gewähren	praebuī	praebi-tus

d) Das Partizip Perfekt Passiv (im Neutrum Singular) gehört zu den sogenannten **Stammformen** eines Verbs:

laudāre	laudō	laudāvī	laudātum
dēlēre	dēleō	dēlēvī	dēlētum
monēre	moneō	monuī	monitum

e) Beachte folgende Stammformen der ā-Konjugation:

domāre	domō	domuī	domitum
vetāre	vetō	vetuī	vetitum
secāre	secō	secuī	sectum
dăre	dō	dedī	dătum
(ad)iuvāre	(ad)iuvō	(ad)iūvī	(ad)iūtum

f) Urbs ab hostibus expūgnāta dēlētur. — Die von den Feinden eroberte Stadt wird zerstört.

Die lateinische Sprache schließt zusammengehörende Wörter oft wie mit einer Klammer zusammen. Man spricht von **geschlossener Wortstellung**.

Urbs ab hostibus expūgnāta — die (Stadt) von den Feinden eroberte Stadt

Bei der Übersetzung ins Deutsche trennt man das deutsche Substantiv von seinem Artikel ab und schiebt es an das Ende des Ausdrucks.

g) Die Funktion des Partizips zeigt sich besonders deutlich bei der Übersetzung mit einem **Gliedsatz**:

Fēmina deōs implōrāns salūtem spērat. — Die Frau, **die** die Götter anfleht, hofft auf Rettung.

Das Partizip wird hier als Attribut aufgefaßt.

Homō ē perīculō servātus deīs grātiam habuit. — Der Mensch dankte den Göttern, **weil (als)** er aus der Gefahr gerettet worden war.

Die Partizipialgruppe *ē perīculō servātus* wird hier als Prädikativum aufgefaßt.

W

venia	die Nachsicht, Verzeihung	armāre (arma)	ausrüsten, bewaffnen
opus, -eris n.	das Werk, die Arbeit; Befestigungsanlage	nūper (nunc)	neulich, vor kurzem

Englisch: (to) arm, arms.

Merke: poenās dare Strafe zahlen, bestraft werden

44 Perfekt, Plusquamperfekt und Futur II Passiv

G

a) Nāvis flūctibus iactāta est.	Das Schiff ist von den Wogen hin- und hergeschleudert worden.
Cum nāvis onerāta esset, nautae nāvigāvērunt.	Als das Schiff beladen (worden) war, fuhren die Seeleute ab.
Sī servātī erimus, deīs sacrificābimus.	Wenn wir gerettet sind, werden wir den Göttern opfern.

Die Formen des Perfekts, Plusquamperfekts und des Futurs II im Passiv werden mit dem Hilfsverb *esse* gebildet. Sie stehen in Kongruenz mit dem Subjekt.

Perfekt Passiv:			
Indikativ:	laudātus, a, um	est	er/sie/es ist gelobt (worden)
Konjunktiv:	laudātī, ae, a	sint	(vgl. G26c)
Plusquamperfekt Passiv:			
Indikativ:	dēlētus, a, um	erat	er/sie/es war zerstört (worden)
Konjunktiv:	dēlētī, ae, a	essent	sie wären zerstört (worden)
Futur II Passiv:	laudātus, a, um	erit	
	monitus, a, um	erit	(vgl. G35a)

b) Imperātor Augustus pācem dēsīderātam renovāvit.
Imperātor Augustus renovāvit pācem dēsīderātam.
Pācem dēsīderātam imperātor Augustus renovāvit.
Renovāvit imperātor Augustus pācem dēsīderātam.
Renovāvit pācem dēsīderātam imperātor Augustus.

Zusammengehörige Wortgruppen können durch ihre Stellung im Satz besondere Gewichtung erhalten.

c) Fortēs fortūna adiuvat. Das Glück unterstützt die Tapferen.

Wenn zwei (oder mehrere) aufeinander folgende Wörter mit dem gleichen Buchstaben beginnen, spricht man von **Alliteration** (Stabreim).

W

flūctus, -ūs	die Flut, Woge	frūstrā	erfolglos, vergebens, vergeblich *(frustriert)*
tempestās, -ātis f. (tempus)	das Gewitter, der Sturm; die Zeit	Athēnae, -ārum	Athen

45 Demonstrativpronomina (I)

G a) **Hic** hortus parvus est. — Dieser Garten ist klein.
Haec domus nova est. — Dieses Haus ist neu.
Hoc dōnum pulchrum est. — Dieses Geschenk ist schön.

Ein Hinweis auf eine Person oder Sache ist durch ein hinweisendes Fürwort (**Demonstrativpronomen**) möglich. In attributiver Funktion stimmt es mit dem zugehörigen Nomen im Kasus, Numerus und Genus überein. Es wird aber oft auch alleinstehend wie ein Substantiv gebraucht.
Das Demonstrativpronomen steht gewöhnlich vor dem Nomen.

hic, haec, hoc bezeichnet

1. das, was in der Nähe des Sprechers liegt: hic liber dieses Buch (hier);
2. das, was unmittelbar vorhergeht oder folgt: hīs verbīs mit diesen (oder: mit folgenden) Worten.

Kasus	Singular			Plural		
	Mask.	Fem.	Neutr.	Mask.	Fem.	Neutr.
Nom.	hic	haec	hŏc	hī	hae	**haec**
Gen.	huius	huius	huius	hōrum	hārum	hōrum
Dat.	huic	huic	huic	hīs	hīs	hīs
Akk.	hunc	hanc	hŏc	hōs	hās	**haec**
Abl.	hōc	hāc	hōc	hīs	hīs	hīs

Das -*c* am Ende von *hic, haec, hoc* ist aus -*ce* (da) entstanden (vgl. *ec-ce* siehe da!), der Akkusativ *hunc* aus *hum-ce* (diesen da), *hanc* aus *ham-ce*.

Unterscheide: *hic* dieser und *hīc* hier.

b) Ille poēta omnibus placet. — Jener Dichter gefällt allen.
Illa aetās Augustī fēlīx erat. — Jene Zeit des Augustus war glücklich.

ille, illa, illud bezeichnet

1. das, was vom Sprecher entfernt liegt;
2. das, was zeitlich weit zurückliegt.

Kasus	Singular			Plural		
	Mask.	Fem.	Neutr.	Mask.	Fem.	Neutr.
Nom.	ille	illa	illu**d**	illī	illae	illa
Gen.	illīus	illīus	illīus	illōrum	illārum	illōrum
Dat.	illī	illī	illī	illīs	illīs	illīs
Akk.	illum	illam	illu**d**	illōs	illās	illa
Abl.	illō	illā	illō	illīs	illīs	illīs

c) Iste iuvenis mercātor est. Dieser junge Mann (vor euch) ist ein Kaufmann.
Iste reus damnābitur. Dieser Angeklagte (da) wird verurteilt werden.

iste, ista, istud bezeichnet
1. das, was sich gegenüber dem Sprecher befindet;
2. das, was verächtlich erscheinen soll.

iste, ista, istud wird wie *ille, illa, illud* dekliniert.

d) Ipse tē exspectō. Ich selbst (ich persönlich) erwarte dich.
Ipsō adventū mē dēlectāvistī. Schon durch deine Ankunft (gerade durch deine Ankunft) hast du mich erfreut.

Das Pronomen *ipse, ipsa, ips***um** weicht nur im Neutrum Singular von *ille, illa, illud* ab. Beachte die Endungen **-íus** und **-ī** im Gen. und Dat. Sing.

W

prīncipium (prīnceps)	der Anfang, die Grundlage *(Prinzip)*	modo	(so)eben; nur
vultus, -ūs	die Miene, der Gesichtsausdruck	Arabia	Arabien
		Seleucīa, -ae	Seleukia (Stadt in Syrien)
aedis, -is f.	der Tempel (ein Raum!)	Cállias	(griechische Eigennamen)
aedēs, -ium f. (aedificāre)	das Haus (mehrere Räume!)	Callippus	(griechische Eigennamen)
		heus!	he! hallo!
vīdī (*Perf. zu* vidēre)	ich habe gesehen	em!	hm!

Englisch: principle.

46 Demonstrativpronomina (II)
Pronominaladjektive
Partizip Futur Aktiv

G

a) **Is** servus labōrat. Dieser (der) Sklave arbeitet.
Ea serva est fīda. Diese (die) Sklavin ist treu.
Id dōnum placet. Dieses (das) Geschenk gefällt.

Is, ea, id weist als Demonstrativpronomen auf Genanntes hin. Oft vertritt es ein Nomen.

Kasus	Singular			Plural		
	Mask.	Fem.	Neutr.	Mask.	Fem.	Neutr.
Nom.	is	ea	id	eī (iī)	eae	ea
Gen.	eius	eius	eius	eōrum	eārum	eōrum
Dat.	eī	eī	eī	eīs (iīs)	eīs (iīs)	eīs (iīs)
Akk.	eum	eam	id	eōs	eās	ea
Abl.	eō	eā	eō	eīs (iīs)	eīs (iīs)	eīs (iīs)

b) Amīcum amō; eum amō. Ich liebe den Freud; ich liebe ihn.
Amīcō adsum; eī adsum. Ich helfe dem Freund; ich helfe ihm.
Amīcī memor sum; eius memor sum. Ich denke an den Freund; ich denke an ihn.
Ab amīcīs moneor; ab eīs moneor. Ich werde von den Freunden ermahnt; ich werde von ihnen ermahnt.

Das Pronomen *is, ea, id* dient auch als Ersatz für das (nicht reflexive) Personalpronomen der 3. Person (er, sie, es).

c) Īdem homō dē eādem rē nōn semper idem cōgitat. Derselbe Mensch denkt über dieselbe Sache nicht immer dasselbe.

īdem, éadem, idem (derselbe, der nämliche) bezeichnet die Gleichheit (Identität) von Personen oder Dingen.

Kasus	Singular			Plural		
Nom.	īdem	éadem	idem	iīdem	eaedem	éadem
Gen.	eiúsdem	eiúsdem	eiúsdem	eōrúndem	eārúndem	eōrúndem
Dat.	eīdem	eīdem	eīdem	eīsdem	eīsdem	eīsdem
Akk.	eundem	eandem	idem	eōsdem	eāsdem	éadem
Abl.	eōdem	eādem	eōdem	eīsdem	eīsdem	eīsdem

Die Form *eundem* ist entstanden aus *eum-dem*; entsprechend *eandem, eōrundem, eārundem. Statt eīsdem* finden sich auch die Formen *iīsdem* und *īsdem.*

d) Alter alter**ius** auxiliō eget. Der eine bedarf der Hilfe des anderen.

Die Wörter *sōlus, tōtus, nūllus, alter* und *alius* nennt man Pronominaladjektive. Sie haben im Singular folgende Formen:

Kasus	Mask.	Fem.	Neutr.	Mask.	Fem.	Neutr.
Nom.	alius	alia	aliu**d**	tōtus	tōta	tōtum
Gen.	alter**íus**	alter**íus**	alter**íus**	tōt**íus**	tōt**íus**	tōt**íus**
Dat.	ali**ī**	ali**ī**	ali**ī**	tōt**ī**	tōt**ī**	tōt**ī**
Akk.	alium	aliam	aliu**d**	tōtum	tōtam	tōtum
Abl.	aliō	aliā	aliō	tōtō	tōtā	tōtō

Der Plural ist regelmäßig.

e) Nēmō sine lēge damnētur! Niemand werde ohne Gesetz verurteilt!
Reus ā nūllō damnātus est. Der Angeklagte wurde von niemandem verurteilt.

Das Pronomen *nēmō* (niemand) hat eine gemischte Deklination: nēmō, **nūllīus**, nēminī, nēminem, **ā nūllō**

f) Das Partizip Futur

1. Satz	2. Satz	Zusammenfassung
Nāvigā**tūrī** sumus. Wir haben vor abzusegeln. Wir sind willens abzusegeln. Wir wollen absegeln.	Nāvem exspectāmus. Wir erwarten das Schiff.	Nāvigātūrī nāvem exspectāmus. Um abzusegeln, erwarten wir das Schiff.

Das Partizip Futur in Verbindung mit Formen von *esse* drückt die Absicht (den Willen) aus, etwas zu tun.
Es gibt an, daß sich etwas erst nach dem Vorgang bzw. nach der Handlung des Prädikats ereignen wird (Partizip der **Nachzeitigkeit**). Es wird zwar vom Partizip Perfekt Passiv aus gebildet, hat aber **aktive** Bedeutung.

Das Partizip Futur von *esse* lautet *futūrus, a, um.*

W

praedō, -ōnis m. (praeda)	der Räuber, Seeräuber	atrōx, -ōcis	schrecklich, wild
salvus, a, um (salūs)	wohlbehalten, unverletzt	fēcī *(Perf.)*	ich habe getan, gemacht
		salvē!	sei gegrüßt!
		quō?	wohin?

47 Zahlen Erbwörter

G

a) **Octō** vel **novem** hōrīs Rōmānī ā Galliā in Britanniam nāvigābant. — In acht oder neun Stunden fuhren die Römer von Gallien nach Britannien.

Die Grundzahlen geben Mengen an (z. B. 8 oder 9 Stunden). Sie stehen meist vor ihrem Substantiv.

b) **Prīmus** ex septem rēgibus Rōmulus fuit, **secundus** Numa Pompilius, **septimus** Tarquinius Superbus. — Der erste von den sieben Königen ist Romulus gewesen, der zweite Numa Pompilius, der siebte Tarquinius Superbus.

Die Ordnungszahlen geben die Stelle in einer Reihenfolge an (z. B. der erste).

c) Die genannten Zahlwörter können im Satz dieselben Stellen besetzen wie die Adjektive.

d) Für die Zahlwörter (**Numeralia,** Sing. **Numerale**) haben die Römer eigene Zahlzeichen verwendet.

Zahlzeichen	Grundzahlen	Ordnungszahlen
1 = **I**	ūnus, -a, -um	prīmus, -a, -um
2 = II	duo, duae, duo	secundus (*auch* alter)
3 = III	trēs, tria	tertius
4 = IV	quattuor	quārtus
5 = **V**	quīnque	quīntus
6 = VI	sex	sextus
7 = VII	septem	septimus
8 = VIII	octō	octāvus
9 = IX	novem	nōnus
10 = **X**	decem	decimus
100 = C	centum	centēsimus
1000 = **M**	mīlle	mīllēsimus
2000 = MM	duo mīlia	bis mīllēsimus

e) Von den Grundzahlen werden dekliniert:

ūnus, duo, trēs; ferner der Plural *mīlia* (Tausende);

	m.	f.	n.	m.	f.	n.	m./f.	n.	n.
Nom.	ūnus	ūna	ūnum	duo	duae	duo	trēs	tria	mīlia
Gen.	ūn**íus**	ūn**íus**	ūn**íus**	duōrum	duārum	duōrum	trium	trium	mīlium
Dat.	ūn**ī**	ūn**ī**	ūn**ī**	duōbus	duābus	duōbus	tribus	tribus	mīlibus
Akk.	ūnum	ūnam	ūnum	duō(s)	duās	duo	trēs	tria	mīlia
Abl.	ūnō	ūnā	ūnō	duōbus	duābus	duōbus	tribus	tribus	mīlibus

Prīmō rēgī Rōmānōrum nōmen Rōmulus erat. — Der erste König der Römer hatte den Namen Romulus.

Die Ordnungszahlen werden wie die Adjektive auf *us, a, um* dekliniert.

f) Annō post Chrīstum nātum (p. Chr. n.) **nōnō** Rōmānī ā Germānīs pūgnā superātī sunt. — Im Jahre 9 nach Christi Geburt sind die Römer von den Germanen in einer Schlacht besiegt worden.

Bei Datierungen und Stundenangaben verwendet man im Lateinischen die Ordnungszahlen *(annō nōnō, hōrā nōnā).*

g) Im Lateinischen gibt es auch Einteilungszahlen, z. B. *singulī, ae, a* (je einer, einzelne), *bīnī, ae, a* (je zwei) und Zahladverbien, z. B. *semel, bis, ter, quater, quīnquiēs* (einmal, zweimal usw.).

Merke:
prīmum zum ersten Mal, *iterum* zum zweiten Mal, wiederum

h) Die bisher genannten englischen Wörter sind lateinischen Ursprungs, also Lehnwörter aus dem Lateinischen. Die Sprachwissenschaft lehrt uns aber, daß etliche Wörter, die es gemeinsam im Englischen, Deutschen und Lateinischen gibt, von einer gemeinsamen Ursprache abstammen, dem sogenannten Indogermanischen. Man nennt sie Erbwörter.
Beispiele: father, mother, brother, name, ear, garden, new, long, month, one, two, three, six, seven, to seat.

W

corpus, oris n.	der Leib, Körper	recitāre	vortragen, vorlesen (Zitat)
mēnsis, -is m.	der Monat	suādēre	raten, zureden
réliquus, a, um (reliquiae)	übrig, restlich	rūrsus	wieder, wiederum
dictāre	diktieren	causā (causa)	wegen, um ... willen

Englisch: second; quarter; century; mile; single; noon *(nōna hōra)*.

Merke:
vōcis causā (Stellung!) — um der Stimme willen, der Stimme wegen

48 Komparation I

G

a) Turris alta est, collis est altior, mōns est altissimus. — Der Turm ist hoch, der Hügel ist höher, der Berg ist am höchsten.

Das Lateinische kann wie das Deutsche bei Adjektiven mit Hilfe der **Komparation** Vergleiche anstellen. Man unterscheidet:

Positiv:	Grundstufe
Komparativ:	Steigerungsstufe (Höherstufe)
Superlativ:	Höchststufe

b) Der **Komparativ** wird durch Anfügung eines Suffixes an den Wortstock gebildet, und zwar **-ior** (**-iōris**) im Mask. u. Fem., **-ius** (**-iōris**) im Neutrum.

Positiv	Wortstock	Komparativ		Bedeutung
altus	alt-	alt-ior m. f.	alt-ius n.	höher
asper	asper-	asper-ior	asper-ius	rauher
pulcher	pulchr-	pulchr-ior	pulchr-ius	schöner
celer	celer-	celer-ior	celer-ius	schneller
ācer	ācr-	ācr-ior	ācr-ius	schärfer
audāx	audāc-	audāc-ior	audāc-ius	kühner

Die Komparative werden wie Konsonantenstämme (z. B. *ōrātor, -ōris*) dekliniert, das Neutrum hat im Nom. und Akk. Plur. den Ausgang *-a*.

c) Caelum asperius est. — Das Klima ist (all)zu rauh.
Verba tua dūriōra sunt. — Deine Worte sind ziemlich hart.

Wenn kein Vergleichsglied angegeben ist, hat der lat. Komparativ die Bedeutung eines verstärkenden oder abschwächenden Zusatzes. Im Deutschen setzt man ‚zu, allzu, ziemlich, ein wenig, etwas' zum Positiv des Adjektivs.

d) Der **Superlativ** ist gekennzeichnet durch die Suffixe

-issimus, a, um (erweitert aus *-simus*)
-rimus, a, um (aus *-simus*)
-limus, a, um (aus *-simus*)

An den Wortstock der meisten Adjektive wird **-issimus, a, um** gesetzt, z. B.

Positiv	Wortstock	Superlativ	Bedeutung
altus	alt-	alt-issimus	der höchste
fortis	fort-	fort-issimus	der tapferste
fēlīx	fēlīc-	fēlīc-issimus	der glücklichste
praestāns	praestant-	praestant-issimus	der vortrefflichste

-rimus, a, um erhalten die Adjektive auf *-er* ohne Rücksicht auf den Wortstock:

Positiv	Superlativ	Bedeutung
asper	asper- rimus	der rauheste
pulcher	pulcher-rimus	der schönste
celer	celer- rimus	der schnellste
ācer	ācer- rimus	der schärfste

-limus, a, um tritt an den Wortstock der folgenden Adjektive:

Positiv	Wortstock	Superlativ	Bedeutung
facilis	facil-	facil- limus	der leichteste
difficilis	difficil-	difficil- limus	der schwierigste
similis	simil-	simil- limus	der ähnlichste
dissimilis	dissimil-	dissimil-limus	der unähnlichste
humilis	humil-	humil- limus	der niedrigste

Der Superlativ anderer Adjektive auf *-ilis* wird regelmäßig gebildet.

z. B. nōbilis — nobil- — nobil-issimus — der vornehmeste

e) Tiberis flūmen longissimum est. — Der Tiber ist ein sehr langer Fluß.

Oft dient der Superlativ nur zur Hervorhebung. Dieser sog. **Elativ** (von *ēlātus* herausgehoben) bezeichnet einen sehr hohen Grad:

altissimus — sehr (ganz, äußerst, überaus) hoch
clārissimus — sehr berühmt, hochberühmt
pulcherrimus — sehr schön, wunderschön

f) Durch eine Wortstellung, die von der üblichen abweicht, kann beim Hörer oder Leser Aufmerksamkeit erregt werden:

Neque pecūniae ampliōrem habēbant honōrem quam deīs et parentibus (L 48, Z. 14 f.).

Hier ist die zusammengehörige Wortgruppe *ampliōrem honōrem* durch das Satzglied *habēbant* getrennt. Eine solche Erscheinung nennt man **Hypérbaton** (von griech. *hyperbatós* übersprungen).

W1

incola, -ae m.	der Einwohner, Bewohner	splendidus, a, um	glänzend, prächtig *(splendid)*
avis, -is f. (auspicium)	der Vogel	lócuplēs, -ētis (locus; plēnus)	begütert, wohlhabend
collis, -is m.	der Hügel, die Anhöhe	Iāniculus, -ī	Janiculus (Anhöhe in Rom)
cārus, a, um	lieb, teuer *(Caritas)*	Palātium	Palatin (Hügel und Stadtteil von Rom)
situs, a, um	gelegen, liegend		

W2

parēns -entis m./f.	der Vater, die Mutter	difficilis, -e (facilis)	schwierig, schwer (zu tun)
parentēs, -(i)um m.	die Eltern	dissimilis, -e (similis)	unähnlich
saevus, a, um	wütend, wild	ferōx, -ōcis	wild, trotzig
finitimus, a, um (finis)	benachbart	simplex, -icis	einfach, schlicht *(simpel)*
honestus, a, um (honōs)	angesehen, anständig gut, ehrenhaft	Spartiātae, -ārum m.	die Spartaner (Bewohner der griech. Stadt Sparta)

Englisch: parents; careful; situation; honest; difficult; simple.

49 Komparation II
Adverbien (I): Bildung aus Kasusformen und Zusammensetzungen
Präfixe

G a) Den Komparativ und den Superlativ bilden von verschiedenen Stämmen:

bonus	gut	melior	besser	optimus	der beste
malus	schlecht	peior	schlechter	pessimus	der schlechteste
magnus	groß	māior	größer	māximus	der größte
parvus	klein	minor	kleiner	minimus	der kleinste
multum	viel	plūs	mehr	plūrimum	am meisten
multī	viele	plūrēs, plūrium	mehr	plūrimī	die meisten

b) Folgende Komparative und Superlative gehen auf Präpositionen zurück:

(īnfrā	unterhalb)	īnferior	der untere	īnfimus īmus	der unterste
(suprā	oberhalb)	superior	der obere, frühere	suprēmus summus	der letzte der oberste, höchste
(prō	vor)	prior	der vordere, frühere	prīmus	der erste
(post	hinter)	posterior	der spätere	postrēmus	der letzte

c) Satzmodell mit allen Satzgliedern (vgl. G10 f)

Cicerō ōrātor Quīntō frātrī saepe litterās dedit. — Der Redner Cicero schrieb (*wörtl.:* gab) seinem Bruder Quintus oft einen Brief.

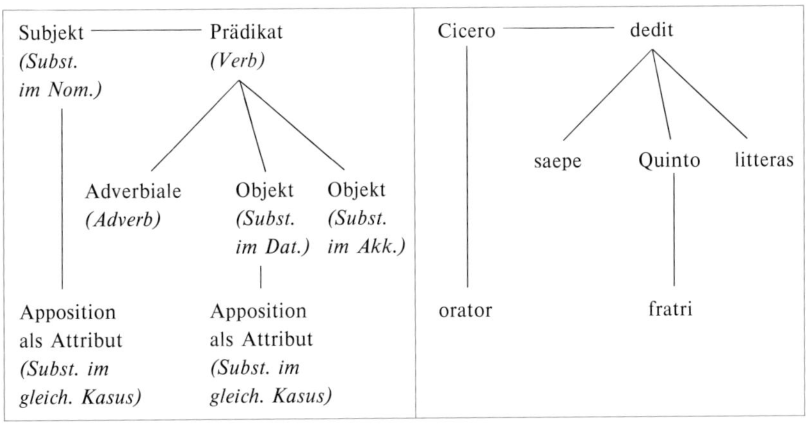

Die Stelle des Adverbiales im Satz ist oft durch ein *Adverb* besetzt. Die Form der Adverbien ist unveränderlich (vgl. G10 d und e).

d) Viele Adverbien sind von Kasusformen abgeleitet oder durch Zusammensetzungen entstanden, z. B.:

prōtinus (Nominativ) — rārō (Ablativ)
paulum (Akkusativ) — post-eā (Zusammensetzung)

e) Präfixe

per- als Präfix bei Verben bedeutet oft eine Verstärkung des Grundwortes:

terrēre erschrecken — perterrēre (sehr) erschrecken, einschüchtern

Unterscheide: *in-* als Präfix bei Verben gibt die Richtung einer Tätigkeit an:

stāre stehen - īnstāre zusetzen, bedrängen

in- als Präfix bei Adjektiven bezeichnet das Gegenteil:

iūstus gerecht - iniūstus ungerecht

W

modestia (modus)	die Mäßigung, der Anstand
saeculum	das Zeitalter, Jahrhundert *(säkular)*
sinus, -ūs	1. die Biegung, Bucht 2. der Gewandbausch, Busen
idōneus, a, um	geeignet, passend
vetustus, a, um (vetus)	alt, altertümlich
observāre (servāre)	beobachten, beachten *(Observatorium)*

quō … eō	je … desto
merito (merēre)	verdientermaßen, mit Recht
prōtinus (prō, tenēre)	vorwärts, unverzüglich
īnfrā *(Präp. mit Akk.)*	unterhalb, unter *(Infrarot)*
suprā *(Präp. mit Akk.)*	oberhalb, über
paulātim (paulum)	allmählich

Englisch: inferior; superior; prior; posterior; supreme; to observe.

Merke:

maior nātū	älter, der Ältere
minor nātū	jünger, der Jüngere
multum, plūs, plūrimum valēre (posse)	viel, mehr, am meisten vermögen; großen, größeren, größten Einfluß haben

50 Adverbien (II): Bildung aus Adjektiven
Komparation der Adverbien
Füllungen der Adverbialstelle

G a) 1. Ōrātōr rem prōtinus explicāvit. — Der Redner hat den Sachverhalt unverzüglich erklärt.

Die Stelle eines Adverbiales ist oft durch ein Adverb besetzt (hier: Adverb der Art und Weise).

2. **Omnī aetāte** poētae hominēs **operibus** dēlectant. — Zu jeder Zeit erfreuen Dichter die Menschen mit ihren Werken.

Adverbiale Bestimmungen können durch Substantive ausgedrückt werden (hier: Ablativ der Zeit und Ablativ des Mittels).

3. Ōrātor **in forō** ōrātiōnem habuit. — Der Redner hielt auf dem Forum eine Rede.

Häufig bestehen adverbiale Bestimmungen aus einem Nomen mit einer Präposition (Präpositionalausdruck).

b) Cōnsulēs senātōrēs propter perīculum convocāvērunt. — Die Konsuln riefen die Senatoren wegen einer Gefahr zusammen.

Cōnsulēs senātōrēs convocāvērunt, cum perīculum īnstāret. — Die Konsuln riefen die Senatoren zusammen, da eine Gefahr drohte.

Adverbiale Bestimmungen können auch durch einen Gliedsatz (Adverbialsatz) ausgedrückt werden.

c) Iūdicium tuum rēct**um** est. — Dein Urteil ist richtig.

Rēct**ē** iūdicāvistī. — Du hast richtig geurteilt.

Das Lateinische bildet von den Adjektiven eine eigene Form für die Adverbien. Im Deutschen ist dies nicht der Fall.

Adjektiv	Wortstock	Adverb
rēctus miser pulcher	rēct- miser- pulchr-	rēctē miserē pulchrē

Bei den Adjektiven der o-/ā-Deklination tritt zur Bildung eines Adverbs an den Wortstock der Ausgang **-ē**:

d) Ventus celer et vehemēns erat. — Der Wind war rasch und heftig.

Ventus arborēs cele**riter** et vehemen**ter** agitāvit. — Der Wind schüttelte die Bäume rasch und heftig.

Bei den Adjektiven der Mischdeklination tritt zur Bildung des Adverbs an den Stammauslaut die Endung **-ter**.

Adjektiv	Stamm	Adverb
celer ācer fēlīx vehemēns cōnstāns	celeri- ācri- fēlīci- vehement- cōnstant-	celeriter ācriter fēlīciter vehementer cōnstanter

vehementer und *cōnstanter* aus *vehement-ter* bzw. *cōnstant-ter*

e) Frāter pulchrē, avunculus pulchrius, māter pulcherrimē nārrat. — Der Bruder erzählt schön, der Onkel schöner, die Mutter am schönsten.

Der Komparativ der aus Adjektiven gebildeten **Adverbien** entspricht in seiner Form dem Komparativ des Adjektivs im Akk. Neutr. Sing.
Die Superlativform hat den Ausgang *-ē*:

iūstē gerecht	iūstius gerechter	iūstissimē am gerechtesten, sehr gerecht
fēlīciter	fēlīcius	fēlīcissimē
vehementer	vehementius	vehementissimē

Merke:

bene	gut	melius	besser	optimē	am besten
male	schlecht	peius	schlechter	pessimē	am schlechtesten
valdē magnopere	} sehr	magis	mehr	māximē	am meisten
paulum	wenig	minus	weniger	minimē	am wenigsten

f) Überblick:

Adverbialien können also bestehen
1. aus Adverbien (zum Teil aus Adjektiven gebildet),
2. aus Substantiven (in einem bestimmten Kasus),
3. aus Präpositionalausdrücken,
4. aus Gliedsätzen (Adverbialsätzen).

W

minae, -arum *(Mehrzahlwort)*	die Drohung(en)	repentīnus, a, um	plötzlich, unerwartet
scūtum	der Schild	benīgnus, a, um (bonus, genus)	gütig, freigebig
praesidium (sedēre)	der Schutz, die Besatzung	supplex, -icis	bittend, flehend
iter, itineris n.	der Weg, Marsch, die Reise	citō *(Adv.)*	schnell
		quam *(mit Superlativ)*	möglichst *(mit Positiv)*

Englisch: president.

Merke: quam celerrimē möglichst schnell

Lateinisch-deutsches Wörterverzeichnis

Zahlenangaben verweisen auf den entsprechenden Wortschatzteil dieses Bandes.

a, ab *Präp. mit Abl.*	von, von - her, von - an 12
abesse	abwesend sein, entfernt sein 12
abstinere	sich fernhalten, sich enthalten 25
abundare	überfließen, Überfluß haben, reich sein 30
ac	und (dazu) 21
accusare	anklagen, beschuldigen 25
acer, acris, acre	scharf, heftig, spitzig, feurig 40
acies, -ei	Schärfe; Kampflinie, Schlacht 21
ad *Präp. mit Akk.*	zu (... hin), an, bei 12
adeo	so sehr 10
adesse	anwesend sein; beistehen, helfen 12
adhibere	anwenden, beiziehen 6
adhuc	bis jetzt, immer noch 34
aditus, -us	Zugang 29
adiuvare	unterstützen, helfen 14
administrare	verwalten, verrichten 22
admiratio, -onis	Bewunderung 34
admonere	(er)mahnen, erinnern 6
adventus, -us	Ankunft 39
adversus	widrig, ungünstig 21
advocare	herbeirufen 12
advolare	herbeieilen 6
aedis, -is	Tempel, Pl.: Haus 45
aedificare	(er)bauen 10
aedificium	Gebäude 10
aeger, aegra, aegrum	krank 13
aequor, -oris *n.*	Meer(esfläche) 27
aestas, -atis	Sommer 29
aestus, -us	Hitze, Brandung 23
aetas, -atis	Lebensalter, Zeit(alter) 29
aeternus	ewig 11
ager, agri	Acker, Feld 13
agitare	(be)treiben, verhandeln 35
agmen, -inis	(Heeres-)Zug, Schar 34
aio, ais, ait	ich sage *usw.* 36
albus	weiß 34
alienus	fremd, abgeneigt 13
alii - alii	die einen - die andern 34
alius, alia, aliud	ein anderer 12
alter, altera, alterum	der eine (von zweien), der andere 41
altus	hoch, tief 11
amare	lieben 4
ambulare	spazierengehen 20
amica	Freundin 1
amicitia	Freundschaft 33
amicus	Freund 1; befreundet 16
amnis, -is *m.*	Strom 38
amphitheatrum	Amphitheater (Rundtheater) 24
amplus	weit, geräumig, bedeutend 23
animal, -alis	Lebewesen, Tier 39
animus	Seele, Geist, Herz, Mut, Gesinnung 5
bono animo esse	guten Mutes sein, zuversichtlich sein 17
in animo habere	im Sinn haben, vorhaben 14
annus	Jahr 13
ante *Präp. mit Akk.*	vor (örtl. und zeitl.) 12
antea	vorher, früher 24
antiquus	alt, altertümlich 11
apparatus, -us	Aufwand, Prunk; Werkzeug 37
apparet	es zeigt sich, es ist klar 38
appellare	ansprechen, nennen 17
apportare	herbeibringen 3
appropinquare	nahen, sich nähern 2
apud *Präp. mit Akk.*	bei *(bei Personen)* 27
aqua	Wasser 3
ara	Altar 10
arbor, -oris *f.*	Baum 30
arcere	abhalten, abwehren 9
arcus, -us	Bogen 24
arena	Sandfläche, Kampfplatz 5
argentum	Silber, Geld 34
arma, -orum	Waffen 14
armare	ausrüsten, bewaffnen 43
ars, artis	Kunst, Fertigkeit 39
artificium	Kunstwerk 10
arx, arcis	Burg 39

asper, -era, -erum	rauh, schroff 13
at	jedoch, dagegen 26
atque	und (dazu) 21
atrium	Atrium, Halle 10
atrox, -ocis	schrecklich, wild 46
auctor, -oris	Urheber, Begründer, Autor 27
auctoritas, -atis	Ansehen, Einfluß 29
audacia	Kühnheit, Wagemut 5
audax, -acis	verwegen, kühn 42
aureus	golden 11
auris, -is	Ohr 38
aurum	Gold 34
auspicium	Vogelschau, Vorzeichen 18
aut	oder 29
aut – aut	entweder – oder 29
autem	aber 5
autumnus	Herbst 25
auxilium	Hilfe 10
avaritia	Habgier, Geiz 14
avarus	habsüchtig, geizig 17
avis, -is	Vogel 48
avunculus	Onkel 7
barbarus	Barbar 8
beatus	glücklich 16
bellum	Krieg, Kampf 10
bene *Adv.*	gut 21
beneficium	Wohltat, Vergünstigung 22
benignus	gütig, freigebig 50
bestia	Tier 1
bini	je zwei G 47
bis	zweimal G 47
bona, -orum	die Güter, das Gute G 11
bonus	gut, tüchtig 11
bono animo esse	guten Mutes sein, zuversichtlich sein 17
bracchium	Arm 30
brevis, -e	kurz 40
brevi	in Kürze, bald 12
caecus	blind, unsichtbar 39
caelum	Himmel, Klima 26
calamitas, -atis	Unglück, Mißgeschick 29
campus	Feld, Ebene 3
canis, -is *m.*	Hund 38
cantare	singen 14
captare	fangen, fassen 6
captivus	Gefangener 9; (kriegs)gefangen 34

caput, -itis *n.*	Haupt, Hauptsache, Hauptstadt 35
carere	entbehren, nicht haben 25
carmen, -inis	Lied, Gedicht 34
carrus	Karren, Wagen 5
carus	lieb, teuer 48
castra, -orum	Lager, Feldlager 14
casus, -us	Fall, Zufall 22
causa	Grund, Ursache; Prozeß 3
causā *(m. Gen.)*	wegen, um ... willen 47
celeber, -bris, -bre	belebt, vielbesucht, gefeiert 40
celebrare	besuchen, feiern 18
celer, -eris, -ere	schnell, rasch 40
cena	Mahlzeit 3
cenare	speisen, essen 6
certamen, -inis	Wettkampf, Kampf 34
certare	streiten, wetteifern 27
certus	sicher, gewiß, zuverlässig 16
cessare	zögern, säumen 2
ceteri	die übrigen 16
ceterum	übrigens, doch 26
cibus	Speise, Nahrung 3
circum, circa *Präp. mit Akk.*	um (... herum) 35
circumdare	umgeben 13
circumstare	herumstehen, umringen 27
cito	schnell 50
civilis, -e	bürgerlich, öffentlich, politisch 41
res civiles	die Politik 41
civis, -is *m.*	(Mit-)Bürger 38
civitas, -atis	Bürgerschaft, Staat 29
clades, -is	Niederlage, Schaden 38
clamare	schreien, laut rufen 2
clamor, -oris	Geschrei 27
clarus	hell, klar, berühmt 11
classis, -is	Flotte 38
coercere	zügeln, maßregeln 25
cogitare	(be)denken 15
cohors, -tis *f.*	Schar, Kohorte 39
collis, -is *m.*	Hügel, Anhöhe 48
collocare	aufstellen, errichten 24
collum	Hals 28
comes, -itis	Gefährte, Begleiter 30
communis, -e	gemeinsam, allgemein 41

comparare	vergleichen 30
complere	(an)füllen, erfüllen 9
conciliare	gewinnen 22
concordia	Eintracht 10
condicio, -onis	Bedingung, Lage 28
conservare	bewahren, retten 7
consilium	Ratsversammlung, Rat(schlag), Plan 10
conspectus, -us	Anblick 22
constans, constantis	beständig, standhaft 42
consul, -is	Konsul 27
consultum	Beschluß 29
contentus	zufrieden 20
continere	zusammenhalten 10
contra *Präp. mit Akk.*	gegen (im feindl. Sinn) 28
conviva	Gast 4
convivium	Gastmahl, Gelage 37
convocare	zusammenrufen 18
copia	Menge, Fülle, Vorrat 5
copiae, -arum	Vorräte, Truppen 14
cor, cordis *n.*	Herz 35
cornu, -us *n.*	Horn, Flügel (eines Heeres) 23
corpus, -oris	Leib, Körper 47
cras	morgen 17
creare	erschaffen, verursachen; wählen 3
creber, -bra, -brum	zahlreich, häufig 13
crudelis, -e	roh, grausam 41
cui?	wem? 4
cuius?	wessen? 5
cultus, -us	Pflege, Verehrung; Lebensweise 22
cum *mit Konj.*	als, nachdem; da, weil 22
cum *mit Ind.*	(immer) wenn 18
cum *Präp. mit Abl.*	mit 12
cuncti	alle 11
cupiditas, -atis	Begierde, Leidenschaft 30
cur?	warum? 2
cura	Sorge, Sorgfalt 3
curare	sorgen, besorgen, versorgen, pflegen 3
curia	Kurie 27
currus, -us	Wagen 34
cursus, -us	Lauf, Kurs 42
custos, -odis *m.*	Wächter, Hüter 30
damnare	verurteilen 31

dare	geben 4
operam dare	sich Mühe geben, sich beschäftigen, sich widmen 30
se dare	sich hingeben, sich widmen 8
de *Präp. mit Abl.*	von – her(ab), von, über 12
dea	Göttin 1
debere	schulden, müssen 7
deesse	fehlen, mangeln 16
deinde	dann, danach 19
delectare	erfreuen, Freude machen 3
delere	zerstören, vernichten 9
demonstrare	zeigen, beweisen 29
denique	schließlich, endlich 24
dens, dentis *m.*	Zahn 39
desiderare	ersehnen, vermissen 5
desperare	verzweifeln 29
deus	Gott 1
dexter, -(e)ra, -(e)rum	recht(s) 13
dext(e)ra	rechte Hand, Rechte 7
dictare	diktieren 47
dies, diei *m.*	Tag 21
difficilis, -e	schwierig, schwer (zu tun) 48
dignitas, -atis	Würde 29
dignus	würdig, wert 25
diligentia	Sorgfalt, Umsicht 5
discordia	Zwietracht, Uneinigkeit 18
disputare	erörtern, diskutieren 33
dissimilis, -e	unähnlich 48
diu	lange, lange Zeit 20
dives, -itis	reich 42
divitiae, -arum	Reichtum, Schätze 14
docere	lehren, unterrichten 8
dolere	Schmerz empfinden, leiden 38
dolor, -oris	Schmerz, Kummer 38
dolus	List, Täuschung 6
domare	zähmen, bändigen 25
domina	Herrin 1
dominatio, -onis	Herrschaft, Alleinherrschaft 28
dominus	Herr 1
domus, -us *f.*	Haus 23
domi	zu Hause 23
domo	von zu Hause 23
domum	nach Hause 23

donare	(be)schenken 4
donec	solange (als) 30
donum	Geschenk, Gabe 10
dubitare	zweifeln, zögern 30
dubius	zweifelhaft, unsicher 15
dum	während, solange (als) 21
durus	hart, hartherzig 17
dux, ducis *m.*	Führer, Anführer 33
e, ex *Präp. mit Abl.*	aus, von – aus 12
ecce	sieh da! 3
educare	erziehen 4
egere	bedürfen, Mangel haben 25
elephantus	Elefant 5
enim	nämlich 11
eo	desto 49
epistula	Brief 1
eques, -itis *m.*	Reiter, Ritter 30
equester, -tris, -tre	Reiter-, Ritter- 40
equus	Pferd 3
errare	irren, sich verirren 6
et	und 1
et – et	sowohl – als auch 21
etiam	auch, sogar 3
etiamsi, etsi	wenn auch, obgleich 26
excitare	erregen, wecken, ermuntern 5
exemplum	Beispiel, Vorbild 23
exercere	üben, (sich) plagen 25
exercitus, -us	Heer 22
explicare	entfalten, erklären 8
expugnare	erobern 7
ex(s)pectare	ausschauen, (er)warten 2
exsultare	jubeln 5
extra *Präp. mit Akk.*	außerhalb 12
faber, fabri	Handwerker, Arbeiter 13
fabula	Fabel, Geschichte, Erzählung, Theaterstück 1
facilis, -e	leicht (zu tun) 40
factum	Tat 11
falsus	irrig, falsch 14
fama	Gerücht, (guter oder schlechter) Ruf 41
familia	Familie, Hausgemeinschaft 1
familiaris, -e	vertraut, freundschaftlich 40

fatum	Schicksal, Verhängnis 42
feci	ich habe getan, gemacht 46
felix, -icis	glücklich, erfolgreich 42
femina	Frau 9
fere	beinahe, fast; ungefähr 22
ferox, -ocis	wild, trotzig 48
ferrum	Eisen, Waffe 38
ferus	wild, roh 11
fessus	ermüdet, müde, erschöpft 11
festus	festlich, feierlich 21
fides, -ei	Treue, Glaube 21
fidus	treu, zuverlässig 16
figura	Figur, Gestalt 1
filia	Tochter 1
filius	Sohn 1
finis, -is *m.*	Ende, Grenze 38
fines, -ium	Grenzen, Gebiet 38
finitimus	benachbart 48
firmare	(be)stärken, (be)kräftigen 33
firmus	fest, stark 11
flamma	Flamme, Feuer 1
flere	(be)weinen 6
fluctus, -us	Flut, Woge 44
flumen, -inis	Fluß, Strömung 34
fluvius	Fluß 9
foedus	häßlich, schändlich 26
foedus, -eris	Bündnis, Vertrag 33
fons, fontis *m.*	Quelle 39
forma	Form, Gestalt 1
formare	formen, gestalten, bilden 37
fortis, -e	kräftig, tapfer 40
fortuna	Schicksal, Glück 13
forum	Forum, Marktplatz 10
frater, -tris	Bruder 27
fructus, -us	Frucht, Ertrag, Nutzen 32
fruges, -um *f.*	(Feld-)Früchte 31
frumentum	Getreide 12
frustra	erfolglos, vergebens, vergeblich 44
fuga	Flucht 8
furor, -oris	Raserei, Tollheit 41
futurus	(zu)künftig 19
gaudium	Freude 22
geminus	doppelt, *Subst.:* Zwilling 26

gens, gentis	Geschlecht, Stamm, Volk 39
genus, -eris	Geschlecht, Gattung, Art 33
gladius	Schwert 9
gloria	Ruhm, Ehre 8
gratia	Gunst, Dank 5
gratiam habere	dankbar sein, danken 35
gratus	angenehm, dankbar 16
gravis, -e	schwer, gewichtig; ernst 41
habere	haben, halten 6
habitare	wohnen, bewohnen 23
haerere	hängen, stecken(bleiben) 39
heri	gestern 26
hic	hier 2
hic, haec, hoc	dieser 45
hodie	heute 5
homo, -inis *m.*	Mensch 28
honestus	angesehen, anständig, gut, ehrenhaft 48
honos, -oris	Ehre, Ehrenamt 27
hora	Stunde 6
hortus	Garten 3
hospes, -itis *m.*	Gast(freund), Gastgeber 30
hostis, -is *m.*	(Landes-)Feind 38
humanus	menschlich, gebildet 24
humilis, -e	niedrig, gering 41
iacere	liegen 42
iactare	(hin und her) werfen, schleudern 32
iam	schon, bereits 2
non iam	nicht mehr 6
ibi	dort 7
idem, eadem, idem	derselbe, der nämliche 46
idoneus	geeignet, passend 49
igitur	also 7
ignavus	untätig, träg, feig 16
ignis, -is *m.*	Feuer 38
ignorare	nicht wissen, nicht kennen 3
non ignorare	genau/wohl wissen, gut kennen 7
ignotus	unbekannt 21
ille, illa, illud	jener 45
imago, -inis	Bild 28
imber, -bris *m.*	Regenguß, Regen 36

immortalis, -e	unsterblich 40
imperare	befehlen, gebieten 4
imperator	Feldherr, Kaiser 27
imperium	Befehl, Herrschaft, Reich 10
impetrare	erreichen, durchsetzen 17
impetus, -us	Ansturm, Angriff, Drang 22
impius	gottlos, frevelhaft 16
implere	(an)füllen, erfüllen 9
implorare	anflehen, erflehen 10
imprimis	vor allem, besonders 13
imus	der unterste 49
in *Präp. mit Akk.*	in, an, auf, nach 12; gegen (freundlich oder feindlich) 17
in *Präp. mit Abl.*	in, an, auf 12
incendium	Brand 41
incertus	ungewiß, unsicher 28
incitare	antreiben, aufregen, reizen 31
incola *m.*	Einwohner, Bewohner 48
incolumis, -e	unverletzt, heil 40
increpare	erschallen, schelten 25
industria	Betriebsamkeit, Fleiß 15
inferior	der untere 49
infimus	der unterste 49
inflammare	entflammen, entzünden, anfeuern 35
infra *Präp. mit Akk.*	unterhalb, unter 49
ingenium	Anlage, Begabung 26
ingens, -entis	ungeheuer, gewaltig, riesig 42
inimicitiae, -arum	Feindschaft 32
inimicus	feindlich, *Subst.:* Feind 25
iniuria	Unrecht, Beleidigung 25
iniustus	ungerecht 17
inopia	Not, Mangel 18
inquit	er sagt, hat gesagt 25
inscius	unwissend 41
insidiae, -arum	Hinterhalt, Überfall, Anschlag 14
insignis, -e	ausgezeichnet, kenntlich 40
instare	bevorstehen, drohen, zusetzen 21
insula	Insel, Wohnblock 1
integer, -gra, -grum	unberührt, rein, untadelig 13

inter *Präp. mit Akk.*	zwischen, während 18
interdum	manchmal, bisweilen 4
interea	unterdessen, inzwischen 37
interesse	teilnehmen 16
intra *Präp. mit Akk.*	innerhalb 12
intrare	eintreten, hineingehen, betreten 2
ipse, ipsa, ipsum	selbst 45
ira	Zorn 9
is, ea, id	der, dieser, derjenige 46
iste, ista, istud	dieser (da) 45
ita	so 7
itaque	daher, deshalb 4
item	ebenso 33
iter, itineris *n.*	Weg, Marsch, Reise 50
iterum	wiederum 2
iucundus	erfreulich, angenehm 20
iudex, -icis *m.*	Richter 31
iudicare	(be)urteilen 27
iudicium	Urteil, Gericht 27
ius, iuris *n.*	Recht 35
iure	mit Recht 9
iussu	auf Befehl 17
iustitia	Gerechtigkeit 21
iustus	gerecht, richtig 11
iuvare	unterstützen, helfen 14
iuvat	es freut 6
iuvenis, -is *m.*	junger Mann 38
iuventus, -utis	Jugend 29
iuxta *Präp. mit Akk.*	neben 12
labor, -oris	Arbeit, Anstrengung, Mühe 27
laborare	arbeiten 2, leiden 33
lac, lactis	Milch 35
lacrima	Träne 13
lacus, -us	See, Wasserbecken 23
laetitia	Freude 5
laetus	froh, fröhlich 13
latus	breit, ausgedehnt 12
latus, -eris	Seite, Flanke 33
laudare	loben 3
laus, laudis	Lob, Ruhm 30
lavare	waschen 37
legio, -onis	Legion 28
legionarius	Legionär 7
leo, -onis *m.*	Löwe 28
levare	erleichtern, lindern, heben 26
levis, -e	leicht, leichtsinnig 41
lex, legis	Gesetz 31
libenter	gern 5
liber, -era, -erum	frei 13
liber, -bri	Buch 13
liberare	befreien 9
liberi, -orum	Kinder 13
libertas, -atis	Freiheit, Freiheitsliebe 29
licet	es ist erlaubt 6
lictor, -oris	Liktor 27
lingua	Zunge, Sprache 22
littera	Buchstabe 14
litterae, -arum	Buchstaben, Brief, Literatur, Wissenschaft(en) 14
litus, -oris	Küste, Strand 33
locuples, -etis	begütert, wohlhabend 48
locus *(Pl. gew.* loca)	Ort, Platz 29
longus	lang 23
ludus	Spiel, Schule 5
lumen, -inis	Licht, Augenlicht 34
lupus	Wolf 25
lux, lucis	Licht, Tageslicht 31
luxuria	Üppigkeit, Genußsucht 37
magis	mehr 14
magis – quam	mehr – als 14
magister, -tri	Lehrer, Leiter 13
magistratus, -us	Beamter, Amt 22
magnopere	sehr G 50
magnus	groß, bedeutend, wichtig 11
maior natu	älter, der Ältere 49
maiores, -um	Vorfahren 27
mala, -orum	Übel, Leid(en), das Schlechte G11
malus	schlecht, schlimm, böse 11
manare	fließen 25
mandare	übergeben, anvertrauen, auftragen 4
mane	in der Frühe, morgens 18
manere	bleiben 20
manus, -us *f.*	Hand, Schar 23
mare, -is *n.*	Meer 39
maritimus	am Meer gelegen, See- 39
mater, -tris	Mutter 2, 27

maximus	der größte, sehr groß 21
medicus	Arzt 31
memor, -oris	eingedenk, sich erinnernd 42
memoria	Gedächtnis, Andenken 15
memoria tenere	im Gedächtnis behalten 18
mensa	Tisch 4
mensis, -is *m.*	der Monat 47
mercator, -oris	Kaufmann 28
merces, -edis	Lohn, Sold 30
merere	verdienen 17
meridies, -ei *m.*	Mittag, Süden 21
merito	verdientermaßen, mit Recht 49
metus, -us	Furcht 22
migrare	(aus)wandern 24
miles, -itis *m.*	Soldat 30
militaris, -e	soldatisch, kriegerisch, Kriegs- 41
res militaris	Kriegswesen 41
minae, -arum	Drohung(en) 50
minister, -tri	Diener, Helfer 13
minor natu	jünger, der Jüngere 49
mirabilis, -e	bewundernswert, erstaunlich 40
mirus	wunderbar, sonderbar 11
miser, -era, -erum	elend, unglücklich 13
miseria	Elend, Unglück, Not 9
modestia	Mäßigung, Anstand 49
modo	(so)eben, nur 45
modus	Maß; Art und Weise 25
moenia, -ium *n.*	Stadtmauer(n) 39
molestus	lästig, beschwerlich 29
monere	(er)mahnen, erinnern 6
mons, montis *m.*	Berg 39
monstrum	Ungeheuer 26
monumentum	Denkmal, Grabmal 12
mora	Aufschub, Verzögerung 12
morbus	Krankheit 19
mortalis, -e	sterblich, irdisch 40
mortuus	gestorben, tot 26
mos, moris	Sitte, Brauch, *Pl.:* Sitten, Charakter 27
motus, -us	Bewegung, Erregung 42
mox	bald 17
mulier, -eris	Frau 27
multitudo, -inis	Menge 28
multi	viele 11
mundus	Welt 8
municipium	Landstadt 42
munus, -eris	Aufgabe, Amt; Geschenk 33
murus	Mauer 8
mutare	ändern, wechseln, (ver)tauschen 19

nam	denn 3
narrare	erzählen 3
natio, -onis	Volksstamm, Volk 28
natura	Natur 1
natus	geboren 25
nauta	Schiffer, Seemann 14
navigare	zu Schiff fahren, segeln 27
navis, -is	Schiff 38
ne	daß nicht, damit nicht; *in unabhängigen Begehrsätzen:* nicht 19
nec	und nicht, auch nicht 16
nec – nec	weder – noch 16
necare	töten 5
necessarius	notwendig 16
negare	verneinen, leugnen 15
negotium	Geschäft, Aufgabe 14
nemo	niemand 14
neque	und nicht, auch nicht 16
neque – neque	weder – noch 16
nex, necis	(gewaltsamer) Tod, Mord 31
niger, -gra, -grum	schwarz, dunkel 40
nihil	nichts 9
nihil nisi	nichts außer, nur 9
nisi	wenn nicht 9
nobilis, -e	berühmt; vornehm, adelig 40
nocere	schaden 16
nomen, -inis	Name 34
nominare	(er)nennen, benennen 34
non	nicht 4
nondum	noch nicht 25
non iam	nicht mehr 6
nonnulli	einige 28
nonnumquam	manchmal, bisweilen 14
non solum ... sed etiam	nicht nur ... sondern auch 4
notus	bekannt 11
novus	neu, neuartig 11
nox, noctis	Nacht 39
nubes, -is	Wolke 38
nullus	kein 22

numerare	zählen 19
numerus	(An-)Zahl
numquam	niemals, nie 13
nunc	nun, jetzt 2
nuntiare	melden, verkünden 4
nuper	neulich, vor kurzem 43
nuptiae, -arum	Hochzeit(sfeierlichkeiten) 18
observare	be(ob)achten 49
obstare	im Wege stehen, hindern 14
oculus	Auge 6
odium	Haß 15
officium	Dienst, Pflicht 16
olim	einst 11
omnis	jeder, ganz 40
omnes	alle 40
onerare	beladen, belasten 9
onus, -eris	Last, Ladung 33
opera	Arbeit, Mühe 16
operam dare	sich Mühe geben, sich beschäftigen, sich widmen 30
opinio, -onis	Meinung, Vermutung 28
oppidum	(Land-)Stadt, Festung 10
opportunus	günstig, geeignet 39
oppugnare	bekämpfen, bestürmen, angreifen 8
optare	wünschen 19
optimus	der beste, sehr gut 21
opus, -eris	Werk, Arbeit; Befestigungsanlage 43
ora	Küste 13
orare	beten, bitten 8
oratio, -onis	Rede 28
orator, -oris	Redner 27
orbis, -is *m.*	Kreis, Scheibe 41
orbis terrarum	Erdkreis 41
ordo, -inis *m.*	Reihe, Ordnung; Stand 28
ornare	ausstatten, schmücken 4
os, oris *n.*	Mund, Gesicht 27
os, ossis *n.*	Knochen, *Pl.:* Gebeine 35
otium	Muße, Freizeit, Ruhe 14
pacare	befrieden, unterwerfen 14
paene	beinahe, fast 6
parare	(vor)bereiten, erwerben 3
parare *mit Inf.*	vorhaben 6
paratus	bereit, entschlossen 18
parens, -entis *m./f.*	Vater, Mutter 48
parentes, -(i)um *m.*	Eltern 48
parere	gehorchen 8
pars, partis	Teil, Seite 39
magna ex parte	zum großen Teil 42
parvus	klein, gering 11
pater, patris	Vater 2, 27; *Pl.:* Patrizier, Senatoren 27
patere	offenstehen 26
patria	Vaterstadt, Vaterland, Heimat 4
patricius	patrizisch; *Subst.:* Patrizier 29
patronus	Patron, Anwalt 31
pauci	wenige 24
paulatim	allmählich 49
paulum	ein wenig 16
pauper, -eris	arm 42
pax, pacis	Friede 31
pectus, -oris	Brust, Inneres 33
pecunia	Geld 4
pecus, -oris *n.*	Vieh, (Schaf-)Herde 34
pecus, -udis *f.*	(Stück) Vieh, Schaf 35
pedes, -itis *m.*	Soldat (zu Fuß) 30
pedester, -tris, -tre	zu Fuß, zu Land 40
per *Präp. mit Akk.*	durch, hindurch 12
periculum	Gefahr 13
pernicies, -ei	Verderben, Untergang 21
perseverare	fortfahren (etwas zu tun) 16
perterrere	erschrecken, einschüchtern 25
perturbare	verwirren, stören 22
pes, pedis *m.*	Fuß 30
philosophia	Philosophie 36
philosophus	Philosoph 36
pietas, -atis	Pflichtbewußtsein, Frömmigkeit, Ehrfurcht 29
pius	pflichtbewußt, fromm, rechtschaffen 16
placare	versöhnen 10
placere	gefallen 10
mihi placet	mir gefällt es, ich beschließe 26
plebeius	plebejisch; *Subst.:* Plebejer 29
plenus	voll 32

plerique	die meisten 22
plerumque	meistens 29
poena	Strafe 25
poenas dare	Strafe zahlen, bestraft werden 43
poeta	Dichter 14
pons, pontis *m.*	Brücke 39
populus	Volk 5
porta	Tor, Tür, Pforte 12
portare	bringen, tragen 3
porticus, -us *f.*	Säulenhalle 23
portus, -us	Hafen 24
posse	können, imstande sein, vermögen 23
post *Präp. mit Akk.*	hinter, nach 12
postea	nachher, später 5
posterior	der spätere 49
postremo	zuletzt, schließlich 7
postremus	der letzte 49
postulare	fordern 15
potens, -entis	mächtig 42
potentia	Macht, Gewalt 10
potestas, -atis	Macht, (Amts-)Gewalt 29
praebere	darreichen, gewähren 37
praeceptum	Vorschrift, Lehre 37
praecipitare	(sich) herabstürzen, (sich) stürzen 40
praeclarus	glänzend, herrlich, vortrefflich 11
praeda	Beute 9
praedo, -onis	(See)räuber 46
praeesse	vorgesetzt sein, leiten, kommandieren 20
praemium	Lohn, Belohnung 26
praesidium	Schutz, Besatzung 50
praestare	voranstehen, übertreffen 26
praestare	leisten, erweisen 26
praestat	es ist besser 26
praeterea	außerdem 31
praetor, -oris	Prätor 27
preces, -um *f.*	Bitten 31
primo	anfangs, zuerst 29
primum	zum ersten Mal G 47
primus	der erste 11
princeps, -cipis	der Erste, Fürst 41, erstrangig 42
principium	Anfang, Grundlage 45
prior	der vordere, frühere 49
priusquam	ehe, bevor 39
privatus	persönlich, privat 23

pro *Präp. mit Abl.*	vor, für, an Stelle 23
probare	prüfen, billigen 28
proelium	Gefecht, Schlacht 20
profecto	wirklich, in der Tat 26
prohibere	abhalten, hindern 17
prope *Präp. mit Akk.*	nahe bei 38
properare	eilen, sich beeilen 2
propinquus	benachbart, nahe, verwandt 18
propter *Präp. mit Akk.*	wegen 12
protinus	vorwärts, unverzüglich 49
provincia	Provinz, Amtsbereich 7
proximus	der nächste, der letzte 25
prudens, -entis	klug, erfahren 42
publicus	öffentlich, staatlich 21
puella	Mädchen 6
puer, -eri	Knabe, Kind 13
pugna	Kampf 5
pugnare	kämpfen 5
pulcher, -chra, -chrum	schön 13
pulsare	klopfen, schlagen 30
putare	glauben, meinen 8
qualis, -e	wie beschaffen, was für ein, welch 41
quam	wie, als *(Vergleich)* 7; wie *(Ausruf)* 15 möglichst *(beim Superlativ)* 50
quamquam	obwohl 18
quando?	wann? 18
quantus	wie groß 26
quater	viermal G 47
-que	und 14
quem?	wen? 3
quia	weil 18
quid?	was? 7
quies, -etis	Ruhe, Erholung 30
quin etiam	ja sogar 37
quis?	wer? 7
quo?	wohin? 46
quo ... eo	je ... desto 49
quod	weil 18
quomodo	wie, auf welche Weise 28
quondam	einst, einmal 25
quoque	auch 17
quot?	wie viele? 26

rapina	Raub(zug) 9
raptare	rauben, wegschleppen 9
raro	selten 9
ratio, -onis	Berechnung, Vernunft, Grund, Art und Weise 28
recitare	vortragen, vorlesen 47
rectus	gerade, recht, richtig 28
reditus, -us	Rückkehr 26
regina	Königin 11
regio, -onis	Richtung, Gegend 28
religio, -onis	Ehrfurcht, Götterverehrung, Religion 28
reliquiae, -arum	(Über-)Reste, Rest 39
reliquus	übrig, restlich 47
remeare	zurückkehren 12
remedium	Heilmittel, Mittel 32
renovare	erneuern 24
repentinus	plötzlich, unerwartet 50
repudiare	zurückweisen, verschmähen 7
res, rei	Sache, Ding, Angelegenheit 21
res adversae	Unglück 21
res civiles	Politik 41
res futurae	Zukunft 21
res militaris	Kriegswesen 41
res publica	Staat 21
res Romanae	römischer Staat, römische Geschichte 21
res secundae	Glück 21
re vera	in Wahrheit 31
respondere	antworten 32
restare	übrigbleiben 26
retinere	zurückhalten 8
reus	Angeklagter 27
rex, regis *m.*	König 31
ridere	lachen, verlachen 6
ripa	Ufer 22
rogare	fragen, bitten 2
ruina	(Ein-)Sturz, *Pl.:* Trümmer 9
rursus	wieder, wiederum 47
rusticus	Bauer 9
sacer, -cra, -crum	heilig, geweiht 32
sacerdos, -otis *m.*	Priester 33
sacrificare	opfern 21
sacrificium	Opfer 10
saeculum	Zeitalter, Jahrhundert 49

saepe	oft 4
saevus	wütend, wild 48
sagitta	Pfeil 9
salus, -utis	Wohlergehen, Heil, Rettung 29
salve!	sei gegrüßt! 46
salvus	wohlbehalten, unverletzt 46
sanguis, -inis *m.*	Blut 30
sapiens, -entis	weise, verständig 42
sapientia	Weisheit, Einsicht 11
satis	genug 27
saxum	Fels, Steinblock 11
scelus, -eris	Verbrechen 33
scutum	(der) Schild 50
secare	(ab)schneiden 25
secundus	der zweite; günstig 21
sed	aber, sondern 3
sedere	sitzen 8
sedes, -is	Sitz, Wohnsitz 38
seditio, -onis	Aufstand 28
semel	einmal G 47
semper	immer, stets 2
senator, -oris	Senator 27
senatorius	senatorisch 29
senatus, -us	Senat 22
senectus, -utis	Greisenalter, Alter 29
senex, senis *m.*	Greis, alter Mann 31
sententia	Sinnspruch, Satz, Meinung 8
septem	sieben 30
sermo, -onis *m.*	Gespräch, Sprache 28
sero	spät, zu spät 9
serva	Sklavin 1
servare	bewahren, retten 7
servitium	Knechtschaft, Sklaverei 26
servitus, -utis	Knechtschaft, Sklaverei 29
servus	Sklave, Knecht 1
severus	ernst, streng 17
si	wenn 10
sic	so, auf diese Weise 9
sidus, -eris	Sternbild, Gestirn 33
signum	Zeichen, Feldzeichen; Bildnis 37
silva	Wald 24
similis, -e	ähnlich 41
simplex, -icis	einfach, schlicht 48
simulacrum	Bild, Götterbild 10
simulare	vorgeben, heucheln 6

sine *Präp. mit Abl.*	ohne 12
singularis, -e	einzeln, einzigartig 40
singuli	je einer, einzelne G 47
sinister, -tra, -trum	link(s) 13
sinus, -us	Biegung, Bucht; Gewandbausch, Busen 49
sitis, -is	Durst 39
situs	gelegen, liegend 48
socius	Gefährte, Bundesgenossse 15
sol, solis	Sonne 27
solere	gewohnt sein, pflegen 7
solum	(Erd)boden 38
solum	nur 4
solus	allein, einsam 29
sors, sortis	Los, Schicksal 39
species, -ei	Aussehen, Gestalt; Schein 31
spectare	betrachten, sehen, (an)schauen 2
sperare	hoffen, erwarten 15
spes, spei	Hoffnung 21
spiritus, -us	Hauch, Atem 30
splendidus	glänzend, prächtig 48
stare	stehen 8
statim	sofort, sogleich 4
statua	Statue, Standbild 1
stipendium	Sold 17
stipendia merere	Kriegsdienst leisten 17
studere	sich bemühen 8
studium	Eifer, Beschäftigung 11
suadere	raten, zureden 47
sub *Präp. mit Akk. bzw. mit Abl.*	unter 12
subito	plötzlich 2
summa	Summe, Gesamtheit 1
summa imperii	höchste Macht, Oberbefehl 29
summus	der oberste, höchste 11
superare	übertreffen, überwinden 8
superbia	Hochmut, Stolz 37
superbus	hochmütig, stolz, erhaben 11
superior	der obere, frühere 49
supplex, -icis	bittend, flehend 50
supra *Präp. mit Akk.*	oberhalb, über 49
supremus	der letzte 49
sustinere	aushalten 25
taberna	Bude, Laden, Wirtshaus 20
tabula	Tafel, Gemälde 2
tacere	schweigen 6
talis	so beschaffen, solch 41
tam *(bei Adjektiven und Adverbien)*	so 15
tam ... quam	so ... wie 15
tamen	dennoch 6
tandem	endlich, schließlich 2
tantum	nur, bloß 15
tantus	so groß 25
taurus	Stier 23
tectum	Dach, Haus 10
telum	Geschoß 32
tempestas, -atis	Gewitter, Sturm; Zeit 44
templum	Tempel 10
temptare	befühlen, versuchen, angreifen 5
tempus, -oris	Zeit, Lage 33
tener, -era, -erum	zart, jung 13
tenere	halten 6
memoria tenere	im Gedächtnis behalten 18
ter	dreimal G 47
tergum	Rücken 12
terra	Erde, Land 9
terra marique	zu Wasser und zu Land 39
terrere	schrecken, erschrecken 6
terror, -oris	Schrecken 27
testimonium	Zeugnis, Beweis 32
theatrum	Theater 24
thermae, -arum	warme Bäder, Thermen 40
timere	(sich) fürchten 6
timere, ne	fürchten, daß G 25
timor, -oris	Furcht 27
toga	Toga, Gewand 19
tolerare	ertragen, erdulden 28
torquere	drehen, foltern 32
totus	ganz 30, 46
tribunus	Tribun, Offizier 7
tristis, -e	traurig 40
triumphus	Triumph(zug) 34
tum	da, dann, darauf, damals 2
tumultus, -us	Aufruhr, Unruhe 22
turba	Trubel, Menge 27
turbare	verwirren, stören 22

turpis, -e	schimpflich, häßlich, schändlich 40
turris, -is	Turm 39
tutus	sicher, geschützt 16
ubi?	wo? 2
ubique	überall 23
unda	Welle, Woge 26
unde?	woher? 17
undique	von überall her, von allen Seiten 34
unus	ein(er), ein einziger 13, 47
urbs, urbis	Stadt 39
usque ad	bis zu 24
usus, -us	Gebrauch, Nutzen, Übung 22
ut *mit Ind.*	wie 8
ut *mit Konj.*	daß, damit 19
utilis, -e	nützlich, brauchbar 41
utinam	daß doch 19
uxor, -oris	Ehefrau, Gattin 32
vacuus	leer, frei 20
valde	sehr 8
valere	gesund sein, vermögen 7
vale!	leb wohl! 42
multum, plus, plurimum valere	viel, mehr, am meisten vermögen 49
valetudo, -inis	Befinden, Gesundheit 31
vallis, -is	Tal 38
varius	mannigfach, bunt; wankelmütig 38
vas, vasis *n.*	Gefäß 35
Pl.: vasa, -orum	Gefäße, Geräte
vastus	weit; wüst, öde 27
vehemens, -entis	heftig, nachdrücklich 42
vel	oder 9
vel – vel	entweder – oder 10
velut	wie, zum Beispiel 10
venenum	Gift 31
venia	Nachsicht, Verzeihung 43
ventus	Wind 30
ver, veris *n.*	Frühling 35
verbum	Wort 10
vero	aber 39
versus, -us	Vers 22
verus	wahr(haft) 22
re vera	in Wahrheit 31
vestis, -is	Kleid, Kleidung 38
vetare	verbieten 25
vetus, -eris	alt 42
vetustus	alt, altertümlich 49
vexare	quälen, heimsuchen 4
via	Weg, Straße 12
vicinus	benachbart, nahe, *Subst.:* Nachbar 12
victor, -oris	Sieger 27
victoria	Sieg 5
victus, -us	Lebensunterhalt, Lebensweise 22
vicus	Wohngebiet, Dorf; Gasse 9
videre	sehen 6
vidi	ich habe gesehen 45
vigere	frisch sein, kräftig sein 36
vigilare	wachen, wach(sam) sein 8
villa	Villa, Landhaus, Landgut 1
vinculum	Band, Fessel 13
vinum	Wein 14
violare	mißhandeln, verletzen 25
vir, viri	Mann 13
virgo, -inis	Mädchen 40
virtus, -utis	Tüchtigkeit, Tugend, Tapferkeit, Leistung, Vorzug 29
vis, vim, vi *f.*	Kraft, Gewalt; Menge 39
Pl.: vires, -ium	Kräfte, Streitkräfte 39
vi et armis	mit Waffengewalt 39
vita	Leben 13
vitare	(ver)meiden 3
vix	kaum, mit Mühe 12
vocare	rufen, nennen 3
volare	fliegen, eilen 6
voluntas, -atis	Wille, Absicht 36
voluptas, -atis	Vergnügen, Lust 36
votum	Gelübde, Gebet 18
vox, vocis	Stimme, Wort 31
vulnerare	verwunden 5
vult	er, sie, es will 6
vultus, -us	Miene, Gesichtsausdruck 45

Deutsch-lateinisches Wörterverzeichnis

Die Zahl hinter dem Wort gibt diejenige Lektion an, bei der das Wort zu lernen war. Eine Zahl in Klammern bei einem Eigennamen bedeutet, daß der Name nur in den deutsch-lateinischen Übersetzungsübungen erscheint. Personennamen, die im Lateinischen und Deutschen gleich lauten, sind nicht aufgeführt.

aber	sed 3
	autem (nachgestellt) 5
abhalten von	arcere (ab, a) 9
	prohibere (ab, a) 17
abwehren (von)	arcere (ab, a) 9, 25
acht	octo 47
ähnlich	similis 41
älter	maior natu 49
alle	cuncti 11
Alleinherrschaft	dominatio 28
allgemein	communis 41
als	cum (m. Konj.) 22
als (beim Vergleich)	quam 7
alt	antiquus 11
	vetus 42
Altar	ara 10
am	in 12
Amtsgewalt	potestas 29
an	in 12
(ein) anderer	alius 12
anfangs	primo 29
anflehen	implorare 10
(meine) Angehörigen	mei 16
(deine) Angehörigen	tui 16
angenehm	gratus 16
	iucundus 20
angreifen	temptare 5
	oppugnare 8
Angriff	impetus 22
anklagen	accusare 25
Ankunft	adventus 39
(an)schauen	spectare 2
ansprechen	appellare 17
Anstrengung	labor 27
Ansturm	impetus 22
antreiben	incitare 31
anvertrauen	mandare 4
Arbeit	opera 16
	labor 27
arbeiten	laborare 2
Arbeiter	faber 13
arm	pauper 42
Arzt	medicus 31
Asien	Asia 26
Atrium	atrium 10
auch	etiam 3
auf	in 12
Aufgabe	munus 33
aufstellen	collocare 24
Auge	oculus 6
aus	ex, e 12
ausgezeichnet	insignis 40
(sich) ausruhen	otio se dare 15
außerhalb	extra 12
ausstatten	ornare 4
auswandern	(e)migrare 24
Autor	auctor 27
bald	mox 17
Barbar	barbarus 8
(er)bauen	aedificare 10
Bauer	rusticus 9
Beamter	magistratus 22
bedeutend	amplus 23
Bedingung	condicio 28
(sich) beeilen	properare 2
befehlen	imperare 4
befreien	liberare 9
bei (bei Personen)	apud (mit Akk.) 27
Beispiel	exemplum 23
bekannt	notus 11
beladen	onerare 9
Belohnung	praemium 26
(sich) bemühen	studere 8
bereiten	parare 3
bereits	iam 2
Berg	mons 39
berühmt	clarus 11
Beschäftigung	studium 11
wie beschaffen	qualis 41
beschenken	donare 4
besorgen	curare 3
besser	melior 49
der beste	optimus 49
beten	orare 8
betrachten	spectare 2
betreten	intrare 2
bewaffnen	armare 43

bewahren	(con)servare 7
bewundernswert	mirabilis 40
Bild	imago 28
bilden	formare 37
billigen	probare 28
bisweilen	interdum 4
	nonnumquam 14
Bitten	preces 31
bitten	rogare 2
	orare 8
Blut	sanguis 30
Boden	solum 38
breit	latus 12
Brief	epistula 1
	litterae 14
bringen	portare 3
Bruder	frater 27
Brücke	pons 39
Buch	liber 13
Bündnis	foedus 33
Bürger	civis 38
Bürgerschaft	civitas 29
Bundesgenosse	socius 15
Burg	arx 39
da	tum 2
Dach	tectum 10
daher	itaque 4
damals	tum 2
damit	ut (m. Konj.) 19
danach	deinde 19
Dank	gratia 5
danken (Dank haben)	gratiam habere 35
dann	tum 2
dasein	adesse 12
daß	ut (m. Konj.) 19
dein	tuus 14
Denkmal	monumentum 12
denn	nam 3
dennoch	tamen 6
derselbe (dieselbe, dasselbe)	idem (eadem, idem) 46
dich	te 3
Dichter	poeta 14
Diener	minister 13
dieser (diese, dieses)	hic (haec, hoc) 45
	is (ea, id) 46
Ding	res 21
dir	tibi 4
Donau	Danuvius 9
Dorf	vicus 9
dort	ibi 7
du	tu 7, 15
durch	per 12
durch ... hindurch	per 12
Ebene	campus 3
Ehre	honos 27
Eifer	studium 11
eilen	properare 3
die einen - die anderen	alii - alii 34
Einfluß	auctoritas 29
einige	nonnulli 28
einst	olim 11
	quondam 25
eintreten	intrare 2
einzigartig	singularis 40
(ein) einziger	unus 47
Elend	miseria 9
entflammen	inflammare 35
entzünden	inflammare 35
er (sie, es)	is (ea, id) 46
(er)bauen	aedificare 10
Erde	terra 9
erfreuen	delectare 3
erfüllen	complere 9
	implere 9
erklären	explicare 8
(es ist) erlaubt	licet 6
ermahnen	(ad)monere 6
ernennen	nominare 34
erneuern	renovare 24
erobern	expugnare 7
erregen	excitare 5
errichten	collocare 24
erschrecken	terrere 6, 25
ersehnen (wünschen)	desiderare 5
der Erste (erstrangig)	princeps 46
erster	primus 11
Ertrag	fructus 32
ertragen	tolerare 28
erwarten	exspectare 2
erwerben	parare 3
erzählen (von)	narrare (de) 3, 12
erziehen	educare 4
euch (Akk.)	vos 6
euch (Dat.)	vobis 15
euer	vester 14
ewig	aeternus 11
fahren (zur See)	navigare 27
Familie	familia 1

fast	paene 6
	fere (nachgestellt) 22
feiern	celebrare 27
Feiertag	dies festus 24
Feind	hostis 38
Feld	campus 3
	ager 13
Feldherr	imperator 27
fest	firmus 11
festlich	festus 21
Flamme	flamma 1
fliegen	volare 6
Fluß	fluvius 9
fordern	postulare 15
Form	forma 1
Forum	forum 10
fragen	rogare 2
Frau	femina 9
	mulier 27
frei	liber 13
	vacuus 20
fremd	alienus 13
Freude	laetitia 5
Freund	amicus 1
Freundin	amica 1
Friede	pax 31
fröhlich	laetus 13
Frömmigkeit	pietas 29
Frühling	ver 35
Führer	dux 33
für	pro 23
fürchten	timere 6, 25
Furcht	metus 22
zu Fuß	pedester 40
Fußsoldat	pedes 30
(die) Gallier	Galli 11
ganz	totus 30, 46
	omnis 40
Garten	hortus 3
Gast	conviva 4
	hospes 30
Gebäude	aedificium 10
Gebeine	ossa 35
geben	dare 4, 26
Gebrauch	usus 22
Gedächtnis	memoria 15
Gedicht	carmen 34
Gefährte	socius 15
Gefäße	vasa 35
gefallen	placere 10, 25
Gefangener	captivus 9
Gegend	regio 28
gehorchen	parere 8
Geist	animus 5
Geld	pecunia 4
Gemälde	tabula 2
genau wissen	non ignorare 7
gerecht	iustus 11
gering	parvus 11
(die) Germanen	Germani 14
Germanien	Germania 5
gern	libenter 5
Geschäft	negotium 14
Geschichte	fabula 1
Geschrei	clamor 27
Gesetz	lex 31
Gespräch	sermo 28
Gestalt	figura 1
gesund sein	valere 7
gewähren	praebere 37
gewaltig	ingens 42
gewiß	certus 16
Gift	venenum 31
glauben	putare 8
Glück	fortuna 13
Glück (günstige Dinge)	res secundae 21
glücklich	beatus 16
	felix 42
Götterbild	simulacrum 10
Götterverehrung	religio 28
Gott	deus 1
grausam	crudelis 41
(die) Griechen	Graeci 15
Griechenland	Graecia 15
griechisch	Graecus 14
größer	maior 49
(der) größte	maximus 27
groß	magnus 11
günstig	secundus 21
gut	bonus 11
guten Mutes sein	bono animo esse 17
(mein) Hab und Gut	mea 14
haben	habere 6
habsüchtig	avarus 17
halten	habere 6, 25
Hand	manus 23
hart	durus 17
Haß	odium 15
Hauptstadt	caput 35

Haus	tectum 10
	domus 23
nach Hause	domum 23
zu Hause	domi 23
Heer	exercitus 22
heftig	acer 40
Heil	salus 29
heilig	sacer 13
Heimat	patria 4
hell	clarus 11
herabstürzen	praecipitare 40
herbeibringen	apportare 3
herbeieilen	advolare 6
herbeitragen	apportare 3
Herbst	autumnus 25
Herkules	Hercules 41
Herr	dominus 1
Herrin	domina 1
herrlich	praeclarus 11
Herrschaft	imperium 10
Herz	animus 5
	cor 35
heute	hodie 5
hier	hic 2
Hilfe	auxilium 10
Himmel	caelum 26
hinter	post 12
Hinterhalt	insidiae 14
Hitze	aestus 23
hoch	altus 11
höchster	summus 11
hoffen	sperare 15
Hoffnung	spes 21
Hüter	custos 30

ich	ego 15
ihr (sein; Possessivpr.)	suus 14
immer	semper 2
immer noch	adhuc 34
immer wenn	cum (m. Ind.) 18
in (wo?)	in (m. Abl.) 12
in (wohin?)	in (m. Akk.) 12
Indien	India 30
innerhalb	intra 12
Insel	insula 1
irren	errare 6
Italien	Italia 4

Jahr	annus 13
je zwei	bini 47
jener (jene, jenes)	ille (illa, illud) 45
der junge Mann	iuvenis 38

kämpfen	pugnare 5
Kaiser	imperator 27
Kampf	pugna 5
Kampfplatz	arena 5
Kapitol	Capitolium 12
Karren	carrus 5
kein(er)	nullus 22, 46
Kind	puer 13
Kinder	liberi 13
klein	parvus 11
Kleinasien	Asia 22
kleiner	minor 49
Klima	caelum 26
klug	prudens 42
Knochen	os, ossis 35
König	rex 31
können	posse 23
Konsul	consul 27
kräftigen	firmare 33
krank	aeger 13
Krieg	bellum 10
kühn	audax 42
Kunst	ars 39
Kunstwerk	artificium 10
kurz	brevis 40

lachen	ridere 6
Lager	castra 14
Land	terra 9
Landhaus	villa 1
Landstadt	oppidum 10
lang	longus 23
lange (lange Zeit)	diu 20
Last	onus 33
laut rufen	clamare 2
Leben	vita 13
Lebensweise	victus 22
Legion	legio 38
Legionär	legionarius 7
lehren	docere 8
Lehrer	magister 13
leiden	laborare 33
leisten	praestare 26
Leistung	virtus 29
Licht	lumen 34
lieben	amare 4
Lied	carmen 34
Liktor	lictor 27
link(s)	sinister 13
List	dolus 6
Lob	laus 30

loben	laudare 3
Lohn	merces 30
Los	sors 39

mächtig	potens 42
Mädchen	puella 6
Mahl(zeit)	cena 4
mahnen	(ad-)monere 6, 25
manchmal	interdum 4
Mangel	inopia 18
Mann	vir 13
Marktplatz	forum 10
Mauer	murus 8
Meer	mare 39
mehr	plus 49
meiden	vitare 3
mein	meus 14
am meisten	plurimum 49
die meisten	plerique 22
	plurimi 49
meistens	plerumque 29
melden	nuntiare 4
Menge	copia 5
	turba 27
	multitudo 28
Mensch	homo 28
menschlich	humanus 21
mich	me 3
mir	mihi 4
mit (zusammen mit)	cum (m. Abl.) 12
mit uns	nobiscum 15
mit dir	tecum 15
mit mir	mecum 15
mit Recht	iure 9
Mittag	meridies 21
Mord	nex 31
morgen	cras 17
müssen	debere 7
Mut	animus 5, 17
Mutter	mater 2

nach (zeitlich)	post 12
Nachbar	vicinus 12
Nacht	nox 39
(der) nämliche	idem 46
nahen, (sich) nähern	appropinquare 2
Nahrung (Futter)	cibus 3
Name	nomen 34
Nation	natio 39
Natur	natura 1
neben	iuxta 12
nennen	nominare 34
neu	novus 11
nicht	non 4
nicht kennen	ignorare 3
nicht mehr	non iam 6
nicht wissen	ignorare 3
Niederlage	clades 38
niedrig	humilis 41
niemand	nemo 41
Not	miseria 9
	inopia 18
nun	nunc 2
Nutzen	fructus 32

obwohl	quamquam 18
öffentlich	publicus 21
offenstehen	patere 26
oft	saepe 4
ohne	sine 12
Ohr	auris 38
Onkel	avunculus 7
Opfer	sacrificium 10
opfern	sacrificare 35
Ort	locus 29

Patrizier	patricius 29
Pferd	equus 3
pflegen	curare 3
Pflicht	officium 16
pflichtbewußt	pius 16
Pflichtbewußtsein	pietas 29
Philosoph	philosophus 36
Plan	consilium 10
Platz (Rang)	locus 29
Priester	sacerdos 33
Provinz	provincia 7

quälen	vexare 4

rasch	celer 40
Rat(schlag)	consilium 10
rauh	asper 13
Recht	ius 35
mit Recht	iure 9
die Rechte (Hand)	dext(e)ra 7, 11
recht(s)	dexter 13
Rede	oratio 28
Redner	orator 27
Reich	imperium 10
reich	dives 42
rein	integer 13

Reiter	eques 30
Reitertruppen	copiae equestres 40
retten	(con)servare 7
Rettung	salus 29
Rhein	Rhenus 9
Richter	iudex 31
richtig	rectus 28
(die) Römer	Romani 5
römisch	Romanus 11
Rom	Roma 1
Rücken	tergum 12
Rückkehr	reditus 26
rufen	vocare 3
Ruhe	otium 14
	quies 30
Ruhm	gloria 8
	laus 30
Sache	res 21
schaden	nocere 16, 25
Schar	manus 23
schenken	donare 4
Schicksal	sors 39
Schiff	navis 38
Schlacht	pugna 5
schlecht	malus 11
schlechter	peior 49
schlimm	malus 21
schmücken	ornare 4
schnell	celer 40
schön	pulcher 13
schon	iam 2
schreien	clamare 2
schroff	asper 13
Schule	ludus 5
schweigen	tacere 6
schwer (zu ertragen)	gravis 48
Seeleute	nautae 39
segeln	navigare 27
sehen	videre 6
sehr	valde 8
sein (Verb)	esse 7
sein (ihr; Possessivpr.)	suus 14
Senat	senatus 22
sich (Akk.)	se 8
sieben	septem 47
der siebte	septimus 47
Sieg	victoria 5
Sieger	victor 27
sieh (da)	ecce 3
Sinnspruch	sententia 8

Sitte	mos 27
Sklave	servus 1
Sklavin	serva 1
so (beim Adj.)	tam 15
sogar	etiam 3
sogleich	statim 4
Sohn	filius 1
solch	talis 41
Soldat	miles 30
sonderbar	mirus 11
sondern	sed 3
Sonne	sol 27
Sorge	cura 3
sowohl ... als auch	et ... et 21
später	postea 5
Speise	cibus 3
Spiel	ludus 5
Staat	res publica 21
staatlich	publicus 21
Stadt (Landstadt)	oppidum 10
Stadt	urbs 39
Stadt Rom	urbs Roma 39
Stadtmauern	moenia, -ium 39
Stamm	gens 39
Standbild	statua 1
standhaft	constans 42
Statue	statua 1
sterblich	mortalis 40
stets	semper 2
Stier	taurus 23
Stimme	vox 31
Strafe	poena 25
Straße	via 12
streiten	certare 27
Streitkräfte	vires 39
streng	severus 17
Strom	amnis 38
stürzen	praecipitare 40
Stunde	hora 6
Summe	summa 1
Tafel	tabula 2
Tag	dies 21
Tageslicht	lux 31
Tal	vallis 38
tapfer	fortis 40
Tat	factum 11
Teil	pars 39
teilnehmen	interesse 16
Tempel	templum 10
Theater	theatrum 24

Tiber	Tiberis 39
Tier	bestia 1
Tochter	filia 1
töten	necare 5
Tor	porta 12
tot	mortuus 26
traurig	tristis 40
treu	fidus 16
Treue	fides 21
Troja	Troia 41
Truppen	copiae 14
Tüchtigkeit	virtus 29
über (von, von - herab)	de 12
überall	ubique 23
übergeben	mandare 4
übertreffen	superare 8
überwinden	superare 8
die übrigen	ceteri 16
Ufer	ripa 22
um (damit)	ut (m. Konj.) 19
umringen	circumstare 27
Umsicht	diligentia 5
unbekannt	ignotus 21
und	et 1
ungerecht	iniustus 17
in ungerechter Weise	iniuste 49
Unglück (ungünstige Dinge)	res adversae 21
unglücklich	miser 13
ungünstig	adversus 21
Unrecht	iniuria 25
Unruhe	tumultus 22
uns (Akk.)	nos 15
uns (Dat.)	nobis 8
unser	noster 14
unsterblich	immortalis 40
untadelig	integer 13
untätig	ignavus 16
unter	sub 12
unverzüglich	protinus 50
Vater	pater 2
Verbrechen	scelus 33
Verderben	pernicies 21
Vergil	Vergilius 21
verletzen	violare 25
vermeiden	vitare 3
vermissen	desiderare 5
Vers	versus 22
verschmähen	repudiare 7
versorgen	curare 3
versuchen	temptare 5
verursachen (machen)	creare 3
Vertrag	foedus 33
verwalten	administrare 22
verwegen	audax 42
verwirren	(per-)turbare 22
verwunden	vulnerare 5
Verzögerung	mora 12
viel	multum 12
viele	multi 11
Volk	populus 5
	gens 39
Volksstamm	natio 28
von - aus	ex 12
von - her, von	ab, a 12
von - herab, von, über	de 12
vor	ante 12
vorbereiten	parare 3
Vorfahren	maiores 27
vorgesetzt sein	praeesse 20
Vorrat	copia 5
vortrefflich (schön)	praeclarus 11
wachen	vigilare 8
Wächter	custos 30
wählen	creare 3
Waffen	arma 14
wahr	verus 22
Wald	silva 24
wandern	migrare 24
warten	exspectare 2
warum?	cur? 2
was?	quid? 7
Wasser	aqua 3
wecken	excitare 5
Weg	via 12
wegen	propter 12
weil	quia, quod 18
weinen	flere 6, 24
weise	sapiens 42
weit	vastus 27
wem?	cui? 4
wen?	quem? 3
wenige	pauci 24
wenn	si 10
wenn nicht	nisi 9
wer?	quis? 7
wessen?	cuius? 5

Wettkampf	certamen 34
(sich) widmen	se dare 8
wie (beim Adj. und Adv.)	quam 26
wie	ut (m. Ind.) 8
wie groß?	quantus? 26
wie viele?	quot? 26
wieder	rursus 47
wiederum	iterum 2
wild	ferus 11
wir	nos 15
Wissenschaft	litterae 16
wo	ubi 2
wohnen	habitare 23
Wohnsitz	sedes 38
Wort	verbum 10
wünschen	optare 19
Würde	dignitas 29
wunderbar	mirus 11
Zahl	numerus 11
Zahn	dens 39
Zeit	aetas 29
	tempus 33
Zeitalter	aetas 29
zerstören	delere 9, 24
zögern	cessare 2
zu (zu - hin)	ad 12
zuerst	primo 29
zufrieden	contentus 20
Zug	agmen 34
das Zukünftige (Pl.)	futura (Pl.) 19
zurückhalten	retinere 8, 25
zurückweisen	repudiare 7
zusammenhalten	continere 10
zuverlässig	certus 16
	fidus 16
zweifeln	dubitare 30
zwischen	inter 18

Wichtige grammatische Begriffe

Die Zahlenangaben verweisen auf die entsprechenden Lektionen dieses Bandes. Fundstelle ist jeweils der Grammatikteil der entsprechenden Lektion.

Eigennamenverzeichnis

Die Zahl hinter dem lateinischen Eigennamen gibt die Lektion an, in der er zum erstenmal vorkommt. Eine Zahl in Klammern bedeutet, daß der Name in der betreffenden deutsch-lateinischen Übersetzungsübung erscheint.

Achaia 44	Name für die römische Provinz in Griechenland
Aemilianus 42	Eigenname in einem Gedicht von Martial
Africa 5	Afrika; gemeint ist nur das an das Mittelmeer grenzende Gebiet des afrikanischen Kontinents.
Alexander (45)	makedonischer König, 356–323 v. Chr. Er besiegte den Perserkönig und eroberte ein Weltreich, das bis zum Indus reichte.
Ancus 39	vierter der sieben römischen Könige
Appius 12	Appius Claudius Caecus, römischer Politiker; er legte 312 v. Chr. die → via Appia an.
Arabia 45	Arabien
Ariminum 12	römische Stadt an der Ostküste Italiens, heute Rimini
Arminius (46)	Führer des germanischen Stammes der Cherusker zur Zeit des Kaisers Augustus; durch seinen Sieg im Teutoburger Wald (9 n. Chr.) über den römischen Statthalter Varus machte er die Pläne des Kaisers Augustus, die Grenze des Reiches bis zur Elbe auszudehnen, zunichte.
Asia 22	Kleinasien, entspricht im wesentlichen dem Gebiet der heutigen Türkei
Athenae 44	Athen; kultureller Mittelpunkt von Griechenland
Augustus 24 (34)	römischer Kaiser, 63 v. Chr.–14. n. Chr. Nach der Rache an den Mördern seines Adoptivvaters Caesar (42 v. Chr) und der Vernichtung des Antonius (31 v. Chr.) war er der erste Mann im Staat. Unter seiner Regierung wurde das Voralpenland erobert.
Britannia 22	Britannien (England und Schottland), seit 43 n. Chr. römische Provinz
Caesar 24	C(aius) Iulius Caesar, römischer Staatsmann, Feldherr und Schriftsteller, 100–44 v. Chr. Er eroberte Gallien und griff von Gallien aus zweimal Britannien an. Nach dem Sieg über seinen Rivalen Pompeius (48 v. Chr.) war er der uneingeschränkte Herr des römischen Reiches. An den Iden des März (15. März) 44 v. Chr. wurde er von republikanischen Gegnern ermordet.
Campania 42	Campanien, fruchtbare Landschaft in Mittelitalien (um Neapel)
Campus Martius 40	Marsfeld, Stadtteil des antiken Rom (vgl. I 40)
Capitolium 11	Kapitol, Burgberg Roms mit dem Jupitertempel
Ceres 31	Göttin der Fruchtbarkeit, besonders des Getreides
Cicero 36	M(arcus) Tullius Cicero, Redner und Anwalt, bedeutender Schriftsteller, 106–43 v. Chr. In seinen Werken brachte er den Römern griechische Philosophie und Redekunst nahe.
Colosseum 21	Rundtheater für Gladiatorenkämpfe und Tierhetzen, unter Kaiser Titus 80 n. Chr. eingeweiht. Etwa 50 000 Menschen fanden darin Platz.
Concordia 10	Göttin der Eintracht
Corinthus 39	griechische Hafenstadt auf der Peloponnes; 146 v. Chr. von den Römern zerstört
Cratinus 15	griechischer Eigenname
Creta 26	griechische Insel, Reich des → Minos
Daedalus 26	sagenhafter Baumeister und Künstler, Erbauer des Labyrinths auf Kreta
Danuvius 9	Donau

Diespiter 33	römischer Gott, gleichgesetzt mit Jupiter
Drusus 24	Stiefsohn des Augustus; er unterwarf zusammen mit seinem Bruder Tiberius das Alpenvorland (15 v. Chr.) und kämpfte in Germanien.
Etrusci 50	Etrusker, Volk nördlich von Rom
Flaminius 12	römischer Staatsmann; um 220 v. Chr. ließ er die → via Flaminia erbauen.
Galli 11	Gallier, Kelten; keltische Volksstämme besiedelten die Gebiete vom Atlantik bis zum Rhein, von der Donau bis Oberitalien, sowie Britannien.
Gallicus 34	gallisch, keltisch
Germani 14	Germanen, Völker zwischen Rhein, Donau und Weichsel
Germania 5	Germanien
Germanicus 17	germanisch
Germanicus 24	Sohn des → Drusus; er versuchte 13–17 n. Chr. Germanien zu erobern.
Graecia 15	Griechenland
Graeci 15	Griechen
Graeculus 15	„Griechlein", römischer Spottname für Griechen
Graecus 14	griechisch
Hercules 43 (41)	griech. Herakles, bedeutendster Held der griechischen Sage, Sohn des Jupiter und der Alkmene, bekannt durch seine zwölf ‚Arbeiten'
Horatius 38 (34)	Horaz, bedeutender römischer Dichter von Oden und Satiren, 65–8 v. Chr.
Horatius Cocles 50	Held aus der Frühzeit Roms
Hispani 22	(die) Spanier
Ianiculus 48	Hügel am Nordufer des Tiber
Ianus 35	römischer Gott des Anfangs, doppelgesichtig dargestellt; in Friedenszeiten wurde das Doppeltor des Janus Geminus auf dem Forum Romanum geschlossen.
Icarus 26	Sohn des Baumeisters Dädalus; er verunglückte bei der Flucht aus Kreta.
India 30	Indien
Italia 4	Italien
C. Iulius Caesar 24	→ Caesar
Iuno 11	römische Göttin, Gemahlin des Jupiter; sie schützte Ehe und Familie (griech. Hera).
Iuppiter 8	Jupiter, höchster römischer Gott, Vater der Menschen und Götter (griech. Zeus)
Latinus 22	lateinisch
Manlius 11	vornehmer Römer; er soll 387 v. Chr. das Kapitol vor den Galliern gerettet haben.
Marcus Aurelius 50	römischer Kaiser (161–180 n. Chr.); er versuchte, die in Böhmen wohnenden Markomannen und Sarmaten dem römischen Reich einzugliedern. Im Zusammenhang mit diesen Plänen wurde das Legionslager *castra Regina* gegründet, aus dem später Regensburg hervorging.
Marius 20	römischer Feldherr und Politiker (156–86 v. Chr.); er besiegte die Germanenstämme der Cimbern und Teutonen.
Mars 30	römischer Gott der Fruchtbarkeit und des Krieges
Martialis 40	Martial, römischer Dichter, ca. 40–100 n. Chr.
Minerva 11	römische Göttin der Künste und Wissenschaften (griech. Athene)

Minos 26	sagenhafter König von Kreta; er ließ das Labyrinth erbauen.
Minotaurus 26	Sohn des Kreterkönigs Minos, Menschengestalt mit Stierkopf
Neapolis 40	Neapel, Stadt in Mittelitalien, von Griechen um 700 v. Chr. gegründet
Neptunus 45	Neptun, römischer Gott des Meeres (griech. Poseidon)
Nero 41	römischer Kaiser; er regierte 54–68 n. Chr. Seine Regierung war von Grausamkeit und Caesarenwahn bestimmt (erste Christenverfolgung). Zu seiner Zeit legte ein gewaltiger Brand große Teile Roms in Schutt und Asche.
Palatium 48	Palatin, Hügel und Stadtteil von Rom
Papirius 29	römischer Senator; er lebte zur Zeit des Galliersturms (ca. 400 v. Chr.).
Phaedrus 25	römischer Fabeldichter, freigelassener Sklave des Kaisers Augustus
Plautus 30	römischer Komödiendichter, ca. 251–183 v. Chr.
Plinius 28	C. Plinius Caecilius Secundus (der Jüngere), römischer Schriftsteller, 61–113 n. Chr., bekannt durch seine Briefe
Pompeii 42	Stadt in Kampanien, beim Vesuvausbruch 79 n. Chr. zerstört
Pyrrhus (32)	König von Epirus; er kämpfte im 3. Jh. v. Chr. gegen die Römer. Nach zwei unter schwersten Verlusten errungenen Siegen (‚Pyrrhussieg‘) unterliegt er den Römern und verläßt Italien.
Quadi 33	Quaden, germanischer Volksstamm nördlich der Donau (bei Wien)
Remus (44)	Bruder des Romulus
Rhenus 9	Rhein
Rhodius 38	rhodisch; die Insel Rhodos liegt an der Südwestspitze Kleinasiens.
Roma 1	Rom
Romani 5	(die) Römer
Romanus 11	römisch
Romulus 39 (31)	Sohn des Mars, sagenhafter Gründer Roms, erster römischer König
Sallustius 27	Sallust, römischer Historiker, 86–35 v. Chr.
Saturnus 10	Saturn, altrömischer Gott, von den Römern als Gott der Saaten gedeutet
Siculus 38	sizilisch
Spartiatae, -arum m. 48	Spartaner, Bewohner der griech. Stadt Sparta
Syphax 16	giechischer Personenname
Syria 4	Syrien, Königreich in Kleinasien, später römische Provinz
Tiberinus 50	Flußgott Tiber
Tiberis 39	Tiber; Fluß an dem Rom liegt
Titus 50	römischer Kaiser; er regierte 79–81 n. Chr. Er befehligte die Truppen im jüdischen Krieg (66–70 n. Chr.); unter seinem Oberbefehl wurde der Tempel in Jerusalem zerstört.
Troia 41	Troja, Stadt in Kleinasien, Schauplatz des Trojanischen Krieges
Velabrum 34	Platz in Rom zwischen Kapitol und Palatin (vgl. Stadtplan)
Vergilius 21	Vergil, römischer Dichter, 70–19 v. Chr.; sein Hauptwerk, die Aeneis, erzählt vom Schicksal des Aeneas, des Stammvaters der Römer, der nach der Zerstörung Trojas nach Italien kam.
Vesta 10	römische Göttin des Herdfeuers und des Familienlebens
via Appia 12	Straße von Rom nach Brundisium (Brindisi)
via Flaminia 12	Straße von Rom nach Ariminum (Rimini)

Übersicht über die Deklinationen

Die ā- und o-Deklination

		ā-Deklination	o-Deklination			
		fem.	mask.			neutr.
Singular	Nom.	terra	amīcus	puer	ager	verbum
	Gen.	terrae	amīcī	puerī	agrī	verbī
	Dat.	terrae	amīcō	puerō	agrō	verbō
	Akk.	terram	amīcum	puerum	agrum	verbum
	Abl.	in terrā	ab amīcō	ā puerō	in agrō	verbō
Plural	Nom.	terrae	amīcī	puerī	agrī	verba
	Gen.	terrārum	amīcōrum	puerōrum	agrōrum	verbōrum
	Dat.	terrīs	amīcīs	puerīs	agrīs	verbīs
	Akk.	terrās	amīcōs	puerōs	agrōs	verba
	Abl.	in terrīs	ab amīcīs	ā puerīs	in agrīs	verbīs
Adjektive: *bonus, a, um; līber, lībera, līberum; pulcher, pulchra, pulchrum* (G 13)						

Die ē- und u-Deklination

		ē-Deklination		u-Deklination			
		mask.	fem.	mask.	fem.		neutr.
Singular	Nom.	diēs	rēs	cāsus	manus	domus	cornū
	Gen.	diēī	reī	cāsūs	manūs	domūs	cornūs
	Dat.	diēī	reī	cāsuī	manuī	domuī	cornū
	Akk.	diem	rem	cāsum	manum	domum	cornū
	Abl.	diē	rē	cāsū	manū	domō	cornū
Plural	Nom.	diēs	rēs	cāsūs	manūs	domūs	cornua
	Gen.	diērum	rērum	cāsuum	manuum	domōrum	cornuum
	Dat.	diēbus	rēbus	cāsibus	manibus	domibus	cornibus
	Akk.	diēs	rēs	cāsūs	manūs	domōs	cornua
	Abl.	diēbus	rēbus	cāsibus	manibus	domibus	cornibus

Die Konsonantenstämme

		mask.	fem.	neutr.
Singular	Nom.	ōrātor[1]	ōrātiō[2]	sīdus[3]
	Gen.	ōrātōris	ōrātiōnis	sīderis
	Dat.	ōrātōrī	ōrātiōnī	sīderī
	Akk.	ōrātōrem	ōrātiōnem	sīdus
	Abl.	ab ōrātōre	ōrātiōne	sīdere
Plural	Nom.	ōrātōrēs	ōrātiōnēs	sīdera
	Gen.	ōrātōrum	ōrātiōnum	sīderum
	Dat.	ōrātōribus	ōrātiōnibus	sīderibus
	Akk.	ōrātōrēs	ōrātiōnēs	sīdera
	Abl.	ab ōrātōribus	ōrātiōnibus	sīderibus

[1] ebenso die Subst. auf *-ōs, ōris,* auf *-er, -(e)ris* und *-l, -lis*
[2] ebenso die t(d)-Stämme *(cīvitās)* und die c(g)-Stämme *(lēx)*
[3] ebenso die Stämme auf *-us, -oris* und *-men, -minis*

Die gemischten Stämme und i-Stämme

		gemischte Stämme		i-Stämme	
		fem.		fem.	neutr.
Singular	Nom.	gēns	nāvis	turris	mare
	Gen.	gentis	nāvis	turris	maris
	Dat.	gentī	nāvī	turrī	marī
	Akk.	gentem	nāvem	turrim	mare
	Abl.	gente	nāve	dē turrī	in marī
Plural	Nom.	gentēs	nāvēs	turrēs	mária
	Gen.	gentium	nāvium	turrium	marium
	Dat.	gentibus	nāvibus	turribus	maribus
	Akk.	gentēs	nāvēs	turrēs	mária
	Abl.	gentibus	nāvibus	dē turribus	in maribus
Adjektive:	dreiendige wie *acer, acris, acre* (G 40)				
	zweiendige wie *brevis, breve* (G 40)				
	einendige wie *potēns* (G 42)				

Übersicht über die Konjugationen

Die Formen des Präsensstammes im Aktiv

	ā-Konjugation		ē-Konjugation	
Präsens Indikativ	laudō	ich lobe	mone-**ō**	ich mahne
	laudā-**s**	du lobst	monē-**s**	
	lauda-**t**	er (sie, es) lobt	mone-**t**	
	laudā-**mus**	wir loben	monē-**mus**	
	laudā-**tis**	ihr lobt	monē-**tis**	
	lauda-**nt**	sie loben	mone-**nt**	
Präsens Konjunktiv	laude-**m**	ich lobe, möge loben	mone-**a-m**	ich mahne, möge mahnen
	laudē-**s**		mone-**ā-s**	
	laude-**t**		mone-**a-t**	
	laudē-**mus**		mone-**ā-mus**	
	laudē-**tis**		mone-**ā-tis**	
	laude-**nt**		mone-**a-nt**	
Imperfekt Indikativ	laudā-**ba-m**	ich lobte	monē-**ba-m**	ich mahnte
	laudā-**bā-s**		monē-**bā-s**	
	laudā-**ba-t**		monē-**ba-t**	
	laudā-**bā-mus**		monē-**bā-mus**	
	laudā-**bā-tis**		monē-**bā-tis**	
	laudā-**ba-nt**		monē-**ba-nt**	
Imperfekt Konjunktiv	laudā-**re-m**	ich lobte, würde loben	monē-**re-m**	ich mahnte, würde mahnen
	laudā-**rē-s**		monē-**rē-s**	
	laudā-**re-t**		monē-**re-t**	
	laudā-**rē-mus**		monē-**rē-mus**	
	laudā-**rē-tis**		monē-**rē-tis**	
	laudā-**re-nt**		monē-**re-nt**	
Futur I Indikativ	laudā-**b-ō**	ich werde loben	monē-**b-ō**	ich werde mahnen
	laudā-**bi-s**		monē-**bi-s**	
	laudā-**bi-t**		monē-**bi-t**	
	laudā́-**bi-mus**		monḗ-**bi-mus**	
	laudā́-**bi-tis**		monḗ-**bi-tis**	
	laudā-**bu-nt**		monē-**bu-nt**	
Imperativ I	laudā	lobe!	monē	mahne!
	laudā-**te**	lobt!	monē-**te**	mahnt!

Die Formen des Präsensstammes im Passiv

	ā-Konjugation		ē-Konjugation	
Präsens Indikativ	laudo**r** laudā-**ris** laudā-**tur** laudā-**mur** laudā-**minī** lauda-**ntur**	ich werde gelobt du wirst gelobt er (sie, es) wird gelobt wir werden gelobt ihr werdet gelobt sie werden gelobt	mone-**or** monē-**ris** monē-**tur** monē-**mur** monē-**minī** mone-**ntur**	ich werde gemahnt
Präsens Konjunktiv	laude-**r** laudē-**ris** laudē-**tur** laudē-**mur** laudē-**minī** laude-**ntur**	ich werde gelobt, möge gelobt werden	mone-**a-r** mone-**ā-ris** mone-**ā-tur** mone-**ā-mur** mone-**ā-minī** mone-**a-ntur**	ich werde gemahnt, möge gemahnt werden
Imperfekt Indikativ	laudā-**ba-r** laudā-**bā-ris** laudā-**bā-tur** laudā-**bā-mur** laudā-**bā-minī** laudā-**ba-ntur**	ich wurde gelobt	monē-**ba-r** monē-**bā-ris** monē-**bā-tur** monē-**bā-mur** monē-**bā-minī** monē-**ba-ntur**	ich wurde gemahnt
Imperfekt Konjunktiv	laudā-**re-r** laudā-**rē-ris** laudā-**rē-tur** laudā-**rē-mur** laudā-**rē-minī** laudā-**re-ntur**	ich würde gelobt (werden)	monē-**re-r** monē-**rē-ris** monē-**rē-tur** monē-**rē-mur** monē-**rē-minī** monē-**re-ntur**	ich würde gemahnt (werden)
Futur I Indikativ	laudā-**b-or** laudā-**bĕ-ris** laudā-**bi-tur** laudā-**bi-mur** laudā-**bi-minī** laudā-**bu-ntur**	ich werde gelobt werden	monē-**b-or** monē-**bĕ-ris** monē-**bi-tur** monē-**bi-mur** monē-**bi-minī** monē-**bu-ntur**	ich werde gemahnt werden

Die Formen des Perfektstammes im Aktiv

	ā-Konjugation		ē-Konjugation	
Perfekt Indikativ	laudāv-**ī** laudāv-**istī** laudāv-**it** laudāv-**imus** laudāv-**istis** laudāv-**ḗrunt**	ich habe gelobt du hast gelobt er hat gelobt wir haben gelobt ihr habt gelobt sie haben gelobt	mónu-**ī** monu-**istī** monu-**it** monú-**imus** monu-**istis** monu-**ḗrunt**	ich habe gemahnt
Perfekt Konjunktiv	laudā́v-**erim** laudāv-**eris** laudāv-**erit** laudāv-**érimus** laudāv-**éritis** laudā́v-**erint**	ich habe gelobt, möge gelobt haben	monú-**erim** monu-**eris** monu-**erit** monu-**érimus** monu-**éritis** monú-**erint**	ich habe gemahnt, möge gemahnt haben
Plusquam-perfekt Indikativ	laudā́v-**eram** laudāv-**erās** laudāv-**erat** laudāv-**erāmus** laudāv-**erātis** laudā́v-**erant**	ich hatte gelobt	monú-**eram** monu-**erās** monu-**erat** monu-**erāmus** monu-**erātis** monú-**erant**	ich hatte gemahnt
Plusquam-perfekt Konjunktiv	laudāv-**issem** laudāv-**issēs** laudāv-**isset** laudāv-**issēmus** laudāv-**issētis** laudāv-**issent**	ich hätte gelobt	monu-**issem** monu-**issēs** monu-**isset** monu-**issēmus** monu-**issētis** monu-**issent**	ich hätte gemahnt
Futur II Indikativ	laudā́v-**erō** laudāv-**eris** laudāv-**erit** laudāv-**érimus** laudāv-**éritis** laudā́v-**erint**	(ich werde gelobt haben)	monú-**erō** monu-**eris** monu-**erit** monu-**érimus** monu-**éritis** monú-**erint**	(ich werde gemahnt haben)

Die Formen des Perfektstammes im Passiv

	ā-Konjugation			ē-Konjugation		
Perfekt Indikativ	laudā**tus**, -a, -um	sum es est	ich bin gelobt worden	moni**tus**, -a, -um	sum es est	ich bin gemahnt worden
	laudā**tī**, -ae, -a	sumus estis sunt		moni**tī** -ae, -a	sumus estis sunt	
Perfekt Konjunktiv	laudā**tus**, -a, -um	sim sīs sit	ich sei gelobt worden, möge gelobt worden sein	moni**tus**, -a, -um	sim sīs sit	ich sei gemahnt worden, möge gemahnt worden sein
	laudā**tī**, -ae, -a	sīmus sītis sint		moni**tī** -ae, -a	sīmus sītis sint	
Plusquam-perfekt Indikativ	laudā**tus**, -a, -um	eram erās erat	ich war gelobt worden	moni**tus**, -a, -um	eram erās erat	ich war gemahnt worden
	laudā**tī**, -ae, -a	erāmus erātis erant		moni**tī** -ae, -a	erāmus erātis erant	
Plusquam-perfekt Konjunktiv	laudā**tus**, -a, -um	essem essēs esset	ich wäre gelobt worden	moni**tus**, -a, -um	essem essēs esset	ich wäre gemahnt worden
	laudā**tī**, -ae, -a	essēmus essētis essent		moni**tī**, -ae, -a	essēmus essētis essent	
Futur II Indikativ	laudā**tus**, -a, -um	erō eris erit	(ich werde gelobt worden sein)	moni**tus**, -a, -um	erō eris erit	(ich werde gemahnt worden sein)
	laudā**tī**, -ae, -a	erimus eritis erunt		moni**tī**, -ae, -a	erimus eritis erunt	

Das Hilfsverb *sum*

	Indikativ	Konjunktiv	Imperativ
Präsens	s-u-**m** ich bin es du bist es-**t** er ist s-u-**mus** wir sind es-**tis** ihr seid s-u-**nt** sie sind	s-**i-m** ich sei[1] s-**ī-s** du seist s-**i-t** er sei s-**ī-mus** wir seien s-**ī-tis** ihr seiet s-**i-nt** sie seien	es sei! es-**te** seid! Infinitiv es-**se** sein, zu sein
	Indikativ	Konjunktiv	
Imperfekt	er-**a-m** ich war er-**ā-s** er-**a-t** er-**ā-mus** er-**ā-tis** er-**a-nt**	es-**se-m** ich wäre es-**sē-s** es-**se-t** es-**sē-mus** es-**sē-tis** es-**se-nt**	
	Indikativ		
Futur I	er-**ō** ich werde sein er-**i-s** er-**i-t** ér-**i-mus** ér-**i-tis** er-**u-nt**		
	Indikativ	Konjunktiv	Infinitiv
Perfekt	fu-**ī** ich bin gewesen fu-**istī** fu-**it** fú-**imus** fu-**istis** fu-**ērunt**	fú-**erim** ich sei gewesen fu-**eris** fu-**erit** fu-**érimus** fu-**éritis** fú-**erint**	fu-**isse** gewesen (zu) sein
	Indikativ	Konjunktiv	
Plusquam-perfekt	fú-**eram** ich war gewesen fu-**erās** fu-**erat** fu-**erāmus** fu-**erātis** fú-**erant**	fu-**issem** ich wäre gewesen fu-**issēs** fu-**isset** fu-**issēmus** fu-**issētis** fu-**issent**	
Futur II	fú-**erō** (ich werde gewesen sein) fu-**eris** fu-**erit** fu-**érimus** fu-**éritis** fú-**erint**		

[1] auch: ich möge sein

Modell der lateinischen Satzglieder

Subjekt kann sein:

Substantiv (G 2)
Adjektiv (G 11)
Pronomen (G 15.45)
Partizip (G 42)
Infinitiv (G 6)
Gliedsatz (G 19.20)

Prädikat kann sein:

Verb (Vollverb, G 2)
Vollverb
  mit Prädikatsnomen (G 41)
esse
  mit Prädikatsnomen (G 11)
  mit Genitiv (G 27)
  mit Ablativ (G 31)

Adverbiale kann sein:

Adverb (G 10.49)
  gebildet aus
  Adjektiven (G 50)
Substantiv (in einem
  bestimmten Fall G 9)
Präpositionalausdruck (G 12)
Adverbialsatz (G 19)

Objekt kann sein:

Substantiv (G 2)
Adjektiv (G 11)
Pronomen (G 3.15)
Partizip (G 42)
Infinitiv (G 6)
Gliedsatz (G 19.20)

Attribut kann sein:

Substantiv im Genitiv (G 5)
Substantiv im gleichen Kasus als Apposition (G 8)
Adjektiv (G 11)
Partizip (G 42)
Pronomen (G 45)

ROMA

1 FORUM ROMANUM
2 BASILICA IULIA
3 TEMPLUM ET ATRIUM VESTAE
4 TEMPLUM IOVIS
5 CURIA
6 ARCUS TITI
7 COLOSSEUM
8 CIRCUS MAXIMUS
9 THERMAE CARACALLAE
10 NAUMACHIA AUGUSTI
11 THEATRUM POMPEII
12 MAUSOLEUM AUGUSTI
13 THERMAE DIOCLETIANI
14 MACELLUM MAGNUM (große Markthalle)

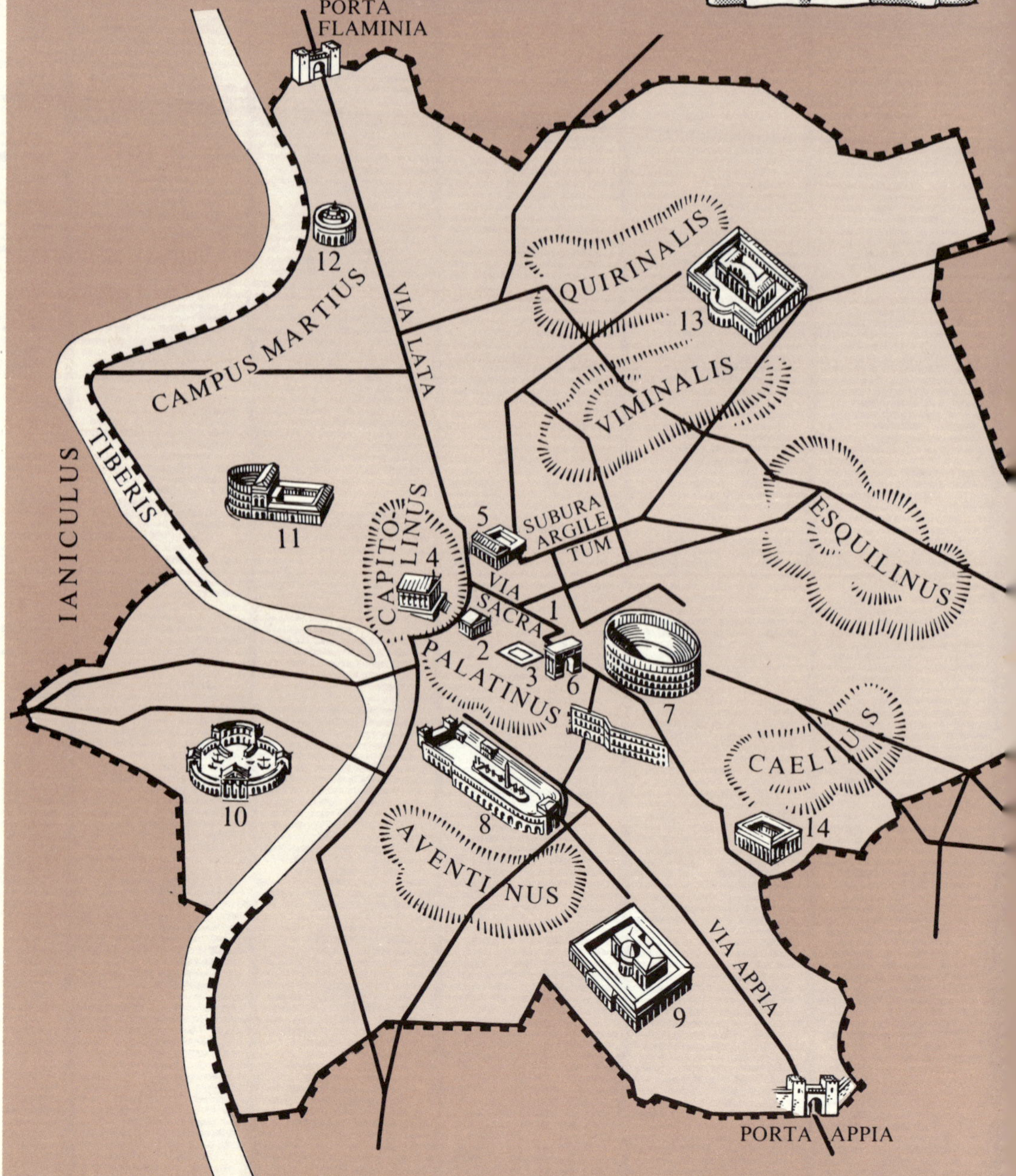